LÜ YOU KE XUE YAN JIU FANG FA

旅游科学研究方法
——基于游客满意度的研究
JI YU YOU KE MAN YI DU DE YAN JIU

克里斯·瑞安 (Chris Ryan) 著　李枚珍 王琳 译　谷慧敏 审校

旅游教育出版社

中文版前言

1995年,本书的第一版在英国和美国同时出版,并且同年被《时代高等教育回顾》评为旅游学术文献的重要书籍之一。此书经受住了时间的考验,在许多现已发表的期刊文章中不断被引用。该书主要立足于定量方法论,向广大旅游专业的学生和从事旅游管理的人员介绍了十多年来旅游调查研究的问题和方法。此次在中国出版的版本,增加了中国旅游学术研究方面的成果。颇有意思的是,第一版英文版本的"胚胎"的形成过程有点偶然,它始于一位对此类书籍有需求的研究生的设想。而现在这个中文版的形成也颇有类似的"幸运过程"。2005年,我和本书的审校谷慧敏教授连续参加了两个会议。第一个会议是由北京第二外国语学院旅游管理学院举办的国际旅游学术研讨会;第二个会议是随后一周在韩国举办的2005年亚太旅游协会研讨会。我们在北京并没有太多交流,但是在韩国的学术旅行中,我们在巴士上开始了交谈,发现我们拥有相似的研究兴趣。谈话的结果直接推动了本书的出版,我们相信这本书将会对新一代的学生开始他们旅游调查研究的第一步有很大帮助。

本书英文版面世以来,几年间随着旅游领域研究趋势的发展,已数次被修订。我们意识到定性研究对学者寻找旅游研究作为社会现象的新视点的影响,以及它在批判分析、内容分析、女权主义和后现代主义中的作用。然而亚洲在旅游领域的研究至今还停留在强调定量领域。这是由许多原因造成的,主要原因是中国作为一个迅速崛起的旅游强国,需要了解有关旅游市场的问题。在不同地点,服务和景点的市场划分、识别客户和评估满意度的决定性因素等依旧是需优先考虑的问题。所有这些都需要学生、研究学者和管理人员掌握研究的一系列方法,测量相关参量和了解相关统计学方法。但是,本书又不是一本简单的统计方法著作,它从学生需要了解的知识的角度出发,介绍了可以产生丰富数据库的研究项目的设计方法,包括可行性调查问卷的设计、实施与分析。本书所用的技巧可使学生学会创建描述性统计库,然后用它们来进行要素和聚类分析。这些技巧始终是大量市场研究的基石,因为它们能够让学生和管理人员把复杂的数据简化成根本要素。此外,顾客本身的动机、态度和可能的旅游体验——这与社会—人口统计学变量，如性别和年龄相比——能提供更多的信息，产生客户类别统计数据。然而，这种观察资料不应因此而被解读为作者认为定量法优于定性法。

　　本书在原有的版本上做了一些改动。保留了有关定性研究方法的章节，因为虽然本书谈论的主要是统计学研究方法，但是定量研究学者和统计数据的应用者也需要了解定性研究的优点和相关方法。不过，这一章也有部分改动，增加了与中国相关的内容。多年前，第一版在 Windows 操作系统下的统计包大大地弥补了原来在 DOS 系统下运行的不便。因此，除了为一些使用早于 Windows XP 操作系统的用户提供参考文献，本书中相关其他操作系统的文章都被删掉了。

　　作者希望这个在原文基础上翻译和修订的版本将尽可能地帮助中国本土以及正在国外留学的中国学生。旅游是一门复杂的学科，需要不同的技巧和知识。它要求它的实践者是管理人员和行业从业人员，并要求他们具有心理学、社会学、经济学、环境科学、地理学和其他一些社会科学的技能。然而，熟练掌握研究方法是这些学科的基础，所以作者希望读者通过阅读此书有所收获。

　　本书的出版还要感谢"海南大学学术著作出版基金"的资助。

Chris Ryan，新西兰怀卡托大学

2010 年 10 月

目 录

第一章 研究价值 ·· 1
 引言 ·· 1
 为什么要研究 ·· 1
 研究出现错误的根源 ·· 3
 研究的内在范式 ·· 4
 数据统计和符号 ·· 9
 外在的研究价值 ··· 10
 小结 ··· 13

第二章 研究设计概述 ·· 15
 引言 ··· 15
 研究问题的确定 ··· 16
 研究问题的界定 ··· 17
 研究过程价值评估 ·· 19
 研究计划的制订 ··· 20
 研究设计 ·· 22
 变量属性 ·· 23
 定性和定量研究 ··· 25
 不同的研究设计结构 ······································· 26
 确定数据收集和分析方法 ·································· 30
 结果评价 ·· 32
 报告陈述 ·· 33
 小结 ··· 34

第三章 游客满意度——相关概念和研究问题 ················ 35
 引言 ··· 35
 影响游客满意度的因素 ····································· 35
 参与的性质 ·· 38
 风险因素 ·· 38

压力因素 ·· 40
厌倦和沮丧感 ·· 41
流畅理论 ·· 42
需求分析 ·· 46
休闲动机量表 ·· 47
不假思索理论 ·· 48
游客生涯理论 ·· 49
研究启示 ·· 53
小结 ·· 54

第四章 态度和测量 ·· 55
引言 ·· 55
工作/休闲比率 ·· 55
地理人口统计系统 ·· 57
生活方式因素 ·· 58
生活方式——一个有效的分类依据? ················ 59
度假者分类 ·· 62
案例分析 ·· 64
生活方式系统的不足 ·· 65
态度测量的多属性模型 ·· 66
态度整体测量法? 分解测量法? ························ 70
对旅游研究的启示 ·· 72
多属性或联合测量法——相关性水平 ················ 73
受访者疲劳 ·· 75
显著性、重要性或决定性? ································ 75
统计方法和问卷设计 ·· 76
关键事件 ·· 77
满意度——期望和现实之间的差距? ················ 79
度假——一系列关系和事件? ···························· 83
多元化范式的必要性 ·· 84
小结 ·· 85

第五章 定性研究 ·· 86
引言 ·· 86
定性研究的分类 ·· 87
社会和文化研究引出的问题 ································ 87

非结构式情境 ………………………………………… 88
　　取样 …………………………………………………… 92
　　问题和编码 …………………………………………… 93
　　内容分析——一种分类系统 ………………………… 95
　　谈话数据收集法 ……………………………………… 98
　　明信片分析法 ………………………………………… 100
　　个案研究法 …………………………………………… 102
　　结构式情境 …………………………………………… 104
　　小结 …………………………………………………… 112

第六章　定量研究和问卷设计 …………………………… 113
　　引言 …………………………………………………… 113
　　二手资料——精确性问题 …………………………… 113
　　因果关系问题 ………………………………………… 115
　　指数的可替换性 ……………………………………… 117
　　问卷设计 ……………………………………………… 119
　　版面和设计 …………………………………………… 120
　　问题措辞 ……………………………………………… 122
　　知识经验缺乏问题 …………………………………… 123
　　肯定或否定措辞问题 ………………………………… 125
　　自发性或提示性回忆 ………………………………… 127
　　封闭式或开放式问题 ………………………………… 128
　　保密性 ………………………………………………… 129
　　受访者分类 …………………………………………… 130
　　量表 …………………………………………………… 131
　　默认集问题 …………………………………………… 137
　　小结 …………………………………………………… 139

第七章　问卷调查的实施 ………………………………… 140
　　引言 …………………………………………………… 140
　　问卷回收率 …………………………………………… 140
　　接近受访者 …………………………………………… 143
　　取样 …………………………………………………… 143
　　样本设计 ……………………………………………… 146
　　检验样本的误差水平——置信度概念 ……………… 149
　　概率抽样 ……………………………………………… 150

非概率抽样……………………………………………………152
　　地理人口统计学在抽样中的应用……………………………153
　　不回复和再次采访……………………………………………158
　　小结……………………………………………………………160
　　附录7.1…………………………………………………………161

第八章　数据编码和描述性统计………………………………………163
　　引言……………………………………………………………163
　　数据整理与输入………………………………………………164
　　数据含义………………………………………………………178
　　数据转换………………………………………………………179
　　结果呈现………………………………………………………181
　　小结……………………………………………………………184

第九章　均值的重要性…………………………………………………185
　　引言……………………………………………………………185
　　结果解释………………………………………………………185
　　无对比数据时均值的重要性…………………………………186
　　相同受访者的分值对比………………………………………188
　　两组间对比……………………………………………………189
　　两个以上小组比较……………………………………………191
　　正态分布假设不成立时可运用的检验方法…………………194
　　小结……………………………………………………………195

第十章　分类数据分析…………………………………………………197
　　引言……………………………………………………………197
　　单因素和双因素表格…………………………………………197
　　卡方检验法……………………………………………………198
　　卡方计算………………………………………………………199
　　关系测量………………………………………………………202
　　关联性测量……………………………………………………203
　　分级对数线性模型……………………………………………206
　　小结……………………………………………………………208

第十一章　相关分析和多元回归分析…………………………………209
　　引言……………………………………………………………209
　　相关系数………………………………………………………209
　　相关系数计算…………………………………………………209

单侧或双侧检验 …………………………………… 210
缺失数据说明 ……………………………………… 211
非参数检验 ………………………………………… 211
决定系数 …………………………………………… 212
多元回归分析——假设 …………………………… 212
结果的获取及解释 ………………………………… 213
残差分析——目的 ………………………………… 214
多重共线性 ………………………………………… 216
多重共线性检验和离群值影响 …………………… 216
逐步回归分析 ……………………………………… 217
小结 ………………………………………………… 218

第十二章　因子分析和聚类分析 ……………………… 219
引言 ………………………………………………… 219
前期步骤 …………………………………………… 220
数据要求 …………………………………………… 224
群组检验——检验性质 …………………………… 225
主成分分析 ………………………………………… 227
因子分析 …………………………………………… 229
聚类分析 …………………………………………… 234
小结 ………………………………………………… 245

第十三章　结语 …………………………………………… 247
参考文献 …………………………………………………… 250
附录 1 ……………………………………………………… 272
附录 2 ……………………………………………………… 275
附录 3 ……………………………………………………… 280

第一章 研究价值

引言

本章分为两大部分,从隐性价值和显性价值的角度阐述了学术研究中固有的规范价值。隐性价值包括与研究本质相关的所谓的"世界观"问题,文章概述了经验主义传统和解构主义方法之间争议的本质。显性价值主要论述了普通的研究道德准则,即严谨和诚实,它应贯穿于从设计到结果报告的研究过程中的各个方面。

上述讨论将引出第二章的内容,第二章主要介绍研究计划、研究设计、推论法和归纳法的区别,以及其他与研究计划相关的问题。

为什么要研究

"研究太抽象"、"不实用",这类批判不绝于耳,并且毫无疑问会持续下去。对这些评价也有多种回应。首先应指出的是,研究有许多不同的类型和级别,并且在大多数情况下,关于研究的批评都是针对顾客访谈类的研究。如果对这些评论进行进一步分析,可以看出常常受到批评的是那些设计或实施不佳、沟通不畅、管理不善、目的不明确的研究。有时会有人批评研究晦涩难懂,毫无疑问,这也是难免的,因为让很多人一次就理解研究并不容易。但形势是不断变化的,对一代人来说是创新的和难以理解的东西或许会成为未来一代的管理工具。旅游领域里类似的例子就是对地理信息系统(Geographical Information Systems)的缓慢接受。在20世纪60年代就有关于这方面的研究,但是很少。空间理论研究非常抽象,而数据库只被应用于大型计算机的读取(而数据库只对能使用庞大的计算机的人开放),因此只有很少一部分人认为两者可以结合在一起。20世纪90年代早期,地理信息系统的使用实现了飞跃,达到了一个全新的阶段。例如,在英国,汽车协会是数据库信息的主要使用者;地理信息系统还被地方当局和机构调整用于参与国家公园的开发,遗址开发商用它来分析地形和集水区域。因此,地理信息系统被更多的旅游运营商更广泛地采用。过去抽象的想法在不久的将来很快会成为司空见惯的事。

好的研究对于了解现象必不可少,以便采取更有效的行动。研究本身是实用的,因为它试图解释外在相连的活动之间的联系以及该联系的本质。游客对某一名胜作出怎样的评价?他们喜欢它吗?他们喜欢它些什么?他们和它之间是怎样互动的?这种互动能否被提升(是否可以增加互动)以使其更令人满意。游客对拥挤程度的感受怎样?这种感受将会降低还是提高满意度?游客的愉悦程度、抵达的时间或季节、来参观的其他游客数量和解说的性质之间是否有关联性——所有这些,以及很多其他问题都可以成为旅游研究的资料来源。

如果研究对现在,或对短期、中期、长远的未来都可能产生实际的影响,那么同时也需确保研究要有良好的设计,并和慎选的问题密切相关。因此,如果研究要实现对外宣称的有助于理解有效的行动目的,就必须具备很多属性。无论研究者是否能达成这些目标,研究都必须具备下列属性:

报告;

或描述;

或预测;

或解释;

或控制;

或这些活动的任何组合。

有效的旅游研究必须做到:

(1)认真观察;

(2)研究者详尽和辛勤的关注;

(3)具备重要的专业技能;

(4)良好的沟通技能;

(5)思想开明和持久的好奇心;

(6)逻辑推理、富于想象或变化角度思考的能力;

(7)对细节和整体的感知能力;

(8)建立关系模型的能力,并在必要的时候能够放弃这些模型;

(9)诚实正直——如实报告研究的假设、发现、解释和理由。

研究的过程是令人着迷和兴奋的,同时又不时伴随着沉闷、失望和挫折感,即使是简单地追踪调查顾客,其过程本身也存在一些问题,下面将对这些问题进行讨论。

研究出现错误的根源

人类解释事情为什么会发生的常规过程往往易受许多潜在错误来源的影响。研究设计和实施的过程本身虽然就是一种必要的自我约束,以防止日常出现的误差,但是即使这样,还是会有陷阱等着粗心的研究者。巴比(Babbie,1979:10-13)将潜在错误源、迂回的思维和自我利益的保护归类为人类个体进行研究时容易出现的九大错误:

1. 观察不准确

我们经常只是看而不是真正的看见。当要求重新回顾事情发生的确切顺序时,准确性问题就出现了。然而研究者需要确保他们在试图解释为什么发生这些事情之前知道发生了什么——因此有必要仔细观察。

2. 过于泛化

当试图解释事情为什么会发生时经常会出现研究者从前几次发生的类似事件中泛化的危险。受访的前三位游客对某旅游景点可能会有类似的反应,但这并不意味着这个观点具有代表性。因此,有必要保证样本充足,这样才能保证研究报告中态度或行为的代表性。

3. 选择性观察

行为模式或动机一旦确定,就容易出现根据普遍论对所有的行动进行解释的可能。例如,东道社区的年长者可能会把当地年轻人的行为变化归咎于游客,因此游客进入酒吧或迪厅的行为可能被解释为强化了年轻人误入歧途的过程。

4. 信息推导

由于归纳法导致选择性观察,这就较难处理和预想模型不一致的行为。研究者很容易将它们视为非常规行为,认为如果不属于常规分类,则可以忽略。例如,当地年长的居民可能把斥责年轻人不当行为的游客归类为探亲者,那么这就不是真正意义上的游客。

5. 非逻辑推理

人们经常会说每项规则都有例外。但是,这种想法合理吗?一个对立的例子怎么能证明其排斥的事?为什么连续下了两天雨的事实就意味着我们的第三天假日将会风和日丽、阳光明媚呢?这只是表面现象,几乎没有理由证明为什么会这样。

6. 理解过程中的自我意识

由于研究者花费了时间、脑力和体力收集和整理数据,因此就会对要建立的理论产生一种防御意识。相反的证据可能不受欢迎,会引起一系列的防御机制,例如,忽略这些证据,怀疑资料的来源,甚至有的更极端,对一些难处理的证据进行人为处理以得出符合心意的结论。

7. 过早地结束调查

认为了解和理解了整个过程,就不必进行进一步的探索。研究者遇到的一个问题是把握研究在什么时候才算进行得足够深入。停止进一步探索可能会减少对对立证据的掌握,从而降低已知数据的有效性。

8. 剩余现象的神秘化

如果一个模型已经建立起来,并进行了测试,然后发现只能解释一部分而不是全部现象,这时就容易出现将不能解释的现象看做太复杂的倾向,或者认为是随机事件造成的结果。但是这可能完全不是随机事件——而可能意味着研究者没有确认其他的原因变量。

9. 犯错是人类的天性

如果把上面提到的那些倾向和研究者的世界观——源自传统、权威和被普遍接受的"智慧",联系在一起,这时就容易出现错误。但是,即使当研究者试图挑战或证实那些学科准则,可能导致更多错误的资料就变得很重要。研究要求仔细检验和清晰描述渗透于研究主题中的假设和标准,以及(同时也必须提到的)所采用的实际研究方法。这是对想法、概念和观点不断质疑和测试的过程,以便更好地理解研究课题。

研究的内在范式

尽管本书主要针对的是由学生进行的小规模的调查研究、小型旅游景点经营商和有限的市场研究项目,也有必要考虑更广阔的调查背景,以保证研究者能了解他们的假设。人们往往把研究看做是"客观"的,是明确自变量和因变量关系的活动。实际上,本书后半部分的大部分内容在讨论分析游客态度所采用的统计方法时都是建立在此假设基础之上的。

然而,这种实证方法还存在不足。如果研究者想了解在研究范围内参数的属性和内涵,就必须认清这些不足,但这些隐性价值常常被研究者抛在脑后。

我们的思维受所处生活时代的公认准则和社会观点的约束,这种观点已是老生常谈了。简单地说,在哥伦布1492年航行到美洲之前,人们就一直持有这种观点:世界处于危险边缘——人们会从世界的边缘掉下去。关于探险过程充满危险的"客观"看法并非凭空想象——探险旅程不但会遭遇狂风暴雨以及短距离海航可能出现的所有问题,还可能遭遇从怪物口中死里逃生的经历。当探险者遭遇洪水席卷时,还可能不可避免地陷入无法想象的灾难之中。现在只有一小部分人持有这种观点。从15世纪开始,一种新的世界观开始占据思想的统治地位,在此观点基础上形成了新的观点,鼓励人们探险,并改变了人们的思维模式,经过这次革新巨变,科学的研究方法开始形成。

这个直到近来才占统治地位的世界观模型正趋向成为一种因果机械论。对决定性变量的界定意味着该因素的变化将导致预期结果中的系列变化。在一个简单的层面上,有一种看法认为科学方法在本质上是线性的。例如,疾病可以通过鉴别和攻击病毒得到治愈。但是,这个观点不但受到替代药物整体观的挑战,还受到传统医学研究者的挑战。在整个社会和科学研究中,也经常伴随着类似的挑战。

人们可能会感到奇怪,这和研究游客的态度和行为有什么关系呢?人们的世界观正在不断地变化,开始对线状客观性观念提出质疑,并准备用主观思想也能成为数据的无序现实模型取而代之,这个争论影响着旅游研究。参照研究、科学方法和旅游的不同定义,以及对研究带来的后续影响可以看出旅游研究中同样存在着类似性质的争论。例如,戴维斯和科森扎(Davis & Cosenza,1988)引用克林格尔(Kerlinger,1986:10)对科学研究的定义:

对现象之间假定关系的系统的、可控制的、实证性的、批判的调查。

他们认为,这给商业调查带来很大的困难,因为商业决策经常是在描述性信息的背景下作出的。公司需要对竞争的性质、可能采用的广告活动的类型、顾客的种类,以及影响市场成功的因素进行评估。因此,很难对现象之间的假定关系的种类进行量化。所以,他们提出了对商业研究的定义:

对管理决策者感兴趣的现象进行的系统的、可控制的、实证性的、批判的调查(Davis & Consenza 1988:8)。

这个定义当然可以被运用到旅游研究中。不是经常说旅游是或者将成为世界上最大的产业吗?旅游当然可以被定义为经济商业活动。瑞安(Ryan,1991b:5)从这个角度提出了对旅游的定义:

给离家在外的客人提供住宿和其他支持服务,由此而产生的花费、收入和就业模式的研究。

该定义为旅游研究至少提供了两种研究方法。第一种方法和克林格尔(Kerlinger)提出的科学方法类似,经常被经济学研究采用。研究或许试图调查因变量和决定性变量之间的假定关系。例如,可采用计量经济学模型将旅游的数量或游客的消费额与工资水平、东道国和客源地国家之间的通货膨胀率、交通费和其他可衡量的决定因子等因素联系起来。然而,这很难用传统的物理科学方法进行试验。

第二个观点是把旅游看做是商业问题的子集。这样就可能把旅游研究看做是科森扎(Cosenza)和戴维斯(Davis)所定义的需要描述性数据的工作,即需要关于服务业结构、旅游者流量、广告花费标准和内容等的信息。但是,有人可能会反对,认为这个定义不全面,旅游本质上只关注旅游动机和体验。根据这个观点,旅游成为了一个"体验"现象。普兹卡拉斯基(Przeclawski,1993:11)指出旅游不仅仅是一个经济过程,同时还是一个心理、社会和文化事件。旅游关注从社会环境中获得的感受和体验,从全新而美丽的环境中寻觅或找到自我,是一种释放、宣泄的体验。假日并不是无关紧要,人们对假日翘首以盼,并会在很长的一段时间内回忆。休假通常是家庭预算中支出频率最高的项目之一,因此,单就这一点来说,假日应该被视为能给参与者带来较高的个人价值。同样地,旅游对游客接待的社区成员来说是一个心理过程;旅游也是文化过程的变革动因。通过示范效果和文化渗透,旅游是变化从技术先进的社会向欠发达的社会流动的方式之一。许多作者已试图从不同的旅游定义中描述这一过程,其中一个定义是:

(旅游是)人们从新地方和新环境的短暂体验中获得心理受益的方法,此时人们免受工作压力,或远离日常生活常规模式的羁绊(Ryan 1991b:6)。

但是,这个定义还是不够完整,因为它只从旅游者的角度进行定义,而不考虑对接待地商业和居民的影响。而这两点可能从不同的角度体现了发生在接待地居民周围的旅游活动的本质。因此,从某种意义上说,定义可以很具体地反映某个特殊主题,如前面例子中提到的经济或心理现象,或者范围极广,如麦金托什(McIntosh)和哥尔德纳(Goeldner,1986)的定义:

旅游可以被定义为在吸引游客的过程中,旅游者、商业供应商、东道国政府和社区之间产生的关系和现象的总和。

这些关于旅游的定义已经向旅游研究者展示了挑战的实质。一方面,这个全面综合的术语会让研究无所适从,而由于研究的性质和资金问题,旅游研究往往集中研究非常具体的问题。另一方面,由于研究范围很集中,它会忽略在该研究背景下的很多现象。从心理学的角度,这也表明,为了了解游客,研究者必须处理动机和需求之间的复杂组合,也就是游客、东道主和接待地之间的互动本质,接待地会产生变化、满意、自我评价等诸如此类情况的过程,所有这些似乎和最初对科学研究过程的定义无关。从这个观点出发,这个过程似乎实证性不如主观性强,也不是通用规则的发展,更像是个人体验的重复,这些体验对其他人来说可能有效,也可能无效,或者事实上,同一个人在不同环境下的体验也可能不同。

这一点在物理科学和现代旅游研究中已经被认可。很多学者已经注意到许多旅游者参与运动旅游,既可以是正式参与某项运动比赛,也可以是非正式地扮演一个与他们日常生活不一样的角色。另外,正如麦坎内尔(MacCannell,1976)指出的,在很多知名的旅游地,旅游者购买的不是这个地方的秘密(幕后)或者日常生活的现实,而是给这些地方带来重要声誉的标志物。总之,如厄里(Urry,1991:85)提出的,游客消费的不只是现实,而是现实的代表和标志,同时还出现"消费的唯美性(审美泛化)"(Urry 1991:14)。因此,旅游置身于大量的标志之中,通过旅游,游客可以实现梦想,购买旅游宣传册中宣传的形象,突发奇想地扮演旅游者或探索者的角色;如果旅游是增强自我感的体验累积,它还与其他领域的工作和休闲重叠。卢茨和瑞安(Lutz & Ryan,1993:356)在商务旅游中提到了这点:

针对商务女性提供特殊服务是一项真正的服务,同时也是认可客人需求的标志——两者都被消费,但过程并不止于此。对消费体验产生了不同的期望,认识到服务是种象征。正如在人类行为的其他形式中,女性管理者沉湎于扮演或远离某个角色。商务女性意识到提供"针对女性的服务"用处很多。这是一个认可标志,也是一种服务承诺,然而,它的存在不同于无形服务的一个标志,提供的一些外在方便可能没有内在价值。但是,游客消费了这个标志,标志提供者可能被要求兑现标志固有的承诺(Lutz & Ryan 1993:356)。

旅游可以被看做是后工业社会最卓越产品的例子。这是一种明显的标志性消费,即,寻找建立在幻想基础之上的不同体验。例如,在迪士尼乐园,旅游者可以扮演19世纪在最神秘的非洲进行河流之旅的探险者的角色,当"导游"带领游客领略20世纪50年代好莱坞电影B级片中猎取土著居民头颅的恐怖情节时,尽管他们知道这不是真的,但还是会对那河马模型拍个不停。

后工业社会已从对产品和服务的批量生产和消费转变为越来越多的个性化的产品和服务的生产和消费。该过程有四个特点:私有化、个性化、商业化和合约化(Rojek 1993)。这里还存在一个内在的自相矛盾的现象,一方面,对服务质量的关注强调个性化需求,但是这种关注会导致商业经营者流程机械化、程序化和同步化。这种矛盾在为旅游者提供全面体验的旅游产品小规模市场中表现得特别突出。在这个市场,旅游者通过旅行社,或选择基于邮编的旅游产品,或通过杂志订购者购买的邮件产品清单,购买一站式旅游服务。总之,为了识别个性化,个性化已经被简化为计算机代码。

对游客来说,把旅游定义为综合的、个人体验的矩阵意味着旅游是一个杂乱的、进行角色扮演和有益的娱乐参与的过程,在随后的影响评估时认为旅游具有复杂性。还应该注意到,西方后工业社会的旅游产业活动的发生背景是,休闲和其他体验(如使用录像机、个性化的录音机,甚至仿真现实)的模块化很普遍,这些活动由专业的商业企业提供,越来越多的用户采取被动消费的模式。实际上,关于虚拟现实的承诺并不是关于旅游和感觉的空中楼阁(承诺仿真现实只是不离开扶手椅的旅游和感受)。由于研究者试图了解动态社会中旅游的现代属性,这些过程将产生使旅游研究越来越复杂的副作用,但应该注意的是,这不是旅游业特有的问题。在物理科学领域,大家普遍认为19世纪关于科学是线性的观点不充分。这种观点认为,在初始条件下的微小变化会导致(至少是有限的)结果的微小变化。实际上,通过不断重复检验,科学发现不确定性是常规而不是例外。这被称为混沌理论或有时在非线性系统中称为复杂动力学。

这些非线性系统在当地可能得到的是一个随机结果(这些非线性系统局部看来似乎是杂乱无章的),但从整体来看,有序再次在无序中出现。系统可能混乱而不可预测,但很显然,它们受被称为"吸子"的事物所限制,这些"吸子"从根本上界定了随机应变量的范围。曼德勃罗(Mandelbrot,1989)在数学领域进行试验的一些"吸子"可以在计算机上标绘出来,形成不规则碎片形,这些图片非常复杂,却体现了从起初的无序性到重复出现的有序性。

所以,回到最初的定义:旅游业从某个层面似乎否定了经验研究,它认为当把旅游的本质视为地点和活动的体验,视为游客和东道主之间的互动时,这种因果关系的客观评估是不充分的,旅游者有自己的独特体验。因此,从这个角度出发的研究只能是主观的,一系列的个体案例研究可能有助于其他人推导各自的含义。另一方面,这种混乱和混沌都是常规现象,但每个个体事件和其他人的事件相加在一起的时候,就可以形成一个符合逻辑的组合,每个群体和别的群体相加在一起,又可以形成一个更大的总体,如果从整体的角度来看,这个总体形成了一个模式。从这个意义上来说,传统的研究过程对发生的事情创建模型是正确的。但是,群体的规则不一定适用于个体模型,因为个体有自己的异质规则。

本书接下来所要论述的内容大多涉及模型的构建,在这个模型里,现实的复杂性被抽象化成几个关键变量。例如,可能根据四个或五个维度的因素来界定行为,这些因素来源于对大量问题的回答的因素分析。但是,在解释这些结果时,研究者应该意识到隐藏在这些结果中的"客观性"本质。这个方法论本身是建立在机械模型基础上的。受访者在回答问题时是沉湎于某种角色状态下的,他们在不同的地方是否也会这么回答,或者在同一个地方的不同的时间的回答是否一样？如果旅游者在不同角色间转换，是否会出现同样的因素或模式？建构主义者的世界观认为，世界有潜在的一致性，至少在适当的一段时间内，这点引起了研究者的兴趣。解构主义者认为这种假设不成立，实际上，根据衍生因素来解释个体在当时当地的实际体验中的重要性，这个一致性的重要性遭到了质疑。从传统的市场研究角度来看，后者的问题可以从不同的研究观点着手，即"定性"研究，以与"定量"研究相区别。然而，正如在接下来的论述中我们会提到的，这也并非没有问题。

因此，研究工作给研究者提出了很多问题，既有关于技术方法的问题，也有关于价值的问题；事实上，这两者不是彼此独立的。这本书的潜在前提从多角度研究旅游业是有利的。对于对人感兴趣的研究者来说，旅游的本质正是研究者无止境的兴趣之源。人们度假时会进行许多行为模式，其种类可能超过"日常"生活中的数量。而研究设计在试图去处理、描述、阐明这些行为时遇到的问题如此之多，旅游课题涉及真实性、现实、伪装、角色扮演、逃避以及愿望实现等的问题，甚至从商业的角度来理解客户的需要，没有哪个研究者可以避免考虑以上概述的问题，以至研究者将不可避免地博览丰富而有吸引力的文献和社会科学研究知识。

数据统计和符号

对于游客的个体独特经历，研究者关注的是有关旅游者态度和行为的数据，那么统计软件包采用的统计方法、产生的标准偏差及其他相关数据作用何在呢？是否因为研究者使用这些方法永远无法把握旅游者旅游的本质，而使得整个研究过程徒劳无功的呢？旅游可以被看做是基本需求得以满足的后现代社会的最佳例子。地位源于他们对符号的拥有。拥有"合适的"训练鞋非常重要，据报道，以致有现代化生存能力的孩子们用尽各种方法去得到它。难道一个试图从拥有某种经历（比如，攀登珠峰大本营）中获得地位的中产阶级管理人员，和一个年轻的奋斗者之间的区别在于程度上的不同，而不是类别差异吗？

如果旅游不仅仅是宣泄和真实体验，而且是对符号的拥有，或者将经历转化成符号，那么同样，统计学家拥有解释的符号，因为这就是统计的性质。对某个地方的体验是纪念品（这个地方的标志）和统计信息（至少是某种知识的标志）的基础。纪念品和统计信息都能传达一些关于旅游者的信息。两者不仅仅表明了旅游这一事实，而且还表明了旅游的目的。事实上，正如后面的章节将谈到的，对于事件的解读，数据统计能提供很多信息。符号和统计学模型在"解释"经历事件上都很有限。两者都试图通过少数几个参数（关于地方或经历的所谓"重要的"方面)概括这一复杂的事件。

类似的情况总是存在的,但分析不可能太深入。统计学有严格的范围,应用受到限制。已发现的模型常常不具有因果关系,而是相关和协变。符号是没有界限的,它们经常变化。每个数字都是一个符号,但不是每个符号都是一个数字。麦坎内尔(MacCannell)曾指出:

社会科学填补了统计意义和符号意义之间的鸿沟。它们存在的条件是不断地探讨符号结构和统计结构不只在表面上汇集的可能性(1992:92)。

因此,如果在定性和定量之间存在分裂,这种划分不仅仅是研究者在实证主义方式中可能采用的用于获得补充性结果的一种研究方法。两者都涉及运用符号理解某一现象,而现象本身富含符号。研究者可以洞察存在于现象之下的本质,如在海滩上玩耍的,躺在阳光下享受日光浴的,实物交换小垫子和地毯的等,这些个人简单的或复杂的行为的实质都值得研究。疲劳的母亲、失恋的青年、苦恼的商人、寻找古迹的好奇的探索者——这些都是旅游研究者的研究对象——不管关于该研究的本质和技术的文献多么丰富,以及对于社会本质和旅游的角色的分析多么透彻,能参与研究这是旅游研究者的殊荣,不管时光多么短暂,认识多么肤浅。

外在的研究价值

如果接受这个观点,那么这部分和前面对研究的实质的讨论之间的鸿沟就不是不可逾越的。前面的讨论隐含了一个概念:相关性和主观性在理解旅游相关问题时是很重要的。旅游的内在属性是一个辩证的过程,一方面是逃避现实,体验新鲜事物;另一方面则对熟悉的事物感到安全,冒险感受新事物。这种结合形成一个动态复杂的关系,用传统的经验性研究方法难以完全理解。为了全面理解,除了从中立的观点进行测量和观察之外,研究者还必须参与进来,投入到体验中去。另外,需要指出的是没有哪种研究方法比另一种好,实际上,没有一种方法揭示了游客行为的真相。

不过,本章节将几乎彻底忽略这一点,并假设一套研究者必将遵守的绝对准则。研究者只有具有为人正直、自重的价值观,该"绝对准则"才得以存在。然而,尽管大家对下面列举的"绝对准则"达成共识,但同样也认识到问题模糊不清,研究者和研究对象的行为都非常复杂,难以界定。那么,这些"绝对准则"是什么呢?

真实并全面地报告研究结果

对于很多学生来说,当数据不支持假设时,他们会感到失望或者失败,因此会产生诡辩的冲动,即只报告支持预先的假设的结果,而不报告不支持假设的结果。但是,不考虑不支持假定的关系的数据是没有价值的。通常,知识在知道什么是有效的和什么是无效的过程中得以发展的。

在很多情况下,学生研究的样本很小,因此总是想通过使用"25%的人认为……"这样的表述来"隐藏"这个问题。比如说,如果样本总数是20,而研究结果只有5个受访者"支持",那么使用"25人中有5人认为……"这样的表述会更好一点。在很多情况下,例如,在本科生学习阶段的最后一年,学生项目的设计目的一般不是旨在发现新的"事实真相",而更多的是为了完善研究专业知识或技能。对于一名学生来说,通过使用统计测试来展示运用已有的技巧获得分析数据的知识是合理的,但是赋予研究结果过大的权重是不合理的。实际上,对研究结果的有效性提出警告说明要对技巧的有限性有更深刻的认识。

同样的警告也适用于更为实际的研究中。即使样本相当大,例如,有200或者更多的样本,其子样本(比如既定年龄或者收入群)应该很小,因此如果样本量很小,这也会误导人们使用百分比。研究的目的是为了阐明事实而不是误导。

谨慎处理数据和受访者的隐私

在很多情况下,受访者都被承诺他们的身份是保密的。尊重这种隐私是很有必要的。在收集定性数据时,人们经常希望能报道这些数据,在报道时应该做到绝不暴露受访者的身份。通常的做法是使用非人称代词或者用数字代替受访者。

研究者必须慎重处理下面这种情况。如果定性数据来自小量的焦点小组访谈,研究者有可能试图,例如,区分未婚单身母亲和已婚母亲对待假期安排的态度的差异,这时必须要谨慎,在报道受访者的个人情况的评论时不能暴露未婚单亲母亲的身份。考虑到受访者的数量少,其他受访者通过调查结果识别这部分人的概率可能会增加。

从商业的角度来看,例如,如果数据是通过邮寄问卷获得的,为了保证调查的典型性而列出了受访者的姓名和地址,若向受访者承诺了资料的保密性,很显然,向任何中介出售这些姓名和地址都是不合适的。

在回答直接提问或者调查问卷时,受访者腾出了一定时间,提供有关他们的信息。现在已有人在关注"假市调真推销"及类似的现象,销售员试图制造"引导",假装他们正在进行市场调研,这些情况使得以后的调查研究变得更难。这将为研究者带来一些严重的问题。正如后面将要讨论到的,往往会出现这样的问题,即受访者和非受访者之间可能存在巨大差异。如果调查是为了试图进行一些态度测量,那么,在那些自愿提供信息的受访者和那些具有怀疑心理最后倾向于不作答的人之间可能存在差异。因此,泄露受访者的隐私会对个体调查者、后续的调查者或社会科学研究过程带来一系列的影响。

当焦点访谈小组或者其他形式采访被同步摄像时,同样的问题也会出现,尽管形式可能不同。在商业社会,对这些小组从单面镜后同步摄像,这是很普遍的事。这种情况下,受访者通常被告知事情会这样。在旅游研究中,没有类似于很多医学研究中具备的道德委员会的机构,但是在观察人类行为时仍会出现道德问题。可以假设,例如,观察海滩行为,或使用航空摄影评估拥挤措施,这些都会暴露进行亲密行为的人,这就会出现隐私权的道德问题。当然,如果个体可能被识别,研究惯例将尊重隐私。

不道德的研究是错误的

这需郑重声明,而且其术语也毋庸置疑。同时还必须指出的是,在绝大多数旅游研究者的工作经验中,旅游研究出现这样的问题是极其稀少的。在某些情况下,可能想象发生某些情况,不过在大多数旅游景区进行研究的学生或研究者极不可能遇到。然而,在世界许多地方,旅游常伴随着犯罪活动。例如,旅游可能和"性"产业、洗钱、贩毒、强制购买地产相关。强制买卖交易中卖主或者根本无法估量一旦旅游开发后该地产的商业价值,抑或无法拒绝此交易。受委托表明这些做法没有负面影响的研究是不道德的。它可能在委托中、在实施过程中、在结果方面、在最后引发的政策制定中是不道德的。

需要强调的是在旅游研究领域很难想象有这样的事,但是如果这样的问题出现,将会以一个很复杂的伪装的形式出现,很难对道德和非道德之间的界限进行评估。例如,在评估影响时,旅游对经济的影响往往是积极的,因为其提供了就业岗位,提高了收入。但是,谁从这些工作中受益,谁又为这些工作付出了代价呢?开发人烟稀少的地区将会为旅游度假地吸引劳动力,改变当地的地形性质,当然,也会大大改变当地人以前的生活方式。旅游开发,正如之前已经提到过的,将会带来文化影响,道德问题是很显然的。一个群体在多大程度上有权利改变另一个群体的生活方式呢?多数人有些什么权利能干涉少数人的愿望呢?这些不是旅游独有的问题,而且已经被争论即使没有数千年也有数百年了。但是,即使最积极的、经验丰富的研究者也应该意识到,研究结果可能会和道德结果一道并入政治进程中。

确保研究成果分析得当

从道德问题一下转换到考虑研究原理方面,这似乎是个大跳跃,但是两者是可能联系在一起的。确保适当分析研究结论包含很多因素:

(1)选择适合问题性质的方法;

(2)选择适合的样本;

(3) 设计适当；

(4) 严格实施研究设计；

(5) 选择适合问题、样本性质和研究设计的方法。

不好的研究设计、样本选择和数据分析可能会导致无效的建议,因此稍不注意,可能会导致不适当的政策方针。研究者要对研究结果的使用者、读者以及受访者负责,草率使用分析方法可以被理解为是不道德的行为。从早期对研究中客观性和主观性的角色的讨论中可以很明显地看出,任何一种方法的选择都包含着对问题实质以及问题最佳分析方法的价值判断。

关于研究设计、样本选择和分析的问题将在下面的几章中进一步讨论。但是,为了阐释清楚,分析时常见的错误是在于假设正态分布的结果中使用参数测试,而在很多和旅游态度评估相关的案例中,分布情况并不是这样。一般来说,由于游客体验的满意度都很高,数据就会被曲解,因此,可能更适合采用非参数的测量方法。在很多时候这种情况是不太可能发生的,即差异显著的结果源自使用了一种而不是另一种显著性检验,但是,这种可能性总是存在的。确实,研究者有可能由于参数测试对假设要求更严格而放弃某种假设。事实上,例如,如果使用 Mann-Whitney 测试法评估群体内部差异,研究结果可能意义重大。

在这个例子中,参数检验众所周知,但和定性数据相关的问题往往更难以捉摸。一方面,它可能只是一个从既定回答中计算频率的、简单的内容分析形式。这里的问题可能只是对回答进行分类。另一方面,评估含义中的细微差别(例如,评估焦点访谈小组内部某一受访者参照并发展了别人的想法),将会是很复杂的事。在很多情况下,最好不要由一位研究者单独得出解释,而应该让其他人独立对结果进行核查和继续比较以评估解释的一致性。

小结

研究暗含了一套价值观,这些价值观首先和现实本质的潜在结构相关。是否存在一个能被"发现"的客观现实?抑或只是在未知的一段时期存在一套复杂的模型,该模型各层次杂乱无章,但对层次而言却有意义,在一段时间内(不管长短)它们形成了一个整体,在某一层次可否被评估?

然而,这还有另外一套关于研究的价值观,要求研究者严格表述他们的假设,并应用适当的技巧和方法。在现象本质的"世界观"和研究准则之间存在着对立。毕竟,如果世界是混乱无章的,那为什么适合结构性研究呢?为什么试图作出明晰的假设呢?总之,没有研究者可以逃避忽略研究中存在的内在价值的辩论。

这些价值观不能对研究设计有帮助,但必须体现在研究设计中。过去的经验主义传统有助于建立一系列的指导方针来确保研究结果的可靠性和有效性,这说明了行为潜在的统一性。传统的经验主义研究设计步骤要求研究者在问题的实质和用于界定研究问题的方法之间采取反复方法以保证思想的清晰性。不管研究者采用什么研究方法,它必须具备内在的逻辑性,以便有助于得出结论,加深理解。

第二章 研究设计概述

引言

不论与旅游性质有关的问题或与研究方法相关的标准多么复杂,有一点必须明确,即研究者必须实实在在地着手进行研究设计过程。传统认为,过程包括以问题形成开始、以报告结束的一系列步骤(McDaniel Jr & Gates,1993:35-51)。本文将遵循这个惯例(详见图2-1),具体步骤如下:

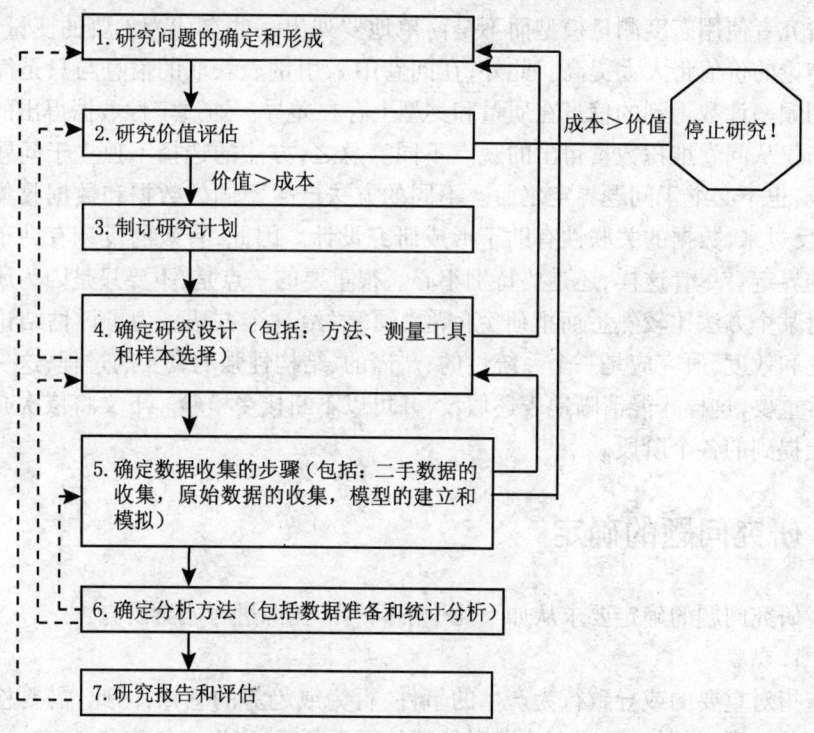

图2-1 研究过程

(1) 确定研究问题；
(2) 评估研究过程的价值；
(3) 制订研究计划；
(4) 进行研究设计；
(5) 确定数据收集方法和步骤；
(6) 确定分析方法；
(7) 评估结论；
(8) 最终报告，包括结论、评价和建议。

按照这种方式，似乎各阶段都是相继发生的，但实际上并不是这样。问题的性质和界定问题的方法应该清楚地反映出将使用的方法，但是如果这些方法的成本太大，那么可能需重新界定该问题，这样就可以采用与数据收集一致的方法收集有价值的资料。实际上，在研究设计过程中，可以根据可用的方法、资源和合适的理论界定问题。例如，在旅游研究中，常见的问题是收集旅游者对景区、目的地、住宿或者其他类似设施的认知和满意度方面的数据。如果研究者使用态度测量模型而不是简单地罗列出一些自认为重要的变量，研究结论的价值将大大提高。此外，在问卷中采用量表获取的信息与只是简单采用频率计数得到的信息在质量和类型上存在差异。通过定性数据得出的观点与仅从问卷堆积数量得出的观点不同。总之，方法的选择不独立于问题的形成，也不必继于问题界定之后。不同的方法产生不同的数据和数据收集成本；反过来，数据的关联性有助于形成研究设计。因此，有效的设计有助于问题的界定。尽管这样，还是要特别小心。很重要的一点是，不要只是因为研究者对某个方法比较熟悉而把研究问题"硬塞"给这个方法。为了评估结论的信度和效度，研究应是一个系统性的、严谨的、结构性强的真实过程，这一点非常重要，这样才能清晰地表述假设，并可以不断接受检验。下文将依次介绍以上提到的各个阶段。

研究问题的确定

研究问题的确定要求从如下几个不同的潜在源进行旅游研究：

1. 观察

指对重要的或导致行为产生的事件、行为或趋势的感知，因此，需要检测观察的效度。例如，可观察旅游者的某种行为模式，提出诸如旅游者为什么会有这种行为的问题；或者，企业内部可能会出现影响商业绩效的问题，有可能新产品的出台时机或者现有产品的拓展需要进一步的调查研究。

2. 检验事实的必要性

在事实千真万确的前提下,它也可能有别于观察到的现象,人们可能会认为满意度高的顾客更有可能再次预订某公司的产品。真的是这样吗？为什么是这样？游客会再次参观同一个目的地吗？

3. 检验假设的必要性

假设是一种关于变量之间关系本质的推测,通常体现的形式是一组变量决定另一个(组)变量的行为变化。例如,旅行代理商可能假设度假者更可能选择旅行社宣传架上和眼睛高度一致的宣传册,相应地,这会提高这些假期被购买的可能性。

对问题广义上的初步界定本身不足以开始进行一项研究,所研究的问题对研究者,或者赞助这次调查研究的组织或个人必须具有重要意义。问题的重要性是调查研究的前提,但其本身并不能预先决定研究结果。如果没有慎重考虑这一点,就会存在如下危险:优先排列自认为重要的变量决定了用于排除其他潜在重要因素的问题。无论什么理由,如果只使用少量的问题,因素之间就可能存在相关性,但是这种相关性可能是研究设计而不是所研究的现实造成的。例如,如果旅行代理商认为客户将选择放置在旅行社宣传架上与眼睛高度一致的宣传册上的度假产品,于是,他们询问客户一些关于他们过去是否从宣传册中购买度假旅游产品的问题,结果可能会出现高度相关性。但是,如果客户对价格很敏感,而这些宣传册碰巧包括这些便宜的度假旅游产品,研究如果忽略了价格问题,那么可能会从研究结果得出错误的结论。

研究问题的界定

因此,成功研究的另一个前提不仅是问题的确定,还包括对问题的界定。根据以上提到的过程,观察、事实和假设促使模型的建立,界定了因变量(结果)和自变量(变化的原因)的关系性质。观察、事实、假设和模型之间的关系属性通常按如下三个方法分类:

1. 演绎法

指从最初的假设中推理得出结论。这是一个推论的过程,例如,根据观察,即使在度假时出现问题,度假者的满意程度一般都非常高。通过演绎理论可这样推理:

假定:度假者对假期有很高的情感介入。

假定:不管度假性质是什么,度假者都表现出高水平的满意度。

结论:度假者会调整自己的行为模式以实现他们的目标。

观察到的高满意度结果可解释为通过有计划的适应性行为来克服度假地或饭店的缺陷以追求满意,因为为了度假时获得高的满意度,度假者作了很高的情感投资。满意度通过调查一系列可测试的关于预期从假期获得的好处、假期中发生的事,以及最终满意度如何等问题体现。这样就可以探索这三组数据之间的关系。

这个例子同时也引出了另一个问题。它假设该模型适合所调查的问题,即数据已经存在或可以收集。任何一个理论必须表以能被检验的形式。在一些学生项目中,由于时间和财力的限制,所有假设的形成都必须根据信息获取的容易程度,这很重要。这种建模可以通过描述性方法进行。

2. 归纳法

归纳法导致一系列假定关系,这些关系是从严格而系统性的重复观察的实际中演绎出来的。通过对游客进行一段时间的观察和调查研究,同样可以得出以上假设和结论之间的关系。

3. 函数法

现实中发生的是以上提到的两者的混合体,即演绎方法的概念化和归纳观察之间的辨证过程。为了进一步完善模型,不同阶段的结果一并汇入不断完善的模型,如此反复。

从某个角度来看,这种反复可以运用在两个层次。首先,它可以运用在单个研究项目中,研究者可以通过检验与观察资料相悖的结果,并把观察资料融入模型中,以使模型和解释更为精确。但是,重复也可发生在研究内部,当研究者在他人研究结果基础上对自己的研究进行定义和重新定义时,研究者是学术研究团体的一部分,他们将个人研究成果纳入共同研究成果,因此不同的研究项目将出现重复研究现象。理想的状况是,在旅游研究领域,当研究者试图复制别人的研究发现以对理论进行提炼和完善时应继续这重复过程。但证据表明,旅游研究者使用同样的研究工具或方法以不断检验其可行性的例子并不多。实际上,皮尔斯(Pearce)曾在背景略有不同的比较研究中提到:

比较方法尽管在过去二十年中已广泛运用于各种问题中,但在旅游研究领域,仍不是一种独特的、易被接受的研究方法⋯⋯旅游研究者采用比较研究方法时,几乎很少对其使用进行详细说明,最多只是作为研究方法偶尔被提及,或者在参考其他著作时稍有提到(Pearce 1993:20)。

还有更多关于旅游研究方法的批评,例如,里德(Reid)和安德雷克(Andereck)指出:

很多研究忽视或者没有清晰地报告有用的描述性统计。很多读者可能意识到使用了 ANOVA,但是如果作者能简单地描述该统计方法,并解释其在某个特殊环境下适合使用的理由,读者将受益更多。同时,简短的方法描述也能迫使研究者对其解释说明负责,并允许读者对所采用的统计检验的合适性进行评估(Reid & Andereck 1989:24)。

研究过程价值评估

从时间、情感投入和金钱的角度而言,研究的成本是昂贵的。在很多学生项目中,他们没法选择是否必须进行研究,但是可以选择研究的主题,研究中的情感投入和时间消耗也不应该低估,当然也不能低估成本。即使是建立在对小部分人访谈的基础上的研究也意味着有旅行成本;花在研究上的时间存在机会成本,因为这表明这些时间就不能花在其他活动上了。对学生来说是事实的东西对商业领域来说也是事实。尽管通过计算花费的时间成本、邮资成本、电脑操作时间、打印、旅行、设备和其他相关因素等可以比较容易地测算出进行研究的成本,但是要评估投资回报是一件难事,因为从定义上来说,研究的结果是未知的。拉塞尔(Russell)对这点进行了详细阐述:

研究,从它的本质而言,是一种赌博。因为研究者不知道将会发现什么。如果研究是一种赌博,那么对研究的资金投入也是一种赌博。让研究者根据20年的年现金流动折现来估算他们项目研究的利润是毫无用处的。所有回答这个问题的研究者都不会得到任何资金赞助。如果他知道研究的结果是什么,那么他将不会进行真正的研究,而是一种高明的诈骗,其研究结果经过特意"修饰"后得到预期的结果。如果他不是为了预期的结果,而只是假装为了得到金钱,那么他只是在进行另一种不同的诈骗(Russell 1993:29)。

在医药行业,研究的赌博性质已经得到认可。他们相信,在大量项目研究中成功的项目不但能补偿该项目自身的研究成本,还能弥补其他不成功项目的成本。此外,有些研究并不是没有价值,而是努力完善现有的产品,这就可能减轻损失。在旅游业,一般不会出现同样的成本和问题,数据收集成本也远远低于类似制药业的产业。然而,对小型运作商来说,研究客户的看法、需求或满意度项目的投入成本也占了他们市场预算很重要的一部分。研究价值和问题界定之间的关系是紧密相连的。对"高兴去了解"和"因重要而需要去了解"之间的不同进行区分是必要的,只有那些委托进行研究的人才能作出判断。因此,至少在旅游领域,研究一般会得出很多行动建议。但是,这就是研究的本质,以至这些建议往往可能只是继续正在进行的事情。然而,即使是这样还不够,因为过去和现在令人满意的事在未来不一定也是这样。连续监测是旅游业需要承担的成本,尽管很难评估这种监测的有形价值。

研究计划的制订

在大多数研究团体中,不论是在学术界、政府、产业或者商业中,准备进行研究的人都需提交研究计划。虽然对于研究计划没有预先规定的方法,很显然,上面提到的许多问题都需解决。评估一个研究计划应该包括:

1. 确定问题

是否调查了问题背景?

研究者能否根据关键因素及其关系界定问题?

研究者是否比较了解问题的复杂性?这可通过简单回顾相关文献、其他类似问题的研究结论或过去的研究发现来体现。

2. 确定研究方法

是否简要介绍了研究方法?

研究设计和问题是否相关?

抽样构架是否恰当?

研究方法、研究设计和样本是否合理?

数据收集的表现模式是否恰当?

分析的表现方法是否合适?

3. 结论信息的本质

表明预期的信息类型。

预期类型结果和问题是否相符?

4. 日程安排和成本

时间期限对研究目标而言现实吗?

预算是否适宜?

5. 研究者的经验

研究者是否具备所从事的工作必需的专业知识、资格和经验?

由于对以上各点进行考虑这一过程将深化结构性方法,因此即使委托方没有对此做要求,准备研究计划也是研究必需的部分。该列表实际上开始为研究制订一个行动计划,通过草拟一个时间日程表能够进一步实施。常用的方法是使用甘特图(Gantt Chart)或者简化的关键路线分析图(Critical Path Analysis,CPA)。

例如,研究居民对旅游者的态度可能要花去大半年的时间,可用简洁的甘特图表示(见图2-2)。该图表以在英国德比郡(Derbyshir)的贝尔韦尔镇(Bakewell)进行的实际研究为基础,是"最佳合作计划(the Peak Partnership Initiative)"的成果之一,该计划涉及研究某火暴旅游景区居民的反应。研究目的旨在评估居民对旅游业的支持或反对的程度和当地居民对旅游规划实施成功程度的态度。研究认为评估淡旺季时期人们的态度是非常重要的,这样可以观察调查对象的态度是否一致,或者在一年内是否有变化。因此,该项研究覆盖了1993年这一年的大部分时间。

开始时间:1992年11月　　　　　　　　　　　　　　完成时间:1993年10月

	十一月	十二月	一月	二月	三月	四月	五月	六月	七月	八月	九月	十月
二次文献搜索	└─┘											
问卷设计		└─┘										
获得反馈和定量数据		└─┘										
确定样本		└─┘										
测试问卷		└──┘										
重新设计问卷			└─┘									
书写背景材料		└──┘										
第一轮数据收集				└─┘								
数据编码				└─┘								
将数据输入计算机					└─┘							
数据分析						└─┘						
记录第一轮结果						└──┘						
第二轮数据收集								└─┘				
数据编码								└─┘				
将数据输入计算机									└─┘			
数据分析										└─┘		
记录第二轮结果										└──┘		
得出结论												└─┘

图2-2　居民态度研究日程安排表

在这项研究中,某些关键日期非常重要。很显然,第一轮调查必须在复活节和旅游旺季开始之前进行,而第二轮必须在8月底完成,同时要求在十一月底完成整个调查。同样需注意的是在第二轮调查问卷后,填写问卷结果和数据分析的过程在某种程度上是同步进行的,因为填写问卷结果时会产生新的需要证实或核对的问题。确定了研究日程内的关键时期后,接下来就可确定需在什么时候进行其他活动。

另一种方法是构建关键路线分析,所采用的条目和甘特图法相同,事件顺序图如图2-3所示。

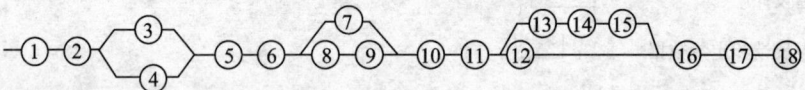

其中:
①二次文献搜索
②问卷设计
③获得反馈和定量数据
④确定样本
⑤测试问卷
⑥重新设计问卷
⑦书写背景材料
⑧第一轮数据收集
⑨数据编码
⑩将数据输入计算机
⑪数据分析
⑫记录第一轮结果
⑬第二轮数据收集
⑭数据编码
⑮将数据输入计算机
⑯数据分析
⑰记录第二轮结果
⑱得出结论

图2-3 关键路线分析

研究设计

旅游研究设计中研究者通常无法控制变量,与研究者能够对自变量进行

一定控制的实验设计相反,这种情形通常需事后回溯设计。事后回溯研究通常分为两种类型:

(1)实地研究。包括文献搜索、体验调查、结构性观察和案例研究。通常这种研究被认为是研究的解释阶段,在很多案例中,研究可以是描述性的。这种研究的目的旨在检验某种情境以确定任何既定情形下的关键变量,并识别在其他情境下可能重要的因素。

(2)调查。通常包括调查问卷的使用。研究者仍然无法控制自变量,但是可试图评估孤立因素的相对重要性水平。

旅游实地研究如何进行调查的例子是目的地生命周期理论发展案例。很多学者观察到了目的地随着时间发生变化的过程,结果是所有权使用模式的变化。例如,扬(Young,1983)通过更详细地阐述土地使用模式的变化进一步发展了巴特勒(Butler,1980)的理论,如以前的码头渔村变成了现在的度假屋或纪念品商店。根据科曼斯(Kermath)、托马斯(Thomas,1992)和班内德托(Di Benedetto)、波杰尼克(Bojanic,1993)等人的调查,这些概念随后得以进一步完善。Kermath 和 Thomas 指出了多米尼加共和国某一度假胜地正式和非正式旅游产业部门之间的差别,且各自都有自己的生命周期。班内德托(Di Benedetto)和波杰尼克(Bojanic)通过参观者数量统计建模评估新景点带来的冲击及其对环境的影响。

在旅游文献中实验设计虽然不常见,但从某种程度上来说在旅游行业中还是常见的。如果将实验设计定义为"研究者"控制某一变量的情境,并通过改变该变量来试图评估它对因变量的影响,那么很多营销实践都是假实验实地研究。例如,某旅行社可能希望评估提供无押金预订这一营销手段对其生意的影响,而只在一段时间内实施这样的计划。

变量属性

不管怎样,在实地实验中确定不同变量的作用时将出现一些重要问题。不是所有的变量都能被归为自变量或因变量,实际上,不是所有的变量都总是扮演同样的角色。变量可分为以下几类:

(1)独立变量(或自变量)——某事件的假定原因,它发生在变化的结果之前。

(2)非独立变量(或因变量)——随独立变量(或自变量)变化而变化的因素。

例如,如果工资上涨,度假消费也可能增加。工资被看做自变量,度假消费是因变量。但是,也有可能工资确实上涨了,但度假消费保持不变。这可能是由于干扰变量或者调节变量的存在。

(3)干扰变量——独立变量的函数,有助于解释因变量的行为。

因此,根据以上简单的例子,如果工资上涨造成零售价格更快上涨(或者通货膨胀),那么度假消费就可能不会增加,因为家庭预算中的其他费用比收入上涨更快。在这个例子中,独立变量工资引发的通货膨胀反过来又影响了非独立变量度假消费,通货膨胀可以被看做是一个干扰变量。但也有可能出现这样的情况,虽然消费价格通货膨胀上涨抵消了收入的增加,度假消费支出仍然会上升,这可能是由于某个因素对独立—非独立变量之间的关系产生了强大的影响。因此,尽管工资上涨由于通货膨胀得到缓冲,如果度假者感觉非常需要一个假期,那么他们就会用比如储蓄代替度假支出,这样度假消费支出可能增加,从这个角度看,心理需求可以被定义为调节变量,对通货膨胀和度假消费支出的联系起到了调节作用。这种关系可以通过图2-4表示。

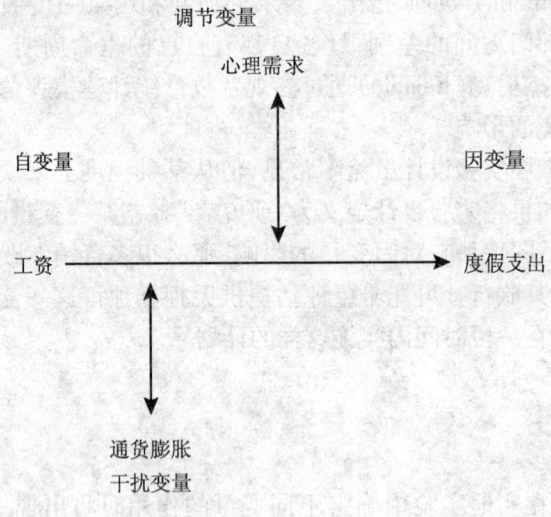

图2-4 变量角色

图2-4也体现了建模和确定变量实际角色的重要性。从经济学的观点来看,模型可能表面上看似有效,但是另外一种情况也可能使用同样的变量。例如,心理学家可能认为心理需求是自变量,工资是推动需求被满足的驱动因素,用术语来说,工资是干扰变量。假定确定不同情况下同一变量都很重要,实际的建模过程对实际的研究设计将起到非常重要的作用。经济学家可能使

用回归分析测量经济变量,而用残差表示心理需求。另一方面,心理学家可能采用一系列的访谈而几乎不参考经济数据。因此,假定的变量函数如独立变量、干扰变量或者调节变量对研究设计具有重要意义。

定性和定量研究

以上例子带来的启示是研究在性质上可以定为定性或定量。上面子标题中用的"和"字非常重要,虽然研究性质往往指定性或定量,但是大多数实践者认为两种方法都有效,是互补的,只是两者有着不同的目标和问题。后面章节将详细阐述这些方法,但既然前面提到了这两种方法,现在稍作概述非常合适。表2-1表明了两者的区别。对表格的个别部分可能会有不同的意见。例如,接受过心理学训练的学者会具备良好的统计学知识,而很多使用决策模型的学者对消费者行为模型和心理学理论也很熟悉。同样,该表也表明统计解释是完全"客观的",但也不总是如此。例如,埃弗立特(Everitt)和邓恩(Dunn,1991:110)认为估算源自树状图的聚类数量过程可能"相当主观"。因素分析的统计方法已经受到抨击,因为其允许调查者循环使用数据直到他们得到想要的答案。查特菲尔德和柯林斯(Chatfield & Collins,1980)认为在大多数实际情况中不应该使用因素分析。这些过程决策确实和"严格"的统计规则一样基于经验和对该方法目的的理解。正如把价值归功于受访者的口头陈述,这要求研究者具备良好的专业技能。

表2-1　定性与定量研究比较

比较维度	定性研究	定量研究
问题类型	探测型	有限探测型
样本大小	小	大
受访者信息	多	变化多样
管理	要求采访者具备特殊技能	不太要求特殊技能
分析类型	主观的、解释性的	统计的、总结性的
硬件设备	录音机、投影设备、摄像机、图片讨论指南	问卷调查者、计算机、打印输出
复制能力	低	高

续表

比较维度	定性研究	定量研究
调查者培训	心理学、社会学、社会心理学、消费者行为学、市场营销、市场调研	统计学、决策模型、决策支持系统、计算机编程、市场营销、市场调研
调查类型	探索型	描述性或因果性

资料来源：Mcdaniel Jr & Gates 1993：198

尽管这样，总的说来，定性研究关注的是研究的主观部分。这可以给研究者带来很多优势，受访者的评论和深度访谈能就景点、旅游、场所以及度假体验提供丰富的信息和感受。假设度假是一种有可能改变人们生活的宣泄体验，那么将这样的经历缩减为五个等级上的几个刻度显然是不够的，通过定性研究可以得出对某个问题的想法、见解和看法。因此，尽管对概括研究发现的能力、受访者评论的含义和相对重要性的解释中的内在问题，以及由于小群体内发生的社会变化而引起的答案无效等问题存在各种质疑，旅游产业的商业部门仍普遍采用焦点访谈小组、角色扮演和投影技术等方法。旅游运营商大量使用焦点访谈小组来评估消费者对他们的宣传册的反应和目的地的性质，还用于协助电视广告的构思。

但是，定量研究拥有其他优势，特别是效度和信度的保证。它还能以更低的成本更快获得众多人的观点，如使用邮寄调查问卷。此外，随着计算机能力的增强和成本的降低，分析方法可能会更加完善。

通过以上简单回顾，很显然，定性研究排除定量方法，定量研究排除主观的定性方法，是对这两种方法区别的简单化。采取焦点访谈小组的研究是计算出同意某个观点的人数，统计学家通过判断对度假者类型进行整理归类。只要有可能，很多研究设计都将使用这两种方法，这一点也是事实。按照惯例，先用定量研究，后用定性研究，以确认问题的效度，或确保在某情境下确定所有关键变量。不过，如果说这表明定性研究从属于定量研究（也就是说，其作用是为了保证调查问卷中问题的有效性），这就低估了定性研究的作用和角色，这些问题将在第四章进行更全面的讨论。

不同的研究设计结构

很多发表在期刊上的文章或现实实践中的旅游研究的例子都可称为研究"快照"，换句话说，通常一群人在参观了某个景点后在某个时间接受访谈。虽然在某种意义上有信息总比没信息好,但这种研究方法还是存在一些缺陷。例如,受休闲中心运营商委托需调查受访者对游泳池的态度,目的旨在提高游泳池的使用率。问题包括他们为什么来游泳池,使用游泳池的频率以及他们对游泳池及设施的态度等问题。但是,这种方法忽略了一个重要问题——没来参观游泳池的那些人的态度是什么?在很大程度上,提高营业额更多地在于将那些不情愿的用户转变为用户,而不是提高现有用户的使用频率。

现在,假设实施了对非用户的调查,结果针对这部分群体进行有目的的促销。在他们使用完游泳池后他们的态度如何呢?是否和那些老客户相似?这些新用户和那些仍然不使用该游泳池的用户有什么区别呢?在促销活动之后那些有经验的用户行为有什么变化?用户的数量或使用频率是否增加?换句话说,为了使研究更具有效性,如果能在群体间或一段时间内进行比较研究是很有用的。这会导致不同的研究设计,适用于定性和定量研究。这些不同的研究设计可以分为以下几种:

1. 单次(one-shot)案例研究

这是所有设计中最简单的类型,只在一个场合询问一个总体或样本一系列的问题。优点是操作相对便宜和简单,但是也有很多缺点。正如上面提到的游泳池用户的例子中所展示的,没法了解行为和态度的历史记录,而且,由于只有一个样本,很难评估所选择的样本成员改变看法的程度。旅游研究通常要求人们明确描述他们以前不假思索做过的事情。在实际的思考问题和判断行动的过程中开始改变对该问题的看法,并可能影响答案。没有可比较的群体,很难确定事情发生的程度,虽然这是很多类型的研究设计都存在的问题。

什么时候提问也是一个问题。一方面,如果在事后,比如参观或度假结束后提问,采访者要对事件进行回忆,这种回忆可能精确也可能不精确,相应地会带来回忆精确度的重要性问题。一种观点认为受访者的想法与实际发生的事情同样重要。另一方面,在度假者参观某个地方之前询问他们的期望则迫使他们对事实上没有经历的事情作出判断,这样的回答将受类似地方和经历的熟悉程度的影响。

单次研究的另一重要问题是问卷调查之前的准备工作性质。单次问题的危险在于受访者回答的问题的重要性由研究者而不是由顾客来决定。另外,所有研究者必须注意回答的内在有效性问题,这对于小样本定性研究来讲更难处理。

2. 简单纵向设计

简单纵向设计是单次设计的发展,它对相同样本在不同场合下进行再次访谈,经过一系列访谈更有可能评估回答的一致性和有效性。严格来说,纵向研究要求每一个案例中回答都出自同一样本,但在旅游业中存在的很多情况是一段时间内不同的人回答同样的问题。例如,英国旅游调查(the United Kingdom Tourism Survey)的数据基于每月大约2000名受访者,这些问题在短期和中期内保持不变,因此建立了随着时间推移的度假模式变化监控机制。与此类似,通过国际旅客调查(International Passenger Survey),尽管每个场合下的受访者不同,还是能得出纵向事态图。根据不同的变化,纵向设计有如下几种变体。

3. 单组前测后测

这是纵向研究的发展,在一段时间内根据特定的事件或发生的事提出一系列的问题。在某种意义上,它可称为准试验设计,因为尽管研究者没有像传统物理科学研究中那样对事件进行控制,但是为了评估事件的影响,在事件发生的前后却进行了测量。在旅游业很多情况下都是这样,如它可用于测量旅游业影响的研究。某个景点开放之前和之后可能会对居民的态度进行研究,可能会测量并比较游客在参观某一新旅游景点前后的态度,任何的变化都可能会归因于该新景点的开发。如果研究关注的是旅游开发对水资源质量和使用的影响,那么它和传统物理科学研究的区别是显而易见的。度假地建立之前可能会对污染进行测量,建成之后再进行测量比较,水资源质量的任何变化都可以归因于该旅游开发。

问题是这两个时期的差异在多大程度上是由假定的决定变量引起的。假设一个新的度假地被开发,环保当局关注由此造成的污水排放及对该地区水质的影响,水质在开发之前和之后可能都进行了测量。不管采用什么测量方法,如果发现水质恶化了10%,是否就能证明该度假地造成了水质恶化呢?这个问题的部分答案只能通过该事件之前的更长时间的系列研究来提供。例如,度假地开发之前的长时间水质监控可能已经发现,由于度假地开发之前的各种农业活动,水质已经恶化了,如恶化了7%。那么,这就可证明度假地只是加重了水质的恶化,而不应该负全责。换句话说,为了完善这个简单的前测后测设计,需要增加比较群和测量。这可以采取以下几种方法。

4. 静态组比较

这是另一种前测后测组准实验研究方法,但是不能完全弥补这个设计的缺陷。在静态组设计中,需调查两个组以评估事件产生的影响。其中一组对象已经体验了整个事件或去过这个地方,而人数同样多的另一组或样本则没有体验过这个事件或去过这个地方。例如,假设某个航空公司引进了一个新的机上服务,并希望评估这项服务是否对建立航空公司有利态度产生影响,由此可能带来重复业务。航空公司可能调查那些已经尝试了新服务的乘客,然后将他们的反应和未经历这种服务的群体行为相比较。

在这个案例中,这种比较只是事后测试比较。为了一开始就克服前测后测单组设计的不足,可以在两个调查组中加入纵向元素。众所周知,这种前测后测控制组设计由两个样本组成:

(1)样本 A 在事件之前调查,在经历了事件之后再次对他们进行调查。

(2)样本 B 和 B 组同时在事件发生之前进行调查,然后和样本 A 一起接受二次采访,但该样本不经历该事件。

这个过程的目的旨在确定系统中已经存在的变化,如样本 B,从而能够辨别出只是由该事件引起的,独立于任何其他现存因素的变化。换句话说,任何在样本 A 中事前和事后测量的变化都可能由两种变化源组成:一种是源于经历的事件的变化;另一种是系统中已经存在的变化。样本 B 未经历事件,但数据表明也有变化。

游客态度研究可能出现这种情况。Doxey 刺激指数模型(Doxey Irridex),指出受游客影响的东道主社区对游客开始表现出烦恼,继而敌对的情绪。但是,该弄明白的是这种态度有多少是由和游客互动的直接体验造成的,又有多少是由源自其他渠道(如新媒体)的总体文化态度引发的。前测后测控制组设计或许能分清一般因素影响和游客影响。

5. 所罗门四组设计

所罗门四组设计是最复杂的试验研究设计。它通常用于以制药或医药研究之类的物理科学研究为基础的研究,通常不用于旅游研究。所罗门四组设计由四组样本组成,是以上所有系统的组合。各样本分别是:

(1)样本 A 用于事件发生之前调查,样本经历该事件后再次接受调查。

(2)样本 B 和样本 A 同时调查,但该样本不经历事件。

(3)样本 C 经历该事件,在事件之后进行调查。换句话说,他们在事件之前不接受调查。

(4)样本 D 只是和上面的三个组同时接受调查,但是既不提前调查,也不经历事件。

为什么要采取这种看起来很复杂的调查模式呢?从本质上来说,研究者使用这种研究设计是为了控制众多潜在的可能降低研究结果效度的复杂因素。这包括:

(1)控制对不受事件影响的总体趋势的评估。

（2）接受了不止一次调查的受访者可能有了受访经验,这可能会改变他们的看法,以至他们不再具有代表性,或者他们开始响应采访者,并记住他们认为的所谓的"被认可的"行为。

（3）随着时间的推移,受访者自身也会由于自然衰老或者生命阶段的变化等因素而变化,短期而言,他们可能只是对这种受访行为感到厌倦。

所罗门四组设计从多方面克服了这些问题。两个纵向分组可以评估前测后测控制组设计中描述的一般体系的变化,但是样本 C 和 D 考虑到了由于再测试而获得的学习经验。样本 D 允许样本 B 的测试,表明样本 B 的第二个结果是否能代表未经历该事件的更广泛群体(这能检测出任何可能影响回复的学习型或成熟反应)。同样样本 C 是样本 A 结果的验证。

这种研究设计显然能够应用在问卷调查反应的案例中,但是也可以应用在涉及焦点访谈小组等的定性研究中。不过有两点要注意:第一,获得有效结果要以时间、精力和金钱为代价。第二,由于定性研究的本质,定性过程存在复制结果的问题。但在这些案例中,试图分析差异原因将收效很大。

另外,如果为了便于核对而多安排一些附加样本,而这些样本得出的研究结果缺乏一致性,那么这个过程会导致严重的问题。怎样解释这种不一致性呢?这种差异是否源自研究工具本身的缺陷?愤世嫉俗者可能认为弃用这种更严谨的研究设计的原因是为了避免出现这样的问题。

确定数据收集和分析方法

数据收集方法将从第四章开始进行更详细的阐述。这里将结合分析程序评估稍作概述。很显然,不管研究设计多么谨慎,数据收集中的错误也会带来很多问题。数据收集中的错误将会导致数据的错误,这反过来又造成数据分析中的进一步错误。图 2-5 说明了问题的属性。

图中的方格表示如果研究设计或者数据收集出现错误,必须重新设计或收集数据。实际上,对研究者而言,要区分这种错误并非易事。如果结论不支持假设,那么可能是由于:

（1）假设是错误的;

（2）研究设计不充分;

（3）数据收集过程不恰当;

（4）(2)和(3)共同作用的结果。

```
                      研究设计
              恰当              不恰当
      ┌─────────────────┬─────────────────┐
   恰当│  研究具备效度    │  研究缺乏效度,   │
      │  和信度          │  需要重新设计并实施│
      │                 │                 │
数据收集│                 │                 │
      │                 │                 │
      │  研究缺乏信度,   │  研究缺乏效度和信度│
      │  需要重新实施    │                 │
   不恰当└─────────────────┴─────────────────┘
```

图 2-5　研究中的错误

因此,样本的组成和规模非常重要,这将在第七章进行详细说明。图 2-5 也使用了一般意义上的"效度"和"信度"这两个词,但是在统计研究中,它们有特殊的含义,尤其在涉及测量量表时,效度表明研究工具需用于测量应测量的对象。要具备效度,必须考虑三个方面:

1. 内容效度

研究设计需建立在正确的假设基础上,因此会得出适合所研究的问题的测量量表。

2. 建构效度

量表是对所测量的事物的真实表现,也就是说,它表现出了测量应该有的样子。从统计学的角度来说,建构效度可以从两个方面进行测量。一方面,研究者应寻找关联变量之间的高度正相关。因此,"我相信追求休闲是很重要的"这种陈述的得分将和同意"我的假期对我来说很重要"的陈述的得分高度相关,这被认为具有汇合效度。另一方面,调查问卷可能包含和"工作是我生命中很重要的方面"的观点一致的题目,这样的陈述和认为假期很重要的陈述具有反相关的关系。如果事实是这样,那么则存在判别性效度,因为这两项能辨别工作倾向和假期倾向。

3. 标准关联效度

该研究效度是建立在一个变量能预测另一变量的假设基础上的。例如,假设假期的满意度水平和重复预订同一个旅游运营商的程度呈相关关系。在这个案例中,随后的满意度高的度假者的重复预订水平体现了标准关联效度,信度很容易与效度区分开来。正如所预期的,信度关注的是结论的一致性,也就是说,重复测试得到的结果是一样的。不过量表可能是前后不变的,但如果它缺乏效度,得分对情境的理解几乎没有帮助。然而研究的信度表明受访者不止受访一次,他们经历了前面研究设计提到的测试—再测试过程。当然,事情有可能不总是这样,但有时也可能是这样,如果样本足够大,可以将受访者分成两组,以评估这两组的差异。如果这两组高度相关,那么这种分组测试将证明研究设计的信度。

研究设计的效度和信度问题对想要避免第一类错误和第二类错误的研究者来说非常重要。这些错误源于对统计关系测试中采用的基本假设,也就是大家所熟知的零假设,它认为任何关系都不显著,或者任何值都不会明显偏离"平均水平"。这类似于法律中的假设:除非证明有罪,否则任何人的越轨行为都不是犯罪。

第一类错误可以定义为:认为零假设是错误的而放弃,但事实上零假设是正确的,换句话说,认为某种关系很重要而实际上并不重要。

第二类错误认为零假设是错误的却没有放弃(如,研究者认为某种关系"很平常",因此没有放弃关系"很平常"这一假设,而事实上结论发现关系很重要)。

不言而喻,必须避免这些问题,在定量研究中,研究者可用很多方法来检验假设。这些检验方法都以接近均值的期望方差为基础,该分布属性将在第七章和第八章讨论。

结果评价

在定量研究中,数据解释的统计过程是从数据中获取信息的很重要的一部分,但这并不完全是一项机械任务。正如前面所提到的,研究者必须对测试的实质和目的很熟悉,并且能够解释研究发现,然后判断哪种测试合适。数据评估必须考虑所用信息的性质,比如,如果样本太小不足以支持采用复杂的分析方法,或者采用的数据基础(如在经济模型建构中)在测试期间发生了变化,那么使用这些方法就没有意义。后一点在不同国家数据的比较研究中尤为重要。例如,如果认为通货膨胀是决定可支配收入和度假态度的重要变量,那么研究者必须对不同国家的物价指数的不同结构很熟悉。比如说,A国家的通货膨胀是10%,而B国家是5%,由此并不能说明A国家的通货膨胀严重程度是B国家的两倍。又如,当考虑到住房成本对业主的影响时,不同国家对住房成本和与租金相关等问题有不同的看法。此外,不同国家的自置居所水平不同,因此,在不同的通货膨胀指数内住房成本的权重可能又意味着严格意义上类似的情况无法比较。如果要使结论有意义,不同类型的研究需不同水平的专业知识。

报告陈述

如果研究报告含混不清、难以理解,为研究设计、测试和研究结论的评估所付出的全部心血都将毫无意义,无论是为学术目的还是商业目的书写研究报告,掌握一些技巧还是很有帮助的。当然在这里讨论报告和论文写作的所有要求是不可能的,但是应指出某些注意事项。学术研究在文献综述时通常对研究背景要求很具体,而且对于研究者来说,一个重要原则是注意在研究中正确记录参考文献。当只有确认了某书中的一个引文或参考书目,别人才有你想要的那本书或者报告时,你将花费大量时间寻找这本参考文献。参考文献的书写通常很简单,要求作者姓名、出版年份、书名、文章名、杂志名或者相应的会议名称、卷数、章节数和页数(如果是期刊)或者如果是书,还要出版地和出版商名字。当阅读一本书或者一篇文章时,引用了某作者的具体词句,记下引用的页数是很好的习惯,这是因为引用作者原文时通常的惯例是记下包括页数在内的具体数据源。

在商业研究中,虽然不要求全面综述前人的文献,但是报告中应该附有参考书目,因此同样,提供一份正确的参考书目清单非常重要。从商业的角度来看,委托研究的人并不总是具体执行研究建议的人,所以明智的做法是在序言中列出关键的发现和建议。这样忙碌的主管领导能够快速看懂并熟悉这些问题,然后将报告交给下级机构去执行,或者如果他们愿意可以进一步阅读细节。同时,要标出这些关键点在报告中的具体页码和章节,以供参考。如果主管领导想进一步阅读为什么研究者提出某个特别建议,他就能很快找到报告的关键部分。在报告和学术研究中,标题、副标题、段落标题使用同样的格式很重要。报告应列出目录和图表,语言应言简易懂。同时,还应考虑是否应该以条目的形式把文章分成不同阶段,而不是全篇以单一的线条形式排版。最后,应从如下两个方面明确声明研究结果:研究发现了什么?有什么启示?在商业研究中,这些启示通常指指导未来行动的重要的具体建议;在学术研究中也可能这样,或也可能论述研究发现对某个具体问题的影响。

该过程也可用在学术报告中,不过这可能被称为内容提要。内容提要有一定的作用,它向读者概述了将要论述的主要内容,设定了场景,能够让读者一开始就很放松,当形成论点时,不会忽略某些方面,因为本研究在其他地方将探讨这些问题。

小结

上文已经说明,研究设计要求对变量、变量相互作用的方式,以及区分现存趋势和仅由事件引发的趋势的必要性进行系统的评估。即使不可能实施更为复杂的研究设计,研究者也需要仔细考虑怎样才能最好地确定这些因素。

研究设计不仅根据关键因素的确定来制定,而且还需要研究者自律,这涉及安排完成研究各阶段任务的时间和事件发生的先后顺序。如果调查游客满意度时,接下来要考虑的问题是满意发生的背景和游客的心境,这将是下一章要讨论的内容。

第三章 游客满意度——
相关概念和研究问题

引言

旅游研究中大量原始分析数据都涉及游客态度,但这并不是说很少研究其他问题。例如,浏览旅游核心期刊就会发现诸如空间分析、旅游产生的影响、计算机预订系统的战略意义、度假地发展案例研究以及运用经济计量方法、Delphi 预测法和特定测量法(ad hoc measures)进行旅游趋势预测等主题的文章。不过,有关游客行为和态度问题探讨得最多。《旅游营销杂志》(the Journal of Travel and Tourism Marketing,1992)第一卷共 18 篇文章,其中有 10 篇是关于游客行为或态度的测量,这些文章采用了日记分析、因素和聚类分析以及文化的作用描述等方法。今天,情况依然如此。许多已发表的论文都是关于游客及其态度研究,关于他们的感受、体验和旅游的,这些仍是旅游研究的中心课题。另外,许多文献也关注行业、管理者、政府官员及社会团体的态度。由于许多学生项目关注游客对旅游景点的反应,绝大多数大型旅游景区的经营者和旅游运营商也跟踪调查客户的满意度,因此本章和下一章将重点论述游客态度测量。这两章将讨论与游客态度和行为研究有关的诸多问题,包括研究设计中需考虑的态度和行为的组成要素、游客的度假动机类型及据此得出的游客分类、游客态度的多属性模型和态度测量、态度测量的一致性、游客满意度测量方法等。

影响游客满意度的因素

本节主要简单介绍游客态度及其测量的相关概念,旨在:
(1)为后续的态度分析提供一个理论框架;
(2)指出研究设计中需考虑的一些问题。
度假者的态度、期望和感知在设定目标、影响度假者行为和决定最终满意

度方面都是重要的变量。因此,在进行任何关于游客行为和态度的研究时,必须注意如下几点:

(1)从自我发展、自我提高、自我尊重、满足所感知的角色及对其他重要人物的要求作出回应等方面认识活动的重要性;

(2)活动重要性不仅要根据需求,而且还要根据所期望的结果来评估,因此需考虑对需求和结果的看法等问题;

(3)参与者在娱乐活动中运用的技能等中介变量也很重要。技能也许是先天能力、经历和学识共同作用的结果。采用奇克森特米哈伊(Csikszentimihalyi,1975)的术语,外部条件引起的挑战与应对这些挑战的能力之间的关系有助于参与者体验到整个活动的"流畅",从而获得满意。

(4)其他中介变量可能包括其他重要的个人或群体的出现,以及他们在场或不在场的重要性;

(5)当任何情境下参与者的初始期望都没有得到满足时,参与者调整期望值、体验认知差异和参加替代活动的程度,以及这些因素对决定最终满意度所起的作用。

以上充其量只列举了部分在任何有关游客态度研究中必须系统考虑的可能重要的因素,探讨该领域的问题还应考虑消费者行为理论。如果满意是指需求和表现之间的一致,那么不满意就可被看做是期望和体验之间存在的差距,因此差距分析有助于分析游客满意度。同样,如果认为认知差异有作用,那么可证明这种认知差异是由度假者在体验某个地方或活动期间所发生的某个关键事件而触发的。研究可清楚地表明,这些事件能有力证明将产生积极的体验(Bitner et al. 1990)。

根据英国旅游局公布的数据,在英国,大约40%的出游与探亲访友有关,不过出游的方式更多是一日游而非其他度假方式。将旅游看做是一种场所体验会将一日游置于旅游学术和商业研究范围内。这样也需在评估影响游客选择和满意度的决定因素时,要更注意评估游客对目的地的熟悉程度所起的作用,但是离开居住地的度假在休闲活动方面确实存在环境上的差异。

事实上,离开居住地这一事实正是对度假基本原理的阐释。用旅游学术语讲,度假是受"逃离"和"吸引"这两种因素驱使的。不过,需指出的是,游客也许会重复去往自己偏爱的地方,但每次的度假体验不可能完全相同。尽管对该地的亲近感可能改变游客和本地居民的关系,但游客对一个地方的先验知识会改变游客对该地的探索活动,逗留在该地的不同游客会产生新的游客内部互动模式。因此,重复旅游不可能产生与初始旅游相同的体验。在同一个地方，游客参与的活动也许是一样的，但是，对该地的先前经历会使游客从这些活动中得到不同性质的满足。过去的体验也会改变游客对该地的期望，由于期望形成动机，"想过得快乐"的动机变成了目标，重复旅游的行为也许会受到影响。从这点来看，在区分产生积极满意感的重复行为与导致厌倦感的重复行为时流畅理论与觉醒理论（Csikszentimihalyi & Csikszentimihalyi 1988）显得非常重要。

关于游客态度和动机评估的议题很多，但其中重要的是确定什么因素促使度假者的度假选择。学者们已经做了大量的研究试图找出这些因素，或者根据不同的度假动机对游客进行分类，马西森（Matthieson, 1982）、墨菲（Murphy, 1985）和瑞安（Ryan, 1991b）等对度假动机进行了综述。然而，动机和行为并不是自动相联系的，在许多情况下，由于度假期长，人们在度假时可以参加许多不同的活动，不同的活动也许满足了不同的需求，而有一些可能是人们在进行度假预订时没有考虑过的。任何游客行为的研究或模型必须考虑意外因素——这是获取意外发现的诀窍。可以从不同的强度水平体验动机，从某些角度来看，在进行游客态度研究设计时，正需慎重考虑这种动机的强度差异。仅是识别出动机或态度只是冰山一角。该态度或动机有多重要？它对度假目标设定起到了什么性质的作用？从更基本的层次来说，度假者是否清楚其度假目标和动机？在诸多与游客态度相关的研究中，这些重要的问题常被忽略。结果是我们对游客态度的重要性、该态度持续的时间、或游客与旅游目的地、体验或互动的程度等知之甚少。因此，需研究的议题包括：

（1）参与的性质——一个人越致力于某项活动，其成功的程度就越高。

（2）风险因素——去陌生的地方会承担一定程度的风险，有些人比其他人更可能去冒险。

（3）压力因素——旅行包含着"艰辛"（感受到压力）。

（4）厌倦和沮丧——度假包含这两种情绪，不过在最终评价度假经历时，度假者也许会忽略。

（5）流畅感——当度假者感到自己能够处理各种事情时，成就感就油然而生。

（6）不假思索——在许多情况下，事情非常容易应对，以致难以回想起来。事情不需动脑就迎刃而解。

（7）需求分析——某种需求驱使人们度假从而达到某些目标。

基于以上几点，接下来有必要根据动机理论探讨其中一些实际问题。

参与的性质

根据期望度假和想享受度假的动机,可以假设游客将积极参与度假活动。罗伦特和科普菲尔(Laurent & Kapferer,1985)、迪梦奇等(Dimanche et al. 1991)认为在休闲情境中,参与活动是游客获得满意感受的一个重要前提。瑞安(Ryan,1994)提出游客想从度假体验中获得愉悦感,这种强烈的动机是其行为的决定因素,以致消极的度假体验会引发移位或认知差异,以实现获得愉悦的目标。因此,参与既是一个激励因素又是一个目标。罗伦特(Laurent)和科普菲尔(Kapferer,1985)提出,参与是一个多元函数,具有四重属性:重要性、愉悦感、自我表现和冒险。冒险本身又可划分为:

(1)感知糟糕的选择带来的消极结果的重要性;

(2)感知犯这种错误的可能性。(Dimanche et. al. 1991)

根据多属性理论,可以看出冒险必须承担积极抉择带来的结果(好处)及其可能性。然而,尽管认识到参与将决定从旅游体验中获得的满意度这一重要性,它也可被看做是一个间接的衍生维度。行为的重要性决定了参与程度,但这将引发一个问题:形成重要性的因素有哪些?也许认为快乐和自我表现是决定参与重要性的因素。(这就出现了一些困难,因为这对罗伦特和科普菲尔所确定的四个属性是自变量还是因变量提出了质疑。)但是如果要优先更重要的目标,就可以拒绝或推迟追求快乐这一旅游目标,自我表现的敏感性可能依赖于自我实现的程度(Maslow,1970)。因此,从自我表现和意识是人类行为的重要动机这一人文主义心理学的角度来看,迪梦奇等(Dimanche et al.1991)通过因素分析得出的结果也就不足为奇了。该因素分析结果表明自我表达作为一类因素占了被解释变量的很大比重(38.3%),而快乐和重要性这两项为第二类因素。该结果证实了如下观点:尽管参与是满意度的决定因素,但其本身依赖于其他更重要的变量,比如个性,和/或由于经济和社会因素而可能获得的参与机会等。

风险因素

风险因素也许也与自我表现的作用相关。汉普登(Hampden,1971)认为,"自我实现"的特征之一就是自我实现的人对承担心理风险准备更充分。很明显,心理风险并不一定等同于身体风险,不过两者会有重叠;但在旅游中,那些准备好承担心理风险的人往往是那些前往新的、陌生的旅游目的地旅游的人。

这就是帕洛格(Plog,1977)所描述的非自我中心型游客的特征。这个概念遭受了批评,尤其是史密斯(Smith,1990),他在调查不同国籍的游客中发现,非自我中心型、自我中心型和中间型这三种游客在目的地选择方面没有大的差别。不过,帕洛格(Plog,1990)驳斥了史密斯(Smith)的结果,认为史密斯(Smith)的结果之所以与其相悖,是因为史密斯(Smith)问卷上使用了不同的问题、不同的量表和不具代表性的样本。尽管如此,史密斯(Smith)确实给出了中肯的建议,他提出:

我建议未来的研究不要把焦点放在人格类型和目的地之间的关系上,而应该放在人格类型和旅游方式的关系上。(Smith 1990:51)

莱恩(Laing,1987)支持史密斯(Smith)的这个观点。在分析独自度假的原因时,"自由"和"独立"是引用最多的原因,占样本的50%(同上)。虽然选择包价游的最根本的原因是几乎不需做任何计划,但是,16%的案例认为最根本的原因是"没有风险"(同上:173)。莱恩(Laing)还发现对包价游的游客来说,无风险是其参加包价游的第二大原因,他因此得出结论:"'意识到风险'似乎起着独特的作用,它是使受访者待在家里的强制因素而非主要的促进因素(同上:146)。"

莱恩(Laing)也注意到在他的样本中有25%的包价游客人再次参观熟悉的目的地,而且这些通过其原来的旅游运营商参观熟悉的旅游目的地的游客更有可能提前预订更长的旅游产品。所有这些都可被看做是规避风险的策略。但是,也不要过分强调规避风险的重要性,因为研究发现其他变量与选择包价游高度相关(尤其是教育程度低的游客)。莱恩(Laing)文章最后陈述了游客购买包价游的原因:

这没有起初想起来那么容易解释。因为对于许多人来说,包价游是习惯之举,他们很少考虑背后的原因。人们偏爱包价游可能是个人因素造成的,需具体详细分析。通过大量的定性研究,这类信息可综合为度假愿望、需求以及包价游如何满足游客的愿望和需求,需要更深入地理解个人对包价游的看法以及包价游的意义。(Laing 1987:179)

此外:

与游览传统景区或尤其是特殊活动中心的游客相比,游览新开发的海滨度假地的游客更可能旅游经验不足。度假经验可能是促使进一步明确度假目的的一种方法(Laing 1987:331-332)。

压力因素

承担风险将产生压力,尽管休闲旅游的动机部分是为了逃避压力,不过度假能让人感到环境带来的压力。国外度假的游客处于不同的文化、陌生的语言和风俗环境中,产生压力的源头很多。压力可界定为人的觉醒程度,当人的觉醒程度很高,就会产生焦虑感,觉醒程度持续升高,反应便开始变得迟钝。

Yerkes-Dodson法则(1908)认为觉醒水平和行为之间的关系为"∩"形(见图3-1)。对于旅游经验不足的外国游客来说尤其如此。有趣的是,诺顿(Norton,1987)在讨论劫机事件和其他恐怖主义行为发生后1985年和1986年大西洋交通量下滑时,认为美国市场受到影响最大是因为美国游客缺乏海外旅游的经验。格雷(Gray,1987)提出了四个适用于休闲旅游的压力源,包括:

(1)强度——任务的需求以及对应付这些需求所需的能力的自我评估;
(2)社会互动——和小组中成员的关系;
(3)新奇——处在一个新的、不熟悉的环境中所产生的关心;
(4)特殊的情境——在某个特殊的环境中产生的威胁感。

以上每个原因都具有连续性。强度也许与可被克服的挑战概念相关,社会互动既带来了机遇也带来了威胁,环境的新奇长久以来都被认为是人们旅游的动机,而特殊的情境很可能为获得非常满意的体验提供了机会。同时,也意识到压力在特定情境下有助于表现。

这样就出现了两个问题:
(1)是否有证据表明这些"压力源"也存在于休闲娱乐的情境下?
(2)引起觉醒程度渐弱而非增强的情境有什么特征?

罗宾逊(Robinson)和史蒂芬斯(Stephens,1990)在研究划独木舟横渡加拿大旅行时运用了这个压力源概念,得出如下结论:

虽然这四种压力源都影响焦虑状态,但是此小样本中差异所占的比例(前测占13%,现场试验占20%~46%)表明,在本次研究设置的情境下,这四种压力源——强度、社会互动、新奇和特殊情境——并没有充分说明压力产生的前提条件(Robinson & Stephens 1990:229)。

他们认为基本上存在如下两个要素:
(1)产生一般反应模式的情境类型;
(2)人际之间和个人内心的焦虑。

如上所述,在度假情境下,这四种压力源可被认为是连续统一体的一部分,即体验的强度(积极的或消极的)、新奇(积极的或消极的)、社会互动(积极的或消极的)、特殊情境(积极的或消极的)。对于引起觉醒程度渐弱的情境特征,罗宾逊(Robinson)和史蒂芬斯(Stephens)建议改变该论点的性质,即不用界定压力要素,而是将情境和反应模式分类,这些反应模式依赖于如情境、参与者的个性及对情境的感知等变量。

厌倦和沮丧感

这与 Yerkes – Dodson 法则一致(见图 3 – 1),运用奇克森特米哈伊(Csikszentimihalyi,1975)所提出的"流畅"概念,缺乏充分的觉醒将会产生厌倦感。从这个观点看,度假的常见动机"放松"和厌倦之间的区别取决于能引起放松但还不足以引起厌倦的觉醒的水平。依索 – 阿霍拉(Iso – Ahola)和威森哲(Weissenger,1990)根据休闲时间界定休闲领域中的厌倦——处理手头任务的时间太多或太少都会产生厌倦。与之相关的是任务的性质和涉及参与者技能的挑战。研究似乎表明与厌倦相关的因素包括技能、挑战、适应性和熟悉程度、新奇以及空闲时间(Hill & Perkins 1985;Iso – Ahola & Weissenger 1990;Voelkl & Ellis 1990)。帕特里克(Patrick,1982)将厌倦描述为不满意感,不愿行动,由于不能指定想要的东西而渴望,被动的预期态度,感到度日如年,情绪崩溃。

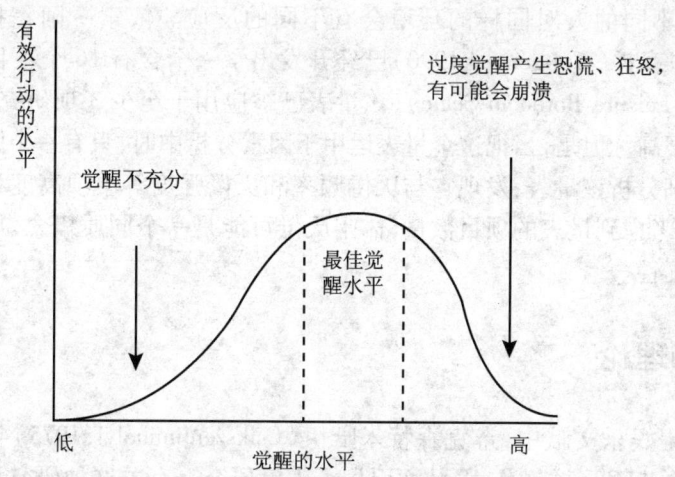

图 3 – 1　Yerkes – Dodson 法则

希尔(Hill)和珀金斯(Perkins,1985)将厌倦和沮丧联系在一起,指出当受到时间或挑战的限制(确实存在或感觉存在)时,参与者就会感觉沮丧,从而难以表现出最令人满意的行为。沮丧与更高的觉醒水平相关,也与由于不能行使控制权而产生的无助感相关。沮丧感可能发生在漠视感之前,由于不能影响事件从而导致行为失效。度假时,当遇到飞机延误,尤其是在国外度假的包价游游客返程时遇到飞机延误,就会表现出这种行为模型。依索－阿霍拉(Iso－Ahola)和威森哲(Weissenger,1990:5)将厌倦定义为"理想的休闲体验特征(觉醒水平)和实际感知到的休闲体验之间的错位"。这种厌倦情绪在包价游游客返程时遭遇包机延误时表现非常明显。游客们在约定的时间集合,坐大巴到达机场,在经过了预料中的等待后,却被告知飞机延误。多数情况下飞机延误的时间无从得知。面对这种不确定性,觉醒程度增加,就出现了厌恶情绪。随着延误时间加长,厌恶情绪进一步加剧,值得注意的是这时导游又不见了。厌恶情绪导致游客采取行动,他们寻找信息,试图找到导游,要求立即获得某种形式的赔偿(如一顿免费餐)。但是,如果时间无限制地拖下去,游客意识到他们也无能为力,这时原先的厌恶就转化成了冷漠。与依索－阿霍拉(Iso－Ahola)和威森哲(Weissenger)的定义稍微有点不同,实际上,这是引起觉醒的最初情境和感知到的产生理想变化的能力之间的错位。

很明显,该方法中体现了两个基本原理——第一,体验满意度可能取决于最初的预期水平(这是差距分析的一种形式);第二,满意度也许是一个个性因子,因为不同的人对同样的环境会有不同的反应。依索－阿霍拉(Iso－Ahola)和威森哲(Weissenger,1990)已经开发出了一个含有 16 个项目的休闲厌倦量表(Leisure Boredom Scale),该量表已被应用于至少 3 项研究中,研究发现信度很高。但是,当把这个量表运用于因素分析中时,只有一个因素显现出来。仔细分析该量表,发现它与厌倦频率和厌倦强度等单项高度相关。这或许表明,考虑到量表的项目数量,休闲厌倦可能是一个同质概念,从而该量表具有一元性。

流畅理论

在休闲娱乐文献中,奇克森特米哈伊(Csikszentimihalyi,1975)年提出的"流畅"理论起到了关键作用,从而引发了大量研究。有关这种研究大多源自北美,研究最初局限于户外和野地休闲。近来已经被运用于其他休闲体验,比如,曼尼尔等(Mannell et al. 1988)将"流畅"理论运用于退休人员在北美安大略湖的锻炼,奇克和罗伯茨(Chick & Roberts,1990)从挑战、技能和"流畅"这三个维度研究了某周一晚各酒吧的台球联盟的美国人。然而,这个理论在旅游业文献中却几乎未被提及。皮尔斯(Pearce,1988:26)虽然提到了奇克森特米哈伊(Csikszentimihalyi),但却是将"流畅"作为马斯洛(Maslow,1970)的"顶峰"体验的一个方面来考察的。瑞安(Ryan,1991b:44)也曾简要地提到了这个理论,用描述性的方法将其运用于度假游客的体验,但是没有提供任何实验性证据。然而,该理论显然有助于理解游客行为、游客满意和不满意的根源等问题(见图3-2)。

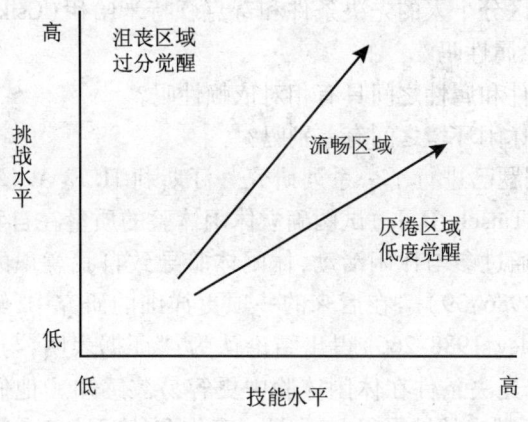

图 3-2 流畅理论

奇克森特米哈伊(Csikszentimihalyi,1975:36)将"流畅"体验定义为"参与者完全参与活动的体验",并对这种"流畅"体验的发生及频率给出了以下7个指标:

(1)感到个人技能和活动带来的挑战处于均衡状态;
(2)注意力集中;
(3)不害羞,全心投入;
(4)对别人的行动反应明确;
(5)感到能控制行动和环境;
(6)无焦虑和约束感;
(7)感到愉悦或欢快。(Csikszentimihalyi 1975:38-48)

不过,感受"流畅"体验有四个先决条件:
(1)自愿参与;
(2)认为参与活动好处源自参与活动本身;

(3)在参与活动过程中,感到觉醒程度增加;
(4)对所参与的活动恪守心理承诺。

一般而言,一个度假情境内会出现这四个先决条件。顺便说一下,促进觉醒水平提高的先决条件和压力消失描述不同。如前所述,压力既可以起到促进作用,也可以产生削弱作用——这取决于个人应付某一状况的能力,而这种能力部分取决于过去的经历、技能水平和削弱觉醒水平的倾向。这些因素是知识和生理相互作用的结果,而这种相互影响塑造了人的个性。

可以证明,"流畅"体验存于工作和休闲环境中。这样又出现三个问题:
(1)有可能区分个人的先决条件和奇克森特米哈伊(Csikszentimihalyi)所指的"流畅"理论属性吗?
(2)先决条件和属性之间具有相对依赖性吗?
(3)工作和休闲环境之间有差别吗?

针对以上问题已进行了一系列研究。汀斯莉 H. E. A.(Tinsely H. E. A)和汀斯莉 D. J.(Tinsely D. J.)试图确立休闲体验的质量在自我发展中的重要性,他们指出:"通过参与休闲活动,休闲体验导致自我意识的不断提高和个人的不断成长(1986:39)。"在后来的一项更详细的研究中,鲍尔温和汀斯莉(Baldwin & Tinsley,1988:266)得出结论认为:"证据表明,与工作环境相比,休闲体验的四个先决条件在休闲体验中更容易被感知。"他们还指出先决条件"心理承诺"所带来的结果很"麻烦"。工作和休闲情境之间该因素的 F 值为 1.37(可感知的自由度 F 值为 136.01),因此差异不显著($P=0.25$)。他们提出三种可能的解释:(1)该理论不正确;(2)所采用的项目没有测量指定的变量;(3)工作和休闲都需要承诺。根据受访者的平均值,他们倾向于第三种解释。

同样,研究发现先决条件和属性之间存在相关,但是由于先决条件必须在个人体验休闲之前,所以存在相关也是自然的。他们评论道:"随着感受敏感性的增强,情绪或专注度强度的增大,以及对自我关注的消失,维度之间可能会出现相关。"(Baldwin & Tinsley 1988:266)。

皮尔斯(Pearce,1982,1988)把和马斯洛(Maslow,1970)提出的"顶峰"体验的关系称为自我实现过程的一部分,这是显而易见的。但是可以假定,在诸如帆板运动的度假活动中也可以体验"流畅"。随着沃克和埃利斯(Voelkl & Ellis,1990)以及其他人的不断研究,该概念随情境和活动而定,涉及的维度包括挑战和技能等。因此,经验丰富的帆板运动员会从不适合初学者的风力和波浪条件所呈现的挑战与技能的平衡中获得"流畅"。适合初学者的条件对于专业人士来说是不够的,从而产生厌倦。相反,对于初学者来说,处在适合专业人士的条件中会产生压力和冒险感。对于研究从运动和户外娱乐中获得的满意度的研究人员来说，这个概念的吸引力是显而易见的。

然而，曼尼尔等（Mannell et al. 1988）认为这个概念具有更宽泛的运用范围。为了更充分地理解"流畅"概念，必须将期望和目的（动机）合并成一个角色。在帆板运动的例子中，如果专业的帆板运动员想要进行自由式航行，风力很高将使自由航行受限，由此产生不满意感。同样，在度假活动中，正是挑战、技能、动机和期望之间的平衡决定了流畅体验。曼尼尔（Mannell）等发现，有证据充分支持如下的预测，即更高程度的流畅伴随着自由选择的活动……自由选择的活动不仅更有可能被视为休闲活动，而且也更有可能伴随着更高程度的"流畅"（1988：299）。这在许多更"被动"的度假行为中也是很明显的。比如，如果提供一些有关参观内容的信息，历史名胜区的观光游客往往会获得更大的满意度。提供专业知识将"观看"的活动变成了"领会"和"理解"的活动，从而产生了更大的满意度。

曼尼尔（Mannel）等同时还提出如下问题，即受内因驱动的行为这一概念引发了因果关系方向问题。满意是来自参与这一行为还是参与的结果？他们通过和孩子一起玩耍的家长这一例子来阐明其中的差别——想要玩的需求产生了外在的奖励，而外在的奖励引起了内在的满意。外在强加的约束（孩子坚决要玩耍）通常导致更低水平的满意度，但在这个例子中，这一外在约束实际上能够产生高的满意度（与孩子一起玩而获得的幸福感）。他们提出了这个问题——这里所讨论的到底是原因还是结果？

已出现的问题是性别是否是决定"流畅"水平的一个因素。可以证明的是，女性具有哺育和温和的特征，由于感情丰富、善于适应环境，她们在用于测量流畅程度的一些项目上得分会更高；男性具有如支配、进攻和控制等特征，在涉及竞争和对环境的控制的项目上得分会更高。赫希曼（Hirschman, 1984）指出，不管怎样，仅基于性别的男性—女性特征分配过于简单化了。她认为，虽然人类天生有男女之分，但正是通过社会化过程人们才学会了男女各自的角色。因此，在社会性别身份和心理性别身份之间也许存在重叠或其他情况，从而确认了性别类型，异性或阴阳人的角色。通过对440名成人的研究，她报告说，性别不是吸收经验的能力预测器，只在预测竞争力水平时才很重要。通过个人特征问卷和性别角色表测量的性别角色能够预测流畅体验如参与程度、机敏性、竞争力和冒险态度等维度。

从这个研究的观点看，赫希曼（Hirschman）研究发现的重要意义在于其研究假设，即性别不是度假满意度的决定因素。度假满意度被认为是流畅体验的结果。但可以证明，心理性别身份在一定程度上是一个同义反复的或定义上的问题,它属于自我感知这一更宽泛的议题。比如,一些女性也许把竞争力视做自我价值的表现,接着才把它归入男性特征。

综上所述,流畅概念对研究休闲娱乐有效,从而表明也适合度假研究,在度假环境中发现了流畅理论的先决条件和属性。因此,该理论也许也有助于理解满意的度假经历的构成要素。

需求分析

到目前为止,研究采用的是行为主义方法,认为行为是有目的的,因此动机是决定游客行为和满意度的一个重要因素。马斯洛(Maslow,1970)的需要层次理论是引用得最多的动机理论之一,因为休闲和旅游关注自我重塑、自我发现。简而言之,与史密斯和戈比(Smith & Godbey,1991)所指的精神目标有关,正如汀斯莉(Tinsley,1986)所证明,将度假经历中的自我实现动机视为另一种方法似乎是非常恰当的(见表3-1)。

表3-1 马斯洛的需要层次理论

基本需求		
	心理需求	饥饿、口渴、性、睡觉、空气
	安全需求	摆脱威胁或危险的需求;一种安全、有序和可预见的环境
	爱的(社会)需求	归属感、恋爱的关系、友谊、集体成就
	尊重的需求	自尊、成就、自信、名誉、赞誉、威望
	自我实现的需求	实现自我价值、发挥潜力
更高级的需求		

来源:摘自 Maslow(1943)

在休闲和旅游领域中,马斯洛(Maslow)的理论很有创意。他的需要层次理论源自最基本的生存需求,通过自我认识过程和潜能的实现以获得健康的心智,该理论现已成为许多理论的基本模型。尽管很受欢迎,但应该指出"几乎没有明确或一致的研究证据证明他的需要层次理论"(Witt & Wright,1990)。虽然如此,仍可以从该基本理论中提出假设接受检验,其中需要仔细考虑的是拉吉卜和比尔德(Ragheb & Beard,1982)所提出的休闲动机量表和皮尔斯(Pearce,1988)所提出的旅行生涯概念,因为这两个假设都涉及旅游业。

休闲动机量表

从这个角度看,拉吉卜和比尔德(Ragheb & Beard,1982)提出的休闲动机量表标志着一个重要的起点,因为该量表的构建与马蒂逊和沃尔(Mathieson & Wall,1982)、皮尔斯(Pearce,1982,1988)和瑞安(Ryan,1991b)综述的旅游满意度文献有关。比尔德(Beard)和拉吉卜(Ragheb,1983:225)认为四个动机要素决定了休闲活动中的满意度:

(1)智力要素。"评估促使人们参与休闲活动的程度,包括……脑力活动如学习、探索、发现、思考或想象。"

(2)社交要素。"评估人们因为社交因素而参与休闲活动的程度。这个要素包括两个基本需求……第一是友谊和人际关系需求,第二是获得他人尊重的需求。"

(3)能力要素。"评估人们为了实现目标、征服、挑战和比赛而参与休闲活动的程度,这些活动通常是体能活动。"

(4)规避刺激的动机要素。"评估人们逃离太过刺激的生活环境的能动性。有些人想要借此远离社会交往,以寻求独处和平静的环境;而有些人是想以此获得休息和自我放松。"

可以看出这些要素与有关游客动机的旅游文献遥相呼应。依索-阿霍拉(Iso-Ahola,1982)提出了两个旅游动机——渴望逃离环境和寻求内在的满足感。不过,这两个动机都和个人或人际间的活动相互作用,因此当游客追求和避免推/拉动机并与其他人互动时就产生了一个动态的辩证过程,从而出现了拉吉卜(Ragheb)和比尔德(Beard,1983)所提出的避免刺激、智力和社交因素,只不过在不同的框架中。依索-阿霍拉(Iso-Aho)认为体验具有相互影响和整体性的特征,而拉吉卜(Ragheb)和比尔德(Beard)将这些属性进行了分解。许多采用了拉吉卜(Ragheb)和比尔德(Beard)量表的研究都试图把这些属性与具体的活动时期相联系,在这方面,劳恩斯伯里(Loundsbury)和胡普斯(Hoopes,1988)的研究很有意义,该研究试图确立动机因素的稳定性。稳定性可通过许多方法来评估(如均值、排序和因子权重的持续性),劳恩斯伯里(Loundsbury)和胡普斯(Hoopes)以5年为一个周期,对包括休闲动机量表在内的因素进行排序,得出以下结论:

目前的结果显示,在这5年时间内,休闲活动参与表现出了令人振奋甚至是令人惊讶的稳定性,所研究的休闲动机变量也是如此,只不过程度相对小一些(Loundsbury & Hoopes,1988:130)。

简言之,这看起来至少中期一致,不过可以证明的是,这种一致性并不是本质上与皮尔斯(Pearce,1988:78-81)和莱恩(Laing,1987:195-200)提出的长期"度假生涯"概念相悖。但是,将休闲动机量表运用于度假研究的很少,不过瑞安(Ryan,1993)认为:(a)此量表用于英国样本有效;(b)可从该量表制定一个面向特定度假游客群体的度假动机量表,这一游客群体尊重度假目的地的不同特征。

不假思索理论

所有研究者都必须考虑的一个因素是参与休闲和旅游的客人并不一定会有意识地处理他们的动机和休闲原因。正如上面所提到的,莱恩(Laing,1987)对预订包价游的习惯反应进行了评论。兰格和纽曼(Langer & Newman,1979)以及兰格和派珀(Langer & Piper,1987)认为,研究者倾向于把在各情境下的理性的、逻辑的和目标导向的行为归因于人们。事实上,在这些情境下,这些行为往往都是"不假思索"发生的。这些不假思索的行为受惯例和习惯支配,与形成惯例的有意行为相反,因此形成了不同的类型和差异。

可以说,"不假思索"与许多属于被动性质的游客活动有关。也许存在把"用心的(mindful)"和"不假思索(mindlessness)"这两个词进行常规解释的危险,但是兰格(Langer)和后来的作者如皮尔斯(Pearce,1988)使用该术语并不是指这个意思。在游泳池边休息也许是"心不在焉",但从功能上说非常重要,因为度假者需要这种"放松"。但是,在报告从体验中获得的满意度时,除非放松动机的需求非常强烈,否则人们很可能回想不起来那天发生的事,与"巅峰"(peak)体验相比,得分只是中等满意。然而,对游客来说,这是常见的行为模式,必须满足某种需求。

皮尔斯(Pearce,1988)引用了阿盖尔(Argyle)、弗恩海姆(Furnham)和格雷汉姆(Graham,1981)的研究,他们把社交情境特征分为八类:

(1)目标——社交行为的目的或结果;
(2)规则——规范行为的共同信仰;
(3)角色——人们所处社会地位的责任和义务;
(4)要素总表——适合于某情境的行为总和;
(5)顺序——所有行为的排序;

(6)概念和认知结构——进行社交时所需的共同的规定和理解;

(7)环境背景——影响情境的道具、空间、障碍、调节器;

(8)语言和言语——语言中固有的言语编码。

据此,皮尔斯(Pearce)引用了旅游情境中"剧本"(1988:38-42)的重要性。从餐厅点菜到团队观光,在许多情境中游客的行为模式与预期的一致,"记得住"的体验相对很少。因此,在皮尔斯(Pearce)的一项研究中,澳大利亚游客坐着大篷车虽然经过了长达320公里的驾驶,但一般都只能记起4或5个旅行片段,从某种意义上讲,这是一次"照本宣科、不假思索"的体验。

很显然,兰格(Langer)及其同事把照本宣科的行为和不假思索定义为两个紧密相关的概念。瑞安(Ryan,1991b:159-160)列出了与西班牙海岸"年轻醉鬼"醉酒行为相关的变量。观测得知,其中一个变量是"非陌生的度假地——即事实上对这类游客来说,大体环境都是很熟悉的,主要是酒吧、夜总会或迪斯科厅"。结合对特定度假体验类型的期望,发生了"照本宣科式"的体验,同类凝聚的规范得以加强,观测到的是受惯例支配的行为。不过,在这个例子中,完成了预期的"剧本",感受到了凝聚力,对于参与者来说,获得了非常满意的体验,对各种活动的回忆也许都是好的。因此,可以说"照本宣科"和"受规则支配、不假思索"并不总是与糟糕的回忆(言外之意,中等满意水平)联系在一起。如何区分这类情景和皮尔斯与兰格(Pearce & Langer)所描述的类型呢?

可以肯定的是,对特定类型度假体验的期望及环境背景发挥了作用。后者有两个功能。第一,根据阿盖尔等(Argyle et al. 1981)的观点,环境背景允许某些行为方式(即要素总表和顺序)。第二,这种行为获得许可是因为不在家里。需承认,如科恩(Cohen,1979)等人所提出的,度假是一种不负责任的行为。

游客生涯理论

这个概念在旅游文献中相对较新。皮尔斯(Pearce,1988)完整地论述了这个概念,他引用了休斯(Hughes,1937:409-410)对"生涯"的定义:

(这是一种)运动的观点,个人视生命为一个整体,并对其不同的品质、行为和所遇到的事情的意义进行解释(Pearce 1988:27)。

皮尔斯(Pearce)同意休斯(Hughes)所说的"生涯"包括客观和主观两个构成要素,但是从前面提到的"不假思索"观点来看,"生涯"这个概念的构成要素肯定不止这些。"生涯"是"留心的",也就是说,它是一种有意识的行为,具有时效性。"不假思索"的时刻,即当时的行为和体验后来被解释为促成全部经历的一个因素,该因素影响游客的需求,从而决定了目的地或景点满足游客的能力。皮尔斯(Pearce)认为游客生涯是根据马斯洛(Maslow)的需求层次理论,以一系列的进程形式体现的。米尔斯(Mills,1985)提供了证据,他对滑雪者的回答进行了多维测量,并分成如下四类:安全需求、尊重需求、归属需求和自我实现的需求。他给出的启示是经验更丰富的滑雪者从安全需求移向自我实现需求。

  皮尔斯(Pearce)还试图进一步发展这个概念,他认为自我实现之前的需求具有外在和内在倾向性(这可以说是完善了依索-阿霍拉1982年提出的一个概念,当时依索-阿霍拉也提出了同样的想法)。不过,安全需求阶段存在着明显的缺陷(Pearce 1988:31)。自我导向需求倾向自我保护,外部倾向被归为关注他人安全。因此,可以肯定,为了拯救他人不惜把自己置于险境的行为不是马斯洛(Maslow)需求层次理论中的安全需求阶段所表现的行为。当然,汉普登(Hampden,1971)把自我冒险看做是"激进的"或"自我实现的人"的一种特征。另外一个需考虑的因素是米尔斯(Mills,1985)提供的实际数据可能并不如皮尔斯(Pearce)所说的那么有力。事实上,米尔斯(Mills)自己也对其数据进行了许多附加说明。比如:

  分析揭示了另一个维度的存在,它产生了一个"放射性"的理论构架而不是一个简单的层级。该两维的放射性构架与先前所定义的映射判断一致。诚然,由于不相关系数不太显著,在最后的空间示意图中描绘放射性构架说服力不太强(0.21)。

  最小的空间示意图显示了自我中心型/非自我中心型在满足安全需求和尊重需求上的差异。这个研究结果不仅仅描述了一种需求的一个方面,它还显示自我中心型/非自我中心型这一两分法构成了另一个维度,该维度能调节尊重和安全需求。格罗夫斯等(Groves et al. 1975)认为在这个过程中,这个新维度可能有助于满足自我实现需求。

  本次研究中问卷项目数量小,可操作的测量方法有限,从而削弱了内容效度。但是,这些测量方法在其他方面也有效(Mills 1985:197)。(重点补充)

  另一方面,对澳大利亚主题公园建材城的488名游客的研究中,确实存在证据不足现象(Pearce 1988:81)。根据与马斯洛(Maslow)需求层次理论有关的7个问题和以往参观次数的交叉列表显示,皮尔斯(Pearce)认为"回头客对人际关系和自尊水平表现出更大的兴趣"(同上:78)。不过,这在统计上不具显著意义。关于此次参观的满意度,需求水平通过六分量表显示,均值从5.30到5.83不等,唯一在统计上有意义的结果是:"Scheffé 事后比较表明均值主要差异体现在自我实现均值和亲朋好友(社交)均值这两个方面。"但是,值得怀疑的是,为什么预计受自我实现需求驱动的游客的满意度会更高呢?可以说,满意度是需求和体验相互作用的结果(即合适的体验满足了某种需求,就将产生满意感)。不过,这也过于简单化了。瑞安(Ryan,1991b)在他的期望——满意度关联模型中强调了游客的适应能力:

  结合性格解释旅游体验和度假区性质将导致对度假区和期望的感知差距,这种解释支配着与其他人互动的性质,但是,在辨别真伪时游客的某些社交和心理技能也发挥了作用,他们在必要的时候抛开怀疑,社交方面表现积极。这些属性促进了旅行和活动模式的形成,从而实现了最初的或修正的期望,因此产生满意感(1991b:47-49)。

  旅行或旅游生涯概念在某种意义上也有争议,因为经验丰富的游客能够根据不同的需求选择不同的度假类型——在合适的时间内进行多次度假是有可能的。因此,其中一次度假也许是为了满足加深亲情的需要(马斯洛需求层次中的归属需求),而同年的另一次度假也许是为了锻炼特定的技能(社会地位或自我实现的需求)。这种相继的度假模式不是由心理发展因素决定的,而是由其他更平凡的理由如学校放假等决定的。另一个方面,一项历经7年的纵向研究显示越来越多的人选择自我实现需求导向的度假类型。但是,解释这些数据时还要考虑其他变量。生命阶段本身会显示以加深孩子和父母之间的感情为导向的度假在减少。

  莱恩(Laing,1987)认为关于动机的旅游文献非常混乱、零散,一般都遵循依索-阿霍拉(Iso-Ahola)模型,该模型将最初的旅游愿望与具体动机相分离,因此游客会经历某些心理冲突。莱恩(Laing)引用了扬和威尔莫特(Young & Wilmott,1960:15)的研究,对旅游生涯概念提出了质疑,扬(Young)和威尔莫特(Wilmott,1960:15)认为现在老人比年轻人走路少不是因为他们老了,而是因为他们过去走了更多的路。莱恩(Laing)检验的其中一个假设是,可以根据旅游生涯概念解释度假选择,莱恩(Laing)想通过研究证明度假选择不是因为度假的发展属性,而是因为确认了过去的经验很满意。他(1987:195)认为年龄是熟悉度的预报器。在来自英国郝尔市的303名度假者的样本中,他发现80%的在16~29岁之间的人游览新目的地,而不足50%的退休人员选择新目的地。年长的度假者喜欢乘大巴旅行,莱恩(Laing)认为这不是因为这些老年人天生害怕飞行,而仅仅是因为当他们开始度假生涯的时候,那时乘飞机不是件平常事。他进一步评论道:

  年长的游客往往容易融入东道国/地的环境,因为这是他们已经习惯的行为,在度假时提早奔向洒满阳光的海岸线这种行为也是先前度假经历信心的结果,这种先前的度假经历决定了以后度假时选择的活动类型(1987:230)。

简单地说,关于度假生涯存在两种观点。一种观点是皮尔斯(Pearce)提出的发展观,认为度假者根据马斯洛(Maslow)的需求层次逐步学习并不断进步;另一种观点认为早期的习惯根深蒂固,因此游客重复着以往旅行中满意的过程。这两个观点都强调了度假经历的重要性,视其为未来度假行为的决定要素。例如,Laing 认为:

与去传统的风景区,尤其是前往特殊活动中心的游客相比,选择游览海滨度假地的游客更可能缺乏旅游经验。因此,度假经验可能是促使进一步明确度假目的的一种方法(1987:331-332)。

莱恩(Laing)后面的这个评论表明他也认识到可能存在一个发展的过程,这显示了为什么这两种关于度假生涯的观点看来都过于简单化。度假行为的形成或确认过程源于度假体验中的满意度。因此,行为的确认/形成过程受以下几方面因素共同影响:

(1)实际经历;
(2)对经历满意或不满意的感知;
(3)性格,决定该旅游经历是促使重游此地还是探索新的地方。

另一个要考虑的因素是个人发展是否可以从其行为中观察到。从宏观角度来说,这重复了前面的问题:游客重游某个目的地是否仅是重复过去的经历? 根据马斯洛(Maslow)的模型,自我实现的过程并不需要改变地点。从微观角度来说,参与者也许在不同的时间对重复的行为有不同的解释。比如,故地重游的一个原因也许是为了怀旧。

在关于旅游生涯的研究中,所用的方法论比较简单,还不足以分析这些问题。必须补充说明的是,这并不是因为研究者没有意识到这些问题,而是因为在这个概念的萌芽期,就有必要评估是否有初步证据证明该概念值得进一步研究。事实上,莱恩(Laing)报告说,度假经历和度假选择之间的相关性很低。即使将它与职业联系起来,以往的度假选择与现在的度假选择之间的相关性概率也仅为 0.02(Laing 1987:269)。另一个需考虑的是追求更高级需求水平的人也许也会为了自我和别人参与与更低层需求相应的行为。比如,自我实现型的父母会参与加深与孩子感情的行为,而这同时也满足了孩子安全和爱的需要。度假往往是体现这种行为的特殊场合。另外,也可以说,自我实现型的人不太需要度假所提供的"逃离"模式——或者甚至是新的和陌生的环境。毕竟,他们在熟悉的事件中也能找到新奇的东西,每天的日升日落都有待发现奇迹。

研究启示

因此，总而言之，尽管旅游生涯概念在联系过去和未来的度假行为上非常重要，并且过去的经历是决定不久的未来度假期望的重要因素，但是它也许只是与度假满意度更直接的主因素（即决定因素）相吻合的一个次要因素，而且其本身也是这些因素相互作用的结果。

另外，大量尤其涉及重要条目的研究都表明态度具有持久性。比如，采用拉吉卜（Ragheb）和比尔德（Beard）的休闲动机量表测量休闲动机态度已经持续了至少 5 年的时间。再比如，有证据表明，居民对旅游业的态度在旺季和淡季期间几乎没有什么变化。蒙哥马利和瑞安（Montgomery & Ryan,1994）在一项对英国德贝郡的贝克维尔镇的居民的研究中发现，居民的态度几乎没有什么显著的变化。

更值得注意的是，不管是从测量对性格和生活认知非常重要的态度上，还是从这些研究持续的时间方面来看，戴尼尔（Diener）和他的同事们发现，对总体满意度的态度和对生活质量感知的态度之间具有一致性。戴尼尔（Diener）认为，生活满意度是情绪化的，主观评判性的，可能是积极的，也可能是消极的，"根植于个人的经历之中"。此外，这种幸福感是一个总体评价，而不是"对一个人的生活领域的狭窄评价"（Diener,1992:4）。在对幸福感和满意度的整体测量中，海迪和韦尔宁（Headey & Wearing,1989）发现，6 年来两者的相关系数在 0.5～0.6 之间。科斯塔和麦克雷（Costa & McCrae,1988）同样经过为期 6 年的研究，发现配偶和自评之间的相关系数为 0.57。戴尼尔和拉森（Diener & Larsen,1984）提供了在工作和休闲方面这种态度持久性的证据，他们发现在生活的各个方面，快乐和不快乐情感的相关系数分别为 0.70 和 0.74。

幸福感和满意感可以相互偏离（McNeil et. al 1986），这可以在度假情境中看到。短时间内反胃、被蚊子叮咬和其他诸如此类的度假经历能够产生明显缺乏幸福的不愉快感，不过度假经历仍可以是满意的。然而，重点是整体幸福感和对满意的生活的感知对决定度假中的总体满意非常重要，即使在度假中所发生的事不那么理想。

关于皮尔斯（Pearce）和其他人所注意到的度假的心理宣泄体验影响，从马斯洛（Maslow）的观点看，也可视为度假的一个重要功能，但是有趣的是，戴尼尔等（Diener et al. 1991）指出，正是积极体验的频率而不是体验的强度导致了幸福感和生活满意度测量中的更高得分。对他们的发现的一种解释是人类也许寻求情感生活的一种内在平衡,因为消极的情绪过后伴随而来的似乎是强烈的、积极的、激动的情绪,或许是综合效果,而非整体巅峰体验,增强了对整体生活的感知。

虽然戴尼尔(Diener)和其他人在这个领域的研究没有考虑度假本身的影响,但这些观点确实对研究游客满意度的学者具有重要意义。度假者表述的满意度有些是由于幸福整体感,因此如果这一观点有说服力,仅测量"度假满意度"也许就主要构成了整体生活满意度,而不是度假经历的具体细节。

小结

从本质上来说,以上综述省略了研究者提出的许多细枝末节,但是这也足以指出与游客满意研究相关的大量议题。显然,任何此类研究都要借助如下内容:

(1)下一章要讨论的态度构建的概念基础和满意度的构建。满意度构建包括:

(a)对度假地的期望和感知之间的异同;

(b)度假者应对"离家"环境生活的能力;产生"流畅"感的能力。这种流畅的感觉可以通过选择度假环境时规避风险或增大风险来获得;

(c)过去经历作为一种学习机制的重要性,既可依据皮尔斯(Pearce,1988)提出的发展的游客生涯观,也可依据斯金纳(Skinner)的积极反馈确认的观点。

(2)对照本宣科环境的认识。度假也许为巅峰体验提供了机会。不过,过多的度假时间实际上不是一种宣泄,而是更接近于"不假思索"状态。"不假思索"也是一种放松吗? 如果是的话,度假也许被划分为"值得记忆的"或"不值得记忆的"两类——但如果目标是"散漫放松"的话,那么后者并不意味着不满意。

(3)度假包括动机的实现——但是动机变成目标,目标决定行为,在寻求满意的度假经历过程中,度假者会不停地调整行为以确保满意的度假经历的圆满达成。

第四章 态度和测量

引言

第三章回顾了关于影响游客心境的心理要素概念,简要地探讨了风险、觉醒和应对旅行中的挑战的能力等问题,得出的结论认为满意度可能是游客对在旅游目的地互动发生的一系列事件的感知的结果,这些感知源自度假者的性格以及他们认为重要的度假目标。

本章将介绍生活方式这一概念。这是现代营销学中一个很重要的概念,不同的生活方式产生不同的性格类别。依据不同的态度、评价、行为和人口统计特征,度假者也可分为不同的类型。通过许多情况下的聚类分析(详见第十二章),发现生活方式是性格的有效替代指标。由于这些分类以态度为基础,如果认为游客生涯是建立在度假态度演变的基础上,那么研究游客满意度的研究人员至少应该了解态度测量的一些概念。

另外,本章还将简要回顾有关态度的不同测量方法问题,以及每一种方法是否有可能测量态度的不同方面。测量游客生涯的另一种方法是结合生命阶段。度假需求随着人的不断成熟以及所要承担的家庭责任的变化而变化。此外,他们也许试图重复过去度假中学到的经验,尤其是那些曾给予他们最高满意度的活动。劳森(Lawson,1991)、波杰尼克(Bojanic,1992)和瑞安(Ryan,1994)都认为家庭生命周期极大地影响游客行为,"现代化"家庭生命周期研究尤其如此,由于单亲家庭和中年丁克家庭的加入,传统的家庭生命周期范围变广。

工作/休闲比率

生活方式概念在现代营销实践中非常重要。营销研究者们不再试图单单根据社会经济背景或生命阶段来预测消费者行为。20世纪80年代,廉价计算机信息处理技术的到来以及邮政编码等的引进,使得地理—人口统计学兴起,并成为重要的营销工具。消费心态学部分源自营销实践,是早期试图基于消费者心理特征确定消费者研究的发展,消费心态学结合地理—人口统计学数据库形成了锁定目标客户的强大营销工具。

生活方式与工作/休闲比率相关。"人们做什么,以及他们划分工作、义工和休闲旅游活动时间的方式,是决定他们归属哪种生活方式群的重要因素。工作/休闲比率是60多年来广泛的社会学研究的主题。可以把职业与日常的休闲旅游行为之间可能存在的关系分为四类。简单地说,它们是:

(1)权衡假设。在这个假设下,人们特意选择花更多的时间工作或休闲。可用于休闲的时间和收入之间存在着反比关系。格拉夫顿和泰勒(Grafton & Taylor,1990)以及瑞安(Ryan,1991b)运用了无差异曲线对旅游行为的变化进行了局部分析,研究描绘出的向上倾斜的需求曲线可能体现了一些现代度假类型。

(2)补偿假设。该假设指个人工作中的缺憾促使人们通过度假和休闲得到补偿。工作枯燥的人通过积极的休闲活动来满足他们对刺激的渴望。

(3)"溢出"假设。该假设部分源于涂尔干(Durkheim)的失范社会理论,该理论认为沉闷的工作压制了人的创新能力,从而使得工作枯燥的人不能参加补偿性活动。同理,工作积极、有成就感的人更可能过着类似休闲的生活方式。

(4)"中立主义"假设。这个假设认为工作和休闲不相关——它们是两个不同的活动领域,各自拥有自己的期望和行为模型,而无关乎另一方。

凭直觉,补偿和溢出这两个假设很值得注意。支持补偿理论的证据最早出现在20世纪30年代的英国南威尔士和约克郡地区的矿区。在采矿之余,社区人们还积极参加政治和文化生活。支持溢出理论的证据来自于上文提到的对厌倦的研究,帕特里克(Patrick,1982)将厌倦分解为不满意、对活动的厌恶、消极的预期态度和无力逃避枯燥的日常事务。流畅概念与决策能力高度相关。汀斯莉(Tinsley,1986)回顾了有关休闲满意度的文献,从中确认了23篇关于生活满意度和休闲满意度相关的研究。

然而,该立场还不明晰,因为也有很多重要证据支持中立主义假设。祖扎纳克和曼尼尔(Zuzanek & Mannell,1983)倾向于中立主义观点,但是得出的结论是"工作与休闲的关系本质上是多角度多方面的"。劳恩斯伯里(Lounsbury)和胡普斯(Hoopes,1988)也作了详细的论述,他们通过为期5年的研究发现,生活满意度的得分比非工作满意度的得分更加稳定。这暗示了工作/休闲率的潜在变化,不过这种变化的性质还不清楚。另外,在他们的研究发现中,所需要考虑的是"非工作时间"这个词不能机械地等同于"休闲娱乐时间"。

事实上，随着职业活动的变化，工作/休闲比率对许多人来说已变得不那么重要，实际上工作/非工作的划分变得越来越模糊。商务午餐和请客打高尔夫也许是工作附带休闲的最极端的例子，而将非工作时间用于教育也暗示了现在和将来的工作模式和职业。早在 1975 年，培根(Bacon)就指出："在大多数人的生活中，工作已经失去了以前的霸权中心地位，已经变成了一种更边缘的活动。"20 世纪 80 年代，对许多人来说情况越发如此，但是到 80 年代末，在北美和欧洲，关注的重心转向了"受困扰的休闲阶层"(Shaw 1990; Kay & Jackson 1990)。比如，凯(Kay)和杰克逊(Jackson)指出，最会抱怨时间不够用的人恰恰是那些最积极的人。反常的是，随着工作和休闲的界限越来越难区分，工作开始在一些人的生活中重新占据主要位置，从而影响了对度假类型和度假时间的需求。例如，明特尔(Mintel)报道了短期海外旅游市场，发现居住在英国东南部的 AB 两组对这类旅游需求很大；这就容易产生这样的假设，即这种需求大多源自收入高但时间宝贵的高管人员。

地理人口统计系统

工作/休闲比率之争由来已久，但当时社会性质已经发生了变化，显然单一社会已经瓦解，取而代之的是一个多样化社会，社会经济和生命阶段变量再也不能很好地预测生活方式聚类，通过分析各生活方式聚类可以预测消费者行为。美国、英国、加拿大(范围稍小)及大部分西欧国家已经开始从一些不同的数据库聚合数据，然后根据邮政编码聚类重新组织，建立各种数据库。这些数据库非常具体。例如，在英国许多城市，一个邮政编码具体到约 18 户人家，而美国的邮递区号如果使用其扩张后的新版本也能如此详细。

不过，对于旅游领域的学术研究者们来说，这表示出现了新的问题。这类根据商业市场分析公司的详细的生活方式聚类数据，如 CCN 营销公司的 MOSAIC 和 Persona 的地理人口统计学以及"行为图形"数据库，学术研究者很难弄得到。从根本上来说，这是由于经费紧张，是个人度假活动及动机学术研究的特征，但是，正如下面即将讨论的，这些数据库系统现在已经可以通过微型计算机和笔记本电脑获得。

地理人口统计系统在社会经济数据中不仅加入住址信息，而且还对其居住区进行描述。英国绝大多数地理人口统计数据库的原始数据都来自根据每年选民登记册更新的人口普查，这样可以确认哪些地区的人口保持稳定不变，或变化迅速。因此,数据库很可能记录了既定地址住户的姓名、房子大小(包括有几间房间、该房产属住户所有还是租用、所有家庭成员的职业及其教育水平)等信息。此外,该系统还包括对居住区的描述,例如,MOSAIC 第 25 类指市中心公寓,环境整洁高雅,所在区孩子少,为维多利亚式高品位住宅区;又如 MOSAIC 第 31 类指高失业住宅区,经济糟糕,住户收入低、很可能无信用卡支付能力。

MOSAIC 是诺丁汉 CCN 系统的数据库,包括邻区 58 个类别 60 个要素。除了以上数据,它还包括信用卡使用频率和其他信用形式,以及地方法院审判债务的标准等信息。MOSAIC、ACORN、PinPoint 和其他数据系统都提供类似数据类型和设施标志,但它们在确定组群的标准和附加数据源上确实存在差异。

还应注意的是,早在 1994 年,英国旅游局的一个数据库拥有 400 000 多个对英国度假感兴趣的人的姓名和地址,并收入了社会经济类别、家庭规模、是否拥有轿车、假期生活方式问卷调查表(受访者已填)、是否读报和喜爱的度假类型等信息。

生活方式因素

研究者已开始把消费心态和其他信息应用到与旅游/工作比率关系有关的问题中。但是,这方面的研究成果非常少,大多数研究采用较宽泛的人口分类或分组。因此,得出如下结论也不足为奇:与认为生活方式、生活满意度和度假体验类型及其满意度之间确实存在联系的直观假设相反,大多研究结果倾向于支持中立主义假设。乌得勒支和阿尔达格(Utrecht & Aldag,1989)根据标准调查了度假特征,包括度假时间与收入增加之间,工作特性与出游喜好之间的关系,却发现阿尔法系数很低,这表明所采用的测量方法缺乏内在一致性,并可能对已有的理论产生了质疑。莱恩(Laing,1987)详细地探讨了工作与度假之间的关系,发现关系颇为复杂。他说,没有原因不考虑工作质量的影响,但他随后又在同一页中评论道:

……尽管言之有理,但每个关系(有关工作质量的变量)都无关紧要,因为在本样本中还没有发现显著相关。尽管如此,对数线性分析揭示了非常特殊的联系。例如,从事艰辛的体力劳动者的度假比例(19%)高于那些自认为工作相对轻松的人(11%)。有趣的是在管理层中情况刚好相反。但是,这很难被当做一个重要的证据,实际的结论是工作方式测量法对鉴定不度假者没有太大帮助(Laing 1987:140)。

如果认为生活方式影响度假者行为,那么必须从更复杂的消费心态水平上寻找证据,而不仅仅根据一般的工作—休闲—旅游比率。以下是关于度假倾向的一些证据。莱恩(Laing,1987)和马扎内茨(Mazanec,1981)都认为应该区分生活方式以家庭为导向和以社交为导向的人。马扎内茨(Mazanec)说:

……休闲类型图谱支持这种观点:认为休闲生活方式确实阻碍了旅游市场的不断渗透:某些休闲生活方式和市场渗透有些不相容。如果"以家庭为中心"的人对体验新的文化/教育的愿望不强烈,情况就更加明显(Mazanec,1981)。

莱恩(Laing,1987)认为,与"善于交际"类型相比,"以家庭为中心"和"爱独处清静"这两个聚类更能代表非度假者,但不足以代表度假者。他还发现非度假者的被动消遣比例高于度假者,他认为这一证据"有助于证实积极的休闲也同样反映在度假中这一观点"(同上:141)。另一方面,瑞安和格罗夫斯(Ryan & Groves,1987)在试图证明相对应 MOSAIC M45 类型和 M46 类型(受过高等教育,收入超过平均水平的群体)的高收入群体样本中存在类似关系类型时,却没有得出类似的结论。

生活方式——一个有效的分类依据?

从商业角度来看,已经证明将地理人口统计群与度假行为交叉分类在确认某些度假类型的关键组非常有用。如果有证据明确表明生活方式与度假行为存在直观关系,那这也只能在商业领域中找到,在学术著作中还没有。Hoseasons、Center Parcs、Warners 和 Saga 等都属于利用这些数据库以更好地了解其顾客的公司。数据不仅来自可查阅客户名单的地理人口统计数据库,而且还通过相互参照诸如"目标群指数"、"全国购物者调查"以及公司具体数据等综合性调查获取的信息。

长期以来,市场调查领域一直存在着"与更传统的消费行为指标如年龄、性别、社会经济阶层和生命周期阶段等相比,地理人口统计学和消费心态学是否有用"的争论。这里作者并无意详细回顾这场争论,但有些中肯的要点还是需要记住的。反对继续使用消费者传统分类的观点主要基于以下观念:随着英国社会的同质性降低,这些方法也不再适合。他们认为,首先,社会级别缺乏稳定性。例如,1987 年 3 月 BARB 报告,在他们的定组研究中约 32%的调查对象在 12 个月里改变了社会级别,尽管这一数字后来修正为 4%~7%(BARB,1987b)。在回顾西班牙格拉纳达的电视定组调查时,伯恩(Brien)和福特(Brien & Ford,1988)指出,41%的受访者在6个月内有明显的社会级别变化。再进一步调查后数据修订为10%。因此,看起来消费者行为预测受到社会阶层变化和阶层归属错误两方面的困扰。

有人认为,考虑到日益升高的离婚率,生命周期划分已不太可靠。因此,由于人们再婚后生了小孩,这样空巢阶段也就推迟了,所以仅根据年龄已经不能很好地预测消费支出了。其他的因素如晚育也许造就了"拮据的一代",因为女性发现她们既要养育年幼的孩子,又要赡养年老的父母。其他因素还包括未婚生子和单亲家庭的比率增加。有人认为,对于那些收入和家庭都稳定的人来说,产品和服务的多样化本身就创造了相对多样化的生活方式。因此,正是根据传统的社会经济变量的预测能力变弱这一背景,生活方式营销策略作为确定消费者目标、降低销售广告费用的一种手段,变得有吸引力了(见图4-1和图4-2)。

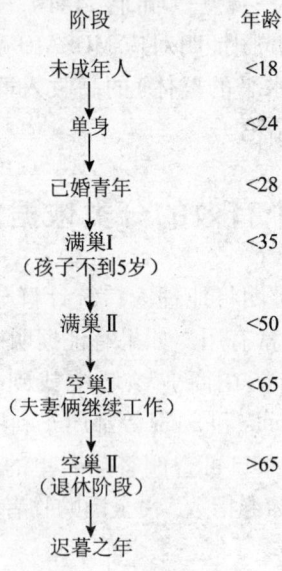

图4-1 传统的生命阶段

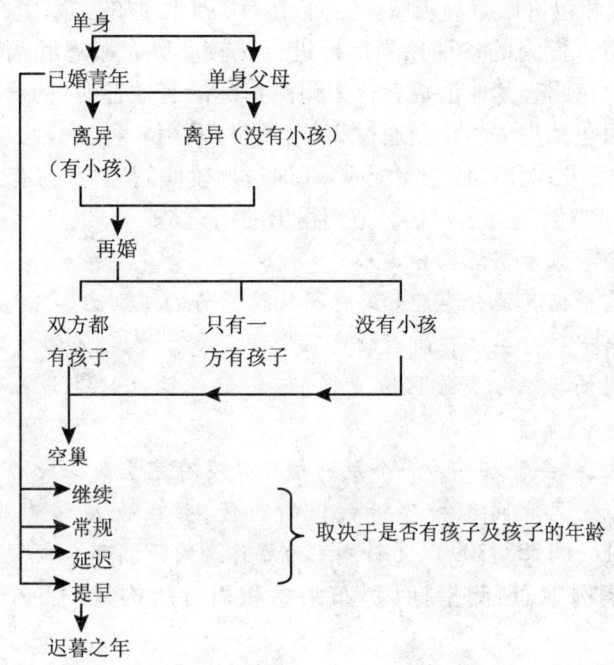

图4-2 新的生命阶段示意图

另一方面,柯尼拖和丹尼(Cornish & Denny,1989)认为社会等级不能很好地预测消费者行为的原因通常是因为"个人等级划分通常基于简化的、主观的衡量标准"。他们认为将社会教育等级、收入和生命阶段结合起来将是一个有力的消费者行为预测指标,不过他们也指出对于包价游来说,可任意支配的家庭净收入是一个很强的鉴别指标。

亚历山大和瓦伦丁(Alexander & Valentine,1989)认为存在同龄效应,某一年龄群体普遍共有的生活经历塑造了这个群体的世界观,而且随着时间的推移,同龄效应变得更加重要,很可能会吞噬青少年中的风格组织。他们评论道:

在年轻时期,我们很注重风格帮派,不喜欢同龄效应;然后,随着年纪越来越大,情况就倒过来了——同龄效应更强,而风格帮派变弱。

在休闲和度假营销领域,从直观的角度,使用生活方式营销策略很有吸引力。度假的支出来源于可随意支配费用,因此最有可能反映个人的兴趣,是生活方式的表征。比如,贝克和弗莱彻(Baker & Fletcher,1987)认为,与社会阶层指标相比,"Outlook"消费心态系统能更好地预测有关休闲活动,如去酒吧

(pub-going)和包价旅游等领域。然而,在有关于度假的文献中,几乎很少有人尝试对消费者行为的各种预测指标进行比较。奥布莱恩和福特(O'Brien & Ford,1988)在调查其他消费者行为预测指标的有效性时,的确将度假作为一个购买项目包括进去。他们通过20个项目,采用4种区分法从社会阶层、生命阶段、生活方式和可任意支配收入(通过比较他们称为"占有者"和"挥霍者"的两个组)方面进行了评估。他们得出的结论是:

——社会等级确实能区分。
——没有任何其他分类能始终保持比这更好的甄别力。
——没有一种分类法在所有的产品领域都最有效,但是需做如下补充。
——有时候其他分类能区分更多,但它们往往也只是与社会等级同样有效。

简而言之,社会阶层作为一个甄别指标并没有完全失去效力,但是,我们也可以断定,在设计问卷和分析数据的时候,往往也应该考虑其他分类(O'Brien & Ford 1988:309)。(斜体字为原作者的强调部分)

在度假案例中,预测指标(奥布莱恩和福特所构建的一个指数)得分如下:

生命阶段 83
生活方式 88
社会阶层 87
占有者 86
挥霍者 79

(O'Brien & Ford 1988:297)

这表明各家庭预期购买量和实际购买量之间存在相关的关系。考虑这些研究结果的时候,必须要指出的是他们所分析的度假行为仅仅是"主要假日"的购买行为。可以认为,在评估度假类型时,生活方式分类将更为重要。另一方面,劳森(Lawson,1991)、波杰尼克(Bojanic,1992)和瑞安(Ryan,1994)都认为生命阶段仍是度假活动和需求的有力预测指标。无论是间接暗示还是明确指出,这三个人都认为,尽管现代社会具有异质属性,但至少现在,放弃使用更传统的社会经济/生命阶段方法解释度假行为还为时过早。

度假者分类

个别研究人员还没有放弃采用生活方式分析一般度假行为的市场细分。马扎内茨(Mazanec,1981)使用因子分析法分析了德国市场,得出的结论认为,根据受访者对16个命题的回答,如"我在不忙的时候会去度假,但不度假是万万不行的"或者"旅行不再是件快乐的事,因为现在各处所有的东西都越来越贵"等,可将德国人划分为12类(男性7类和女性5类),并根据受访者对休闲和旅行的态度,能预测他们的旅行倾向。卡佐利和吉布森(Yiannakis & Gibson,1992)根据游客对三个动机维度的反应,将游客分为14类。分别是:

(1)阳光爱好者——喜欢在阳光充足、有沙滩和海洋的温暖的地方休息和日光浴。

(2)社交爱好者(Action seeker)——主要对聚会、夜总会以及与异性见面以获得浪漫的体验感兴趣。

(3)人类学者——主要对结识当地人、品尝当地美食以及讲当地语言感兴趣。

(4)考古学家——主要对考古遗址和遗迹感兴趣,喜欢钻研古代文明的历史。

(5)有组织的大众旅游——主要对有组织的度假、包价游、拍照以及购买纪念品感兴趣。

(6)寻求刺激者——热衷于能带来兴奋感的有风险的、刺激的活动,如跳伞运动。

(7)探险者——喜欢探险旅行,探索偏远地区,享受到达偏远目的地的挑战。

(8)社会名流——在世界顶级度假胜地度假,去专属夜总会,与名人交往。

(9)探求者——探求精神的和/或个人知识以更好地理解自己和生命的意义。

(10)自助旅游——定期旅游,但自己安排行程,经常随机行事。

(11)高级别游客——坐头等舱旅行,住最好的饭店,看演出,在最好的餐厅用餐。

(12)游荡者——各地游荡,过着嬉皮士一样的生活。

(13)逃避现实者——喜欢在安静的地方放松,远离尘嚣。

(14)爱好运动者——度假时首要的重点是积极参与自己喜爱的运动。

三个动机维度为:

    组织—独立的环境
    刺激—稳定的环境
    陌生—熟悉的环境

其中"组织—独立"维度指个人对于规划详尽的团体旅游或独立的个人旅游的偏好程度。

与许多研究类似,这些研究结果是以问卷调查为基础,之后通过因素分析和聚类分析获得的。这些分析方法将在第十二章讨论。

案例分析

1. 到北美旅游的游客

主要国家旅游组织资助的大量研究也采用以上这些方法。其中两个例子来自加拿大旅游和美国旅游管理局、新西兰旅游委员会。在1988年对瑞士客源市场的分析中,加拿大旅游和美国旅游管理局就把瑞士市场细分为了三个部分。分别为:

旅游基本原理——旅游基本定位

利益部分——旅游动机和旅游体验类型

产品部分——对某地具体特性的选择。

以上三类还可以分为不同组。

旅游哲学

(a)豪华包价游客(占市场容量的20%)

(b)豪华自助游客(占市场容量的21%)

(c)谨慎的包价游客——偏爱熟悉的旅游目的地(占整个市场容量的28%)

(d)经济型自助游客(占市场容量的30%)

利益部分

(a)冒险型游客(占整个市场容量的32%)

(b)享受型游客(占市场容量的38%)

(c)社交型游客(占市场容量的30%)

产品部分

(a)选择成熟度假地的游客(占整个市场容量的16%)

(b)选择自然和文化丰富的目的地的游客(占整个市场容量的18%)

(c)选择乡村海滨的游客(占整个市场容量的21%)

(d)选择文明舒适的目的地的游客(占市场容量的22%)

(e)运动和娱乐型游客(占整个市场容量的23%)

2. 新西兰游客

1992年,新西兰旅游局完成了对马来西亚市场的一项研究,把游客市场划分为6类：

（a）内向的短暂逗留者——不太喜欢去新的、不同的地方,不如其他类别那样喜欢制订出游计划,出游通常是探亲访友。

（b）追梦者——偏爱包价旅游和导游陪同旅游,依赖于旅行社。制订旅游计划对他们来说很重要,外出旅游可以让他们暂时远离家庭、压力、噪声、污染和拥挤。他们在计划中的旅游地寻求安全、放松和刺激。

（c）有文化的年轻冒险者——旅游为他们提供了一个拓展知识和经历的机会。他们比常人更喜欢历险、原住民、野生动植物、自然景观和宁静的环境。

（d）传统的马来西亚人——他们偏爱新地方,但是不想有语言障碍。他们对安全性、海滨、度假胜地、家庭旅游和便宜的目的地有很大的兴趣。

（e）成熟型游客——此类型游客为年长者,他们喜欢看和做不同的事情,体验不同的生活方式。他们一般不太喜欢海滩和小城镇,但是喜欢游览历史遗迹。

（f）冷漠型游客——他们走南闯北,主要对年轻的单身男女、日光浴和炎热的天气感兴趣,而不太关注安全性、购物、历史、风景、餐厅、教育体验或包价游。

生活方式系统的不足

毫无疑问,采用因子分析法得出上述分类很有帮助,但也存在许多实践和理论上的困难。第一个实践方面的困难就是许多学术旅游研究涉及的样本相对较小,并且是针对特殊目的。就像第一章所提到的,学术研究中的生活方式系统研究几乎不采用比较方法,因此,从商业的角度来说,通过这种方式得到的将消费者态度与其生活的其他方面相结合的数据库几乎不能用于任何形式的直接营销。所以,人们更多地参考确实具有这些优点的消费心态曲线图。北美建立最早的是价值、态度和生活方式（VALS）指数。现在已进化到第二个版本——VALS 2',它最初的建构基础是马斯洛（Maslow,1943）的需求层次理论。

英国有两个类似的指数,"Outlook"和"Persona"。"Outlook"共分成六类：新潮人物型、快乐追求型、漠不关心型、工薪阶层清教徒型、好交际奢靡型以及道德家型。该系统源自贝克和弗莱彻（Baker & Fletcher,1987）的研究,他们根据英国市场调查局的目标群体指数,进行了 20 000 份问卷调查。这个耗时一个月的调查不仅包括产品购买的问题,还包括了190多个态度/生活方式问题,以及受访者的媒质使用。因此,"Outlook"和媒质使用的相关性不仅有助于确定游客类型,而且也有利于了解受访者所看的报纸和电视节目。"Persona"的分类更多,它是采用"全国购物者调查表",通过分析近300万受访者的问卷调查建立起来的,这对分析英国度假地的客户非常有用(Ryan 1991e)。虽然早在20世纪80年代早期,克拉斯克(Crask,1981),布赖恩特和莫里森(Bryant & Morrison,1980),梅奥和贾维斯(Mayo & Jarvis,1981)等就详细描述了基于度假偏好、人口统计学和个性类型的细分原则,但是,在旅游规划中使用消费心态学仍比较新。

采用生活方式系统另一个要注意的问题是因子分析和相关方法的使用。巴戈齐(Bagozzi)评论道:

该方法的一个缺陷就是它的非理论性。研究者没有基于理论和先前的研究提出一个认知结构,而是依赖仔细审查特定数据中的反应模式以获得认知维度。这可能会得出偶然且错误的结论,往往会产生许多变量和解释,因为各研究中几乎不存在一致。第二个缺陷是主成分和因子分析法有时会在任一特定研究中产生许多维度,从而形成复杂的模型(Bagozzi 1988:166)。

巴戈齐(Bagozzi)提到的前一个问题对于"Outlook"和"Persona"系统来说可能有一定的根据,因为他们使用这些项目进行设计时没有考虑生活方式的建立,尽管样本大小提高了这2个系统的初始信度。实际上可以说,与巴戈齐(Bagozzi)的看法相反,更大的问题是研究者脑海中确实有一个特定的模型,并因此而设计问题。那么使用因子分析法去"发现"组成该模型的因子就不是对模型的检验,而是属于同义反复。表现出来的结果是项目之间存在一系列相关性,结果具有统计效度,但问题是模型和现实之间的关系。这对任何研究者来说确实是一个现实的问题。在构建用这些统计方法来检验的模型时,研究者为使模型在效度检验时通过初步筛选,力争高度的相关性。但如果结果"满意",将会怎么样呢?这必然证明了假设吗?抑或这仅仅是源自问卷调查过程中各参数项目之间的相关性呢?因此,需要在假设设计、检验和完善研究专业知识过程时小心细致,尽可能地避免出现同义反复。

态度测量的多属性模型

关于这个问题,讨论涉及的面已经很广了,从描述不假思索的游客行为特征状态到列举基于动机和态度的游客分类,还提到了各态度组成要素(可能列在调查问卷上)的相对重要性问题。任何研究游客态度的学者都应该意识到,各种不同的研究方法都必须考虑这一点。我们已经提到了一些具体的营销模型,现在需更详细地研究,其中包括期望——价值模型或多属性模型,以及诸如巴拉苏罗门（Parasuraman）、泽丝曼尔和贝里（Zeithami & Berry,1988）的服务质量模型等的差距分析。

采用"个人建构理论"有很多优点，其中一点是该理论允许构建语义差异法或李克特式等量表，它们利用反映度假地或旅游区实际或潜在游客认为的重要属性的变量。

弗希伯恩（Fishbein,1967）率先提出态度有两个重要的组成要素，即对态度的评价和对该种评价的信念的重要性。态度的形成可能包含许多信念。

$$A_\sigma = \sum_{i=1}^{n} B_i a_i$$

其中 A_σ 指游客对目的地 σ 的态度；

B_i 指游客对目的地 σ 的信念 i 的强度；

a_i 指游客对信念 i 的评价；

n 指信念的数量。

在这个基础上，可以设计出一份分两部分内容的问卷。第一部分的问题旨在调查受访者选择度假目的地时考虑的具体变量的重要程度。可以使用如5分制的李克特式量表，程度变化从"非常重要"到"不重要"。问卷第二部分与具体的目的地相关，问题旨在调查受访者认为某具体目的地拥有某一特定属性的程度，也可使用5分制量表。在研究美国新英格兰各州时广泛采用此方法（Scott et al. 1978），加拿大旅游（1988）也大量使用该方法，在这项研究中，研究结果反映了这种方法论。弗希伯恩（Fishbein）公式中包含的对总分值的分解至少在某种程度上克服了许多缺点，即：

（a）可以说态度的各组成要素之间是递增关系吗？

（b）将各因素相加而得出单变量（也可能是一维分值）的过程在多大程度上有效？

（c）这种方法完全证明了发生在态度各组成要素之间的互补过程吗？

因此，在调查中国香港居民对旅游目的地加拿大的看法的例子中，度假地和便宜的食宿被视为同等重要，加拿大虽被认为有好的度假地，但问题是这是否会因此而多少弥补了中国香港人认为的加拿大缺乏便宜的食宿这一不足？在某种程度上，比较加拿大的总得分和其竞争性目的地的得分就回答了这个问题。图4-3中四个单元代表了四种不同的立场。

例如，萨利赫和瑞安（Saleh & Ryan,1992）使用这个简单的模型分析商人用于评估竞争性饭店的吸引力属性，他们发现，宾客不怎么在意诸如室内体育馆和游泳池之类的饭店设施（这些因素位于图4-3中右下角的单元格里）。

弗希伯恩（Fishbein）扩展了他的理论，论述了态度是行为的先兆这一概

念。他认为人们不仅是构建一种态度,而且还会考虑行为的预期结果。公式表达如下:

$$A - act = \sum_{i=1}^{n} b_i e_i$$

其中 $A - act$ 指个人对行为的态度;

b_i 指对该行为将导致的结果 i 的信念;

e_i 指对结果 i 的评价;

n 指产生显著结果的数量。

可假设态度的两个方面的总和为:

$$确信强度 = \sum_{i=1}^{n} B_i a_i + \sum_{i=1}^{n} b_i e_i$$

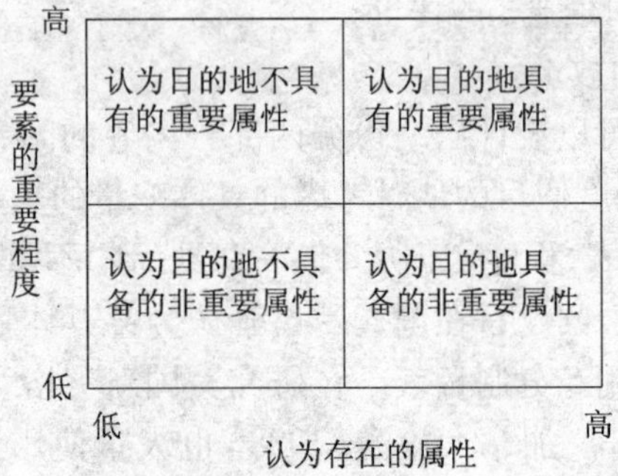

图 4-3 弗希伯恩(Fishbein)重要性评估的四格矩阵图

就度假目的地来说,前往某个目的地至少产生两个后果。第一,去度假这一简单事实意味着在度假上的花费没法用在其他活动上。第二,选择某个目的地意味着放弃至少是推迟游览另一个竞争性目的地的机会。假设度假者在整个预算中拨出了一部分金额用于度假,就会产生这样的问题,即个人对某一目的地态度的形成是否不依赖于他们对其他度假地属性的看法。前面已经提到,只有已知竞争性目的地的分值时,加拿大的得分才有意义。以弗希伯恩(Fishbein)的第一个公式为例,可以对公式作如下扩展:

$$BI_{ij} = A_{ij} = \sum_{j=1}^{m} \sum_{k=1}^{n} (B_{ijk} V_{ik})$$

其中 i = 度假者;

j = 度假目的地;

k = 度假目的地属性;

n = 属性的数量；

m = 度假地的数量；

BI_{ij} = 度假者 i 针对度假地 j 的行为意图；

A_{ij} = 消费者 i 对品牌 j 的态度的线性测量；

B_{ijk} = 度假者 i 认为度假地 j 拥有属性 k 的信念强度；

V_{ik} = 度假者 i 对属性 k 的渴望程度。

然而，游客在考虑度假地时，并不会每个地方都考虑，只会考虑那些他们认为具有吸引力的目的地。因此，游客只会考虑他们所知道的，并能唤起正面形象的目的地（即激活域）。用霍华德和谢思（Howard & Sheth, 1969）的话来说，他们不会考虑那些无活力的、不适当的集合，只会考虑与之相对的激活域。斯科特（Scott）、史丘伟（Schewe）和弗雷德里克（Frederick, 1978）假定，如果事实确实如此的话，那么就存在"产品知识的比值"，这可通过如下公式计算：

$$PPK_{ij} = \frac{PK_{ij}}{\frac{1}{m}\sum_{j=1}^{m} PK_{ij}}$$

其中 i = 度假者；

j = 目的地；

m = 激活域中目的地数量；

PPK_{ij} = 度假者 i 对度假地 j 的知识比值；

PK_{ij} = 度假者 i 对度假地 j 的了解。

因此，结合前面的公式，得出：

$$BI_{ij} = A_{ij} = \sum_{j=1}^{m}\sum_{k=1}^{n} B_{ijk} V_{ik} PPK_{ij}$$

威特和赖特（Witt & Wright, 1990）利用弗鲁姆（Vroom）的效价理论（theory of valences），采用了一个密切相关但又稍有差异的方法。他们采用劳勒（Lawler）的定义，即此方法的前提是：

倾向于某种行为方式的强度取决于该行动将导致某种后果（或结果）的期望，以及该后果（或结果）对行动者的意义或吸引力（Lawler 1973:45）。

公式与以上列出的非常相似，不同仅在于强调对不同行为的结果进行比较。通过回顾期望理论，他们得出以下结论：

因为期望理论提供了分析游客动机的框架，而不是提出旅游的具体原因，所以它能够从更现实的角度更好地解读游客动机（Witt & Wright 1990:25）。

从现实的角度来说，研究游客对度假目的地的态度和形象的了解意味着不只是简单地确定认为重要的目的地属性，还要评估认为竞争性目的地拥有这些属性的程度,而这些属性则根据游客对这些目的地的了解程度来权衡,游客对目的地的了解可通过他们对度假地的熟悉度得到测量。游客对某一目的地的熟悉程度可能源自其之前到该目的地或类似目的地的参观次数。因此,问卷必须包括在既定时期内受访者的假日旅行频率和游览过的地方等问题,还应包括一些有竞争性的度假目的地。纳入其他目的地(这是合情合理的)也有利于克服在对受访者的回答进行分析时出现的问题,如默认设置,或给高/低分的倾向,因为其他目的地的存在可能有助于得分的分布,并且或许可避免分值集中在均值周围。有关问卷设计的实际操作方法将在第6章中加以论述,届时将详细论述问卷设计的各方面问题。

态度整体测量法? 分解测量法?

如上所述,多属性模型是一种分解测量法,意味着对产品或服务的属性进行独立评估,然后再综合起来作出判断。托伊(Toy)等学者提出该方法包括:

一个牢固的、能经受全面检验的理论基础,易操作,预测力和解释力都相对较高(Toy et. al. 1989:277)。

另一方面,它可能暗示了实际上根本不存在的决策复杂性。对多属性模型的一个批评是认为度假者在作决策的时候,事实上不会把度假目的地的各个组成要素分开来考虑,而是比较目的地的总体形象概念。市场营销调查已经开发出了一些测量这些反应的方法,其中一种就是联合测量法(Green & Rao,1971; Johnson,1974; Hair et al.,1987)。该方法的基本原理是给受访者提供多个目的地,让其按吸引力高低排序。研究问题是指出产品属性和该偏好排序之间的关系,因此每个属性都对应一个"实用"值,以"解释"消费者的偏好排序。通常的做法是使用计算机统计包,运用从单方差分析(MONANOVA)中得到的值,但也可以使用一般的线性模型(Cohen 1968; Hair et. al. 1987)。

朱恩和史密斯(June & Smith,1987)在评价某餐厅服务水平的研究中使用了这种方法,卡迈克尔(Carmichael,1992)用它来测量英属哥伦比亚省加拿大滑雪者的态度。在该研究中,她要求滑雪者根据雪情、滑道种类、缆车线路、价格、员工和交通便利程度对29个度假地进行评估。结果不出所料,雪情是滑雪者决定前去滑雪的主要决定因素。不过,根据目的地的排序,此项研究的结果还有很多,另外该研究也揭示了使用该方法存在的问题。

重要的是,联合测量法也是一个分解模型,因为它试图确定态度各要素的重要性,但它是从与多属性模型相反的观点来进行调查的。多属性模型要求通过特定反应来预测整体情况,而联合测量法则是通过测量整体来确定特殊情况。不过,从理论上,联合测量法和多属性测量法之间的关系可通过蒂默曼斯(Timmermans,1984:203)所给出的公式来表示:

$$U(x) = \sum_{i=1}^{i} \sum_{k=1}^{M_i} V_{ik} X_{ik}$$

其中:$U(x)$指偏好测量的总效用值;

V_{ik}指属性i在k水平时的贡献分值;

X_{ik}指有或无属性i的k水平。

从这个角度看,理论上来说,可以认为多属性和联合测量法都是线性的,两者都可以产生一个单一的或整体的分值用以衡量态度的强度。巴戈齐(Bagozzi)总结道:

态度是一个单一的整体。实际上,如果假设态度是线性的,就可以选择测量方法,运用标度法以得出线性量表。在Aoectact案例中,单因素是该测量的必要条件,而一维线性已被明确地定义化(即通过产品条件相加以获得一个单一的、先验的指定结构,Bagozzi 1988:169)。

像许多其他的研究者一样,巴戈齐(Bagozzi)赞同多维的期望—价值属性模型,他认为具体可以分成两种:分子模型和摩尔模型。分子模型与分解的弗希伯恩(Fishbein)公式相差无几,即每个个体都是信念/评估产品,是一个单一维度。事实上,这些作者都认为,弗希伯恩(Fishbein)和弗鲁姆(Vroom)公式在实践中往往就是这样用的。因此,某种意义上,在以上的引文中,巴戈齐(Bagozzi)已经指出有些东西尽管在技术上是正确的,但是在实践中却很少被使用。不过,他的确有效地指出,每个维度都与总分值相关,这样有三点好处:

(a)有可能明确显现随机误差,并纠正测量中的信度;

(b)分子多维属性模型能揭示细节;

(c)该模型能够避免多重共线性问题。

摩尔多维属性理论只是分子多维属性理论的变体,它更接近$b_i e_i$基本公式,不旨在寻求单个项目得分与总得分的相关性。巴戈齐(Bagozzi)认为,"每个维度和其各自的$b_i e_i$测量之间不存在一对一的对应"(1988:172)。这个方法的优势在于通过使用偏最小二乘回归法测量出摩尔多维属性分值用以预测,该方法"为非参数统计,甚至当样本量很小的时候也适用"(1988:173)。

如果摩尔多维属性测量法有效,有可能会产生一些有趣的结果。上文提到的简单的弗希伯恩(Fishbein)公式视态度为评价和信念的结果,但该过程并没有明确描述结果的出现。以往对弗希伯恩(Fishbein)模型的批判的理由是认为该公式仅描述合乎逻辑的行为,却没有对日常的或不假思索的行为进行描述。不过,已经注意到至少有些度假行为要素既是日常性的也是不假思索的。

巴戈齐和沃肖(Bagozzi & Warshaw,1988)用公式阐释了以目标为导向的行为和结果理论(TGBO),该理论是弗希伯恩(Fishbein)基本模型的变体,强调实施某一行为或达成某一目标的努力。也就是说,它关注的是努力的过程而不是目标的实现结果。因此从某种程度上说,信念和评估是过去为达成目标所做的尝试的频率和近因的结果。可以说,结果评估是对成功和失败的态度的倍增过程的一部分。巴戈齐和沃肖(Bagozzi & Warshaw,1988)能够证明,通过对成功、失败、尝试过程、尝试意图、尝试控制、过去尝试的频率和近因、行为实施等态度变量进行回归分析,将发现可释方差比例很高,这证明了以目标为导向的行为分级模型。

对旅游研究的启示

该模型尤其适合运用于度假研究,理由如下:首先,巴戈齐和沃肖(Bagozzi & Warshaw,1988)认为该模型尤其适用于消费目标或结果是无形的情境。其次,强调尝试和过去经验有助于杰克逊(Jackson)和他的同事们从一个完全不同的角度从事的研究。杰克逊(Jackson1983,1988,1990a,b),杰克逊和唐恩(Jackson & Dunn,1988),杰克逊和塞尔(Jackson & Searle,1983)在一系列论文中论述了限制参与休闲和娱乐的因素的性质。再次,重视尝试意味着行为和期望之间存在差距,因此也许与诸如劳斯(Laws,1990)、劳斯和瑞安(Laws & Ryan,1992)等提出的消费者差距理论有关。

杰克逊(Jackson)认为,许多休闲限制因素的研究面太过狭窄,主要关注的是想参与的对象关于限制因素对行为产生的负面作用。由于非参与者可以分为两类:想要参与但没有参与某种活动的人和不想参与某种活动的人,而很多此类研究往往只把焦点放在对前者的研究上。因此,他提出了先行限制因素概念,与之相互作用的是休闲偏好而不是休闲活动的参与。先行限制因素概念初见于美国研究限制女性参与休闲活动的因素属性的女权主义文献中(如 Henderson et al. 1988)。这类先行限制因素包括"先前具体参与的休闲活动、亲属或非亲属的参考态度和其他因素"(Jackson 1990b:133)。在度假研究中,有趣的是,根据英国旅游委员会(ETB)的数据,英国大约三分之一的成年人十几年来没有离家度过长假。一般的结论都归因于经济因素(用杰克逊的术语叫中介变量),但是如果 AB 两组中有 20%的人都不度长假的话,事实就未必如此了,而是存在其他先行限制条件。消费心态曲线图根据受访者的家庭情况介绍揭示了部分答案,这表明任何对一般度假行为的研究都需认识到这种先行限制条件。

查阅文献发现还须注意如下两个方面。第一,统计方法还有待进一步的完善提高;第二,需通过比较采用不同态度测量方法得出的结果以评估信度。

哈格提(Hagerty)结合因素分析,评估了提高联合分析预测能力的方法。他通过比较各种选择,论述了各聚类之间是否存在重合这一问题。他指出:"无重叠聚类的假设是正确的吗?——答案是事实绝不是这样。"(Hagerty 1985:169)

联合分析法的进步在于混合模型的开发。其特点就是试图分别计算每个属性水平的渴望值,简言之,是要保留完整的形象比较优势,但又要详细地了解多属性分解。格林(Green,1984)描述了这个方法的目标——"建立单个效用函数,从而在单个层面上测量结果价值的某些方面,而在总样本(或子群)层面上测量其他方面"。该方法的基本原理是受访者也许发现很难估计满意度,也很难说清楚重要性的权重,他补充道:

联合规则也许不合适……受访者有可能都各不相同,因此单一的原因和刻度单位不精确,单个效用(Us)转变成总体效用(Ys)的函数可能不是线性的(Green 1984:155)。

托伊等(Toy et al. 1989)也指出,混合联合分析对分析大量的连续属性有优势,它极大地减少了受访者必须回复的刺激因素的数量。

关于预测能力,仍然存在许多问题。比如,斯图尔特(Stewart,1981)关于采用最佳权重的研究结果与哈格提(Hagerty,1985)不一致。格林(Green,1984:167)指出,"然而,混合模型是否在标度较小的研究中(比如,研究的因素不超过五个,每个因素只分2~4个等级)也具有优势,这一点仍是有争议的"。

多属性或联合测量法——相关性水平

重要的问题是,联合分析法和多属性态度测量法所测量的对象是否一致。这个问题对研究设计非常重要。假如它们所测量的对象不一致,那么,研究者必须确保所用的方法适合于手头的研究任务,同时,所设计的问卷也要与所用的方法论相适应。几乎很少有研究试图比较采用不同方法测量同一受访者态度的结果,这部分是因为如果要求受访者针对同一主题回答一系列不同问题,确实会出现受访疲劳。

对该领域产生巨大影响的研究之一是杰卡德(Jaccard,1986)等人的研究,他们比较了6种态度测量法,即启发式、信息查询测量法、重要性评级法、联合测量法、主观概率测量法以及瑟斯顿(Thurstone)量表法。其中,信息查询法指受访者可以查询获得列表中各项的信息;主观概率测量法采用了"考虑意愿"的相关测量法。问卷采取11分制,调查受访者的购买意愿,分值为相对问题之差,作为重要性指数。表4-1是他们以购车为例的研究结果。

表4-1 态度测量量表比较(分值相关性)

指标	e	sp	f	o	dr	c
启发式(e)	—	0.19	0.15	0.22	0.19	0.28
主观概率(sp)		—	0.28	0.25	0.62	0.68
频率(f)			—	0.78	0.22	0.19
顺序(o)				—	0.25	0.15
直接评级(dr)					—	0.58
联合测量(c)						—

来源:Jaccard et. al. 1986.

杰卡德(Jaccard)等人指出:

总的说来,数据没有显示出趋同的强有力证据。该结果对依赖于单一测量法来推断属性的重要性的消费者研究提出了质疑(Jaccard et al. 1986:466)。

显然,绝大多数不同方法之间相关性很弱,从而引发了一系列问题。这些问题至少可以分成两类:

(a)结果是由研究工具中的错误造成的吗?

(b)变化是由于不同的方法实际上测量了不同的对象吗?

旅游研究领域比较研究很少,乐高(Lego)和肖(Shaw,1992)的研究也发现了同样的问题。他们研究了1600个澳大利亚旅行社及其对计算机预订系统(CRS)的态度,采用了4种方法:

(a)启发式——要求旅行社用自己的话来表达观点;

(b)选择性排序——要求旅行社对计算机预订系统的属性按重要性进行排序;

(c)直接评级——要求旅行社在6分制量表上对属性评级;

(d)联合测量法——要求受访者对计算机预订系统的16个方面进行评估。

另外，他们还建立了一个他们称之为自我说明的模型，称这"本质上是一个弗希伯恩（Fishbein）式的模型"，并得出如下结论：

自我说明模型在单个水平上的能力不如联合测量法。不过在总体水平上，自我说明模型的得分和实际的联合测量法的得分之间的相关性非常高（Lego & Shaw 1992:392）。

受访者疲劳

这种方法论研究的一个明显问题是受访者所要花费的时间或所面对的问卷都非常长，隐含之义就是受访者面临问卷疲劳，从而降低了回答的一致性。

杰卡德（Jaccard）等人遇到了这个问题，并指出："可以很容易看出受访者在整个过程中都试图保持前后一致，如果要说的话，则是目前的数据高估了趋同性。"（1986:467）简言之，在面对问卷时，受访者更倾向于做到尽责。可以说，真相非常复杂，这两种说法都有待商榷。值得注意的是样本根据如回答"是"或"否"进行了分类，可以证明有些受访者在答卷时试图保持一致性，而有些受访者会更容易对这种任务感到厌倦。无论是在分析方法方面，还是在研究设计类型方面，都只能提出一系列没有答案的潜在假设，此外别无其他。至于这有什么价值，笔者认为问卷疲劳很可能是一个重要的因素，这就意味着在研究设计时必须加倍小心。不是试图在一段连续的时间内完成态度评估的不同方法调查，而是要在受访者个体各自收到他们先前问卷结果的反馈的条件下完成一系列问卷。另一因素也许仅仅是受访者所持的观点明显前后缺乏一致性。

显著性、重要性或决定性？

造成前后缺乏一致性的原因之一与实际的操作方法有关。直接启发法要求意见基于全盘考虑所有变量，而评级方法则需要连续考虑这些变量，或许还要求一系列的比较（评级法当然得这样）。有时候变量之间的差异相当微小，甚至微小到得分可能很接近，但不同的重要性层级也许归因于变量的不同操作方法。迈尔斯和阿尔伯特（Myers & Alpert, 1977）认为，启发法基于显著性获得回答，而评级法是选择重要性，相关法则是确认决定性因素。可以证明，联合测量法通常与决策不相关，因为在实践中消费者也许会采取一些决策方法，将许多要求他们排序的选项排除在外，不加考虑。然而，由于问卷设计的性质，这些选项都被赋予了值。而随后的联合测量法将这些变量排列在最后，由于有些不同重要的因素和受访者喜欢的选项结合在一起,结果可能夸大了这些因素的作用。

对于想要研究诸如显著性、重要性和决定因素等这些问题的研究者来说,联合测量法可能是一种合适的技术方法。它可用于评估某分段上的态度而不是单个个体的态度,但是正如科利(Kohli)所指出的:

联合分析法主要运用于产品设计环节。联合分析法在分段层次上评估属性重要性非常有用,而非单独地针对每一个体。然而,将该方法建立在"普通的"分段上是不可取的,这忽视了同一分段内偏好异质性的情况。很难找到能保留消费者特性的检验方法,这已成为联合分析法重要性检验方法开发中的主要障碍(Kohli 1988:124)。

统计方法和问卷设计

以上的讨论突出了问卷设计的一个重要方面。那就是,数据分析中采用的潜在理论框架是什么?这个问题至少涉及两个方面。第一,所假设的关系模型或框架是什么?第二个问题涉及将要采用的分析方法。问卷设计随所采用的方法的不同而不同,如可采用多属性分析法、联合测量法或是其他如多维量表法等。如果问卷设计早期阶段不考虑这一点,很有可能会设计出互不相关的问题,从而导致数据分析缺乏丰富性和多样性。

如果要在一份问卷中使用一种以上的态度测量法,这往往会出现问卷过长的情况。如果一意孤行,将会不明确要测量的是什么,或者会使结果不一致。关于结果明显不一致的后果,前面参照杰卡德(Jaccard,1986)等人的研究已经作了论述。比如,如果联合测量法所需的排序是根据受访者多属性测量法中的产品得分而来的,那么问题就出现了。可以证明,如果一种方法评估重要性,而另一种方法评估决策的决定因素,那么将两种方法混合起来,其结果是测量什么呢?

虽然不同的态度测量方法要求不同的提问模式,但是与各测量方法相关的统计技术却有明显的重合之处。比如,混合联合测量法运用回归分析来决定各个阶段的局部价值,从而减少受访者所面临的选项数量。托伊(Toy)等人指出:

这个模型中的回归权重被认为是适用于总样本层次的重要性权重的一个派生集。这需考虑对应用于模型中的适用性和预测指标重要性进行统计检验,以便更精确评估变量之间的关系(Toy et. al 1989:281)。

在其他领域也可以发现统计方法间的类似重叠。因此,与多属性分析相关的项目既可用因素分析,也可用多维量表来分析。这两种方法是相关的,两者都试图确定数据的内在结构。不过,因素分析需至少在区间尺度上测量变量,而多维模型(MDS)却没有这个要求。芬顿和皮尔斯(Fenton & Pearce,1988:237)也指出,"使用多维模型的研究者经常发现,如果通过因素分析法分析数据,出现的维度就相对较少",因为后者使用严格的线性假设。

在评估所使用的分析方法时,研究者必须考虑所使用问题的措辞。比如,如果使用多维模型,必须明白它是基于近似测量,通常的提问模式是要求受访者在项目要素多相似或多不相似之间进行配对比较。另一个方法是根据预定的标准对项目的相似程度进行排序。该方法的问题是所需的问题数量大幅增加,比如8个项目需要28对比较,12个项目就需要66对比较。这就是为什么许多研究者不使用复杂的多维模型的原因之一。虽然如此,应该要指出的是多维模型已被成功地运用于大量的旅游研究项目中,芬顿和皮尔斯(Fenton & Pearce,1988)对此进行过概述。另外,多维模型的优点之一在于可以通过绘图过程对内在的数据集进行直观描述,不过这不是多维模型独有的,许多因素分析程序也可以对因素进行绘图(如NCSS)。

关键事件

本章接下来将简单回顾与旅游服务有关的概念以及服务质量评估。笔者认为,许多关于服务和产品之间的差异的争论都是毫无结果的。在许多情况下,比如,品牌化的过程关注创造与产品使用相关的无形效益。同样,无论产品是一次度假、一张信用卡还是一台洗衣机都非常重要,为吸引目标市场眼球而进行广告策划中所遇到的实际问题与其他产品和服务的广告策划是一样的。

服务营销和产品营销之间常见的显著差别之一就是服务的提供者和使用者相距很近(Booms & Nyquist 1981)。这种关系的隐含之义就是消费者满意度至少部分取决于消费者对服务公司代表所提供的服务的看法,以及消费者对该代表的关注。实际上,比特纳等(Bitner et al. 1990)将之称为组成该服务的一系列事件中的"关键事件"。这些事件被划分成几类:雇员对服务传送系统失败的反应、雇员对顾客需求的回应以及雇员的自发主动行为。每一类都可能会是积极的或消极的经历。

然而,关键事件发生在预期的服务情境和实体空间内,这两个条件旨在达到一个理想的结果。简言之,关键事件有可能强化,甚至偶然改变预期的和实际所传递的服务之间的积极或消极的差距。劳斯(Laws,1986,1990)认为,正是消费者的这种差距方向,决定了消费者的满意度。另一方面,巴拉苏罗门(Parasuraman et al.1988)提出的服务质量模型的基本原理是消费者的这种差距只不过是大量潜在差距之一,还必须要考虑其他差距。这些差距包括管理层对顾客预期的了解和管理层对员工工作的了解(见图4-4)。

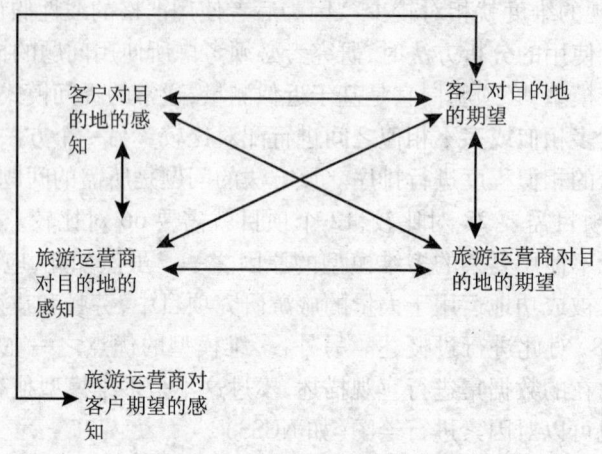

图4-4 旅游目的地差距分析

注:每一条线都代表一个影响游客满意度的潜在差距。可通过列出新的配对,增加旅游中介如饭店经理和员工扩展这个模型。

一般说来,服务要素可以分成三类。格朗鲁斯(Gronroos,1978)将这些要素描述为技术性变量、功能性变量或形象创造性变量。兰蒂尼(Lehtinen,1982,1991)也提出了相似的分类,即自然性变量、互动性变量和公司品质变量。以饭店为例,它的自然特征可包括接待区、客房、餐厅等有形设施,功能性的、互动性的特征涉及对有形设施的表现行为或使用。路易斯(Lewis)和克莱恩(Klein,1987)把礼貌、及时关心和移情看做是互动过程的核心。顾客对饭店的印象取决于顾客所接触到的各式营销信息、他们所见到的有形要素、与饭店员工的互动体验,以及顾客对某一具体饭店、饭店连锁或该饭店竞争对手的熟悉程度的总和。简言之,兰蒂尼(Lehtinen,1982)以及格朗鲁斯(Gronroos,1978)确定的这些因素不是独立变量,而是描述一个动态过程的相互作用的变量。

关键事件理论阐明了这个动态过程的本质。比特纳等(Bitner et al.1990)指出服务机构代表的纠正措施能如何弥补服务技术过程各要素的失误。快捷而礼貌的行为能使顾客满意,并消除由于服务失误所造成的潜在不满意,甚至可能提高公司的形象。劳斯(Laws,1990)在对航空服务的分析中,也提到了管理蓝图的重要性,管理蓝图设计了结构化的反应,以便在技术失误时能快速回应顾客需求。在这种情景下,消费者和服务人员之间互动的质量就显得尤其重要。互动至少应该包含三个要素:纠正行为、向顾客通报信息和个性化的正确处理形式。

当然,有表现力的行为不只是在出现技术失误时才显得重要,正如上文已提到的,许多作者都认为这是产品和服务之间最关键的区别所在,因此,有必要研究顾客和服务供应者之间的这种有表现力的服务或互动属性。巴拉苏罗门等(Parasuraman et al. 1985)确定了这一属性的10个构成要素,包括:可靠性、反应能力、技能、礼貌、沟通、信誉、安全、对顾客及其需要的认识和了解,以及提供服务的有形物。这类有形物可包括员工的外貌。随后在1988年,巴拉苏罗门(Parasuraman)等又对这些变量进行了检验,并将这10个因素削减至5个——有形物、可靠性、反应能力、信任和移情。

满意度——期望和现实之间的差距?

服务行为不仅出现在自然环境中,也出现在管理环境中。因此,有可能会出现这种情况,即虽然这项服务设计很仔细,服务人员表现也很认真,但由于管理人员没有正确地评估顾客的需求,因此仍然没有让顾客满意。另外一种情况也许是管理者虽然正确确认了顾客的需求,但没有正确认识到员工实施这一服务的能力。路易斯和克莱恩(Lewis & Klein,1987)对此进行了阐述,他们发现管理者常常会高估顾客所需要的服务水平,而在处理过程中又会低估某些个别因素的重要性,如顾客要求安静的环境、员工态度友善等。巴拉苏罗门等(Parasuraman et al. 1988)评论道:

其实服务性企业的管理人员缺乏对以下几点的认识:(1)对顾客来说,什么特征意味着高品质;(2)为满足顾客的需求,服务必须具备什么特征;(3)为了提供高品质服务,这些特征需达到什么水平。

萨利赫和瑞安(Saleh Ryan,1991)对加拿大饭店管理人员的研究结果也证明了上述观点。他们通过分析管理人员、宾客的感知和期望之间的5种差距,认为差距理论对于管理人员监控自己和员工的行为都非常实用。他们还发现顾客对服务的有形要素的满意度最高,而对移情和反应能力要素的满意度最低。这似乎也验证了许多评论员的共识(Bateson 1989),即服务营销中最轻松的管理问题是有形要素,但员工的培训、监控和评估却更难管理。

萨利赫和瑞安(Saleh & Ryan,1992)也表示,当检查行为和期望之间出现

差距时,必须考虑结构化因素。他们指出:

可以证明,尽管管理人员和宾客对服务提供有相同的认识,但管理人员会高估宾客的期望,宾客则会铭记那些低于他们期望的服务感知。这暗示管理人员卷入到这样一个过程,即他们容忍服务人员提供他们认为不能满足宾客需求的服务。一个可能的解释就是在资源有限的情况下,管理人员不得不退而求其次,寻求一系列较好的解决方案。他们认为宾客的需求是最佳目标,提供让顾客满意的服务通过实例证明满足顾客最低要求的过程,宾客的期望及其对实际服务的感知之间的差距也许就是其中的一部分。期望可能部分基于理想化身的营销信息,而实际的体验则是基于对符合要求,但没有完全满足期望的服务的容忍度。

这个方法也许指出了在评估顾客满意度方面的一些问题。如果顾客允许与期望有一定偏差,那么低于理想水平的服务就不会产生不满意,这就意味着可接受和不可接受之间的界限是模糊的。这进一步表明客户满意度分析必须根据劳斯(Laws,1990)所定义的"最小可辨差异"来进行。有证据显示这"最小可辨差异"不仅指消费者的过去体验因素,而且还指服务传递过程中的结构化要素。在饭店业之外,奎尔奇和阿什(Quelch & Ash,1981)指出,在服务供应者拥有较高专业知识的情况下,客户也许比较胆小,他们可能不具备足够的知识以察觉低质量的服务,或者他们或许没有好的质量评估参考。

巴拉苏罗门等人(Parasuraman et al. 1985)提出的服务质量模型引起了众多关注。如上所述,在创建行为监控体系方面,该模型有许多可取之处,不过也存在一些问题。萨利赫和瑞安(Saleh & Ryan,1992)评论道:

另一个起作用的因素是类似于得寸进尺效应的过程。某些因素的出现可能不足以提高宾客的满意度水平,因为顾客已习惯于这些因素或预料这些因素会出现。但是反过来,如果没有这些因素,宾客会很快注意到。同样,远远高于顾客期望的员工行为(即"显著的"水平)将变成满意度的一个重要决定因素。

斯瓦兹和布朗(Swartz & Brown,1989)在对医疗服务的提供和感知的研究中也指出,"得寸进尺效应确实存在,甚至在服务供应者而非用户具备专业知识的情况下也如此"。他们指出:

刚才所指出的差异能够而且经常会导致宾客不满意。在稍有失望的情况下,消费者也许会继续参与交易。然而,随着不满意度的不断上升,他/她也许会将自己的不满意体验告诉其他现存的或潜在的顾客,寻找另外的专业人士为其提供服务,或者在极端的情况下,他/她会进行职业责任诉讼(1989:193)。

卡门(Carman,1990)也试图在以下三种情境下验证服务质量模型问卷的研究结果:一个轮胎商店、一个就业中心和一个牙科诊所。特征值大于1的维度包括:

轮胎商店——有形设施、可靠性、反应能力、安全性、礼貌、可进入性。

就业中心——有形设施、可靠性、反应能力、安全性、个人关注度、可进入性、便利性。

牙科诊所——有形设施、可靠性、安全性、便利性、费用。

卡门(Carman)指出:

巴拉苏罗门(Parasuraman)等人把他们最初的理解和可进入性这两个维度结合起来变成移情。我们的研究结果发现这种结合不合适……如果其中一个质量维度对消费者特别重要,他们很可能会把那个维度分解为几个次级维度。比如,许多零售商发现,在顾客的感知图中,地理位置和停车场是独立的两个关键维度。因此,建议在确定某些项目不重要之前,保留具有个人关注度和可进入性(或便利性)的这两个维度的项目(1990:39-40)。

他也提到了"回答否(nay-saying)"这个话题,指出,巴拉苏罗门(Parasuraman)量表中的26个项目中有9个项目的措辞是否定的,以避免受访者回答否、光环效应等情况,保持清醒。"对于长问卷,许多受访者发现他们难以领会措辞上的这种变化,从而误读了该量表"(Carman 1990:42)。他还说了另外一段值得注意的评论:

在单纯的服务情境中,比如航空旅途中,顾客会接触到许多服务,也许会评价每一种服务的质量。每次的服务质量评估对总体的质量评价有多大作用?如何测量这些质量感知?此著作表明有形设备和个人关注度在顾客对商店质量的感知中所占比重最大,在顾客忠诚度上,商店品质比产品质量重要得多(Jacobsen & Olsen 1985)。因此,这里分析的维度都是正确的(Carman 1990:43)。

对服务质量问卷的另一个批评是关于它的实施。巴拉苏罗门(Parasuraman)等人要求受访者在一个情境下完成问卷,不存在体验前和体验后的问题。"所有意见都是受访者根据以往经历分析而来,这些期望反应几乎没有价值。"(Carman 1990:47)在就业中心,当客户开始使用服务时,就发给客户一份期望问卷,5周以后再发放一份满意度问卷。"结果不令人满意……期望问卷中只有三分之二的项目与感知问卷中的回复相同。"(Carman 1990:47)

对大多数服务提供者来说,特定服务属性的重要性似乎比预期的水平更重要(比如,外科医生的医术就比医院墙壁上的艺术作品更重要)。巴拉苏罗门(Parasuraman)等人使用了以下公式:

$$Q = \sum I_i(P_i - e_i)$$

在这个公式中，I指服务属性i的重要性；p和e指属性i的感知和期望。因此，重要性、期望和感知都很重要，有必要收集这三方面的数据。巴拉苏罗门(Parasuraman)等人无疑推导了I的值。这就从期望模型的角度提出了一系列关于态度测量的问题，下面会对其中一些问题进行更详细的讨论。卡门(Carman)的结论也值得注意：

根据表面效度的标准和大于1的因子分析特征值，建议在因子分析表明这些项目不具特性之前，保留巴拉苏罗门(Parasuraman)等最初10个维度中的7或8个(而不是5个)。为确保信度，应该扩展有些维度的项目(1990：50)。

另外：

巴拉苏罗门(Parasuraman)等所展示的服务质量法的一个主要缺陷是对期望的处理。他们所提出的期望组的重要性、处理期望值的能力以及对感知和期望之间的差异所进行的因子分析似乎都存在严重的问题。期望非常重要，服务营销人员需收集相关的信息……一个完整的服务质量态度模型必须测量单个属性的重要性对质量感知的影响(1990：51)。

卡门(Carman)不是唯一一个如此评论的人。巴贝库斯和波勒(Babakus & Boller,1992：259)通过调查也注意到"他们提出的服务质量模型维度有问题"。萨利赫和瑞安(Saleh & Ryan,1991：339)指出："因子分析表明，与有形设备相关的问题几乎都不能解释差异"，一个因子占了差异的62%。布朗(Brown)等人(1993：137)指出他们的因子分析也显示这些问卷项目"也许表现出了一维线性结构，当然不是五维结构"。然而，在前一个例子中，部分问题也许出自偏离服务质量问卷原始措辞以便更加明确地满足饭店业需求。其他作者如巴贝库斯(Babakus)和波勒(Boller)提到过针对服务业的问卷措辞问题。

巴贝库斯和波勒(Babakus & Boller,1992)以及布朗等人(Brown et al. 1993)也对信度和区分效度进行了评论。布朗等人(Brown et al. 1993)认为，鉴于期望和感知差距的相关性，使用期望和感知之间的差距存在问题。他们认为，"仅服务质量模型的感知要素就表现得与服务质量模型本身一样好"(1993：134)。

这些批评已经引起了巴拉苏罗门(Parasuraman)等的注意，作为回应，他们完善了服务质量模型(1991)。在随后评论布朗(Brown)等人的著作中，他们声明：

值得注意的是，差异分值公式比非差异分值公式(即使用布朗自己的数据)的区分效度稍强一点……这两个平均相关系数之间的差异很小,采用其他几个标准,差异也同样很小(如信度、理论效度),布朗(Brown)等运用这些标准旨在证明非差异分值公式在心理测量上的优越性。

服务质量模型不仅引起了学术界的大量研究,而且也被管理顾问运用于诸多实战环境,它当然也有可能用于分析与旅游体验和旅游业的产业部门相关的问题。已有一些相关研究,仅举两个例子,如关于饭店(如 Saleh & Ryan 1991)和旅行社(如 Cliff 1994)的研究。对所有想要进行任何形式的差距分析的研究人员来说,这些文献也值得仔细研究,因为它重点讨论了许多关于信度和效度评估的问题,以及这些差距与最初的两个量表相关性的问题。这个问题很重要,因为这关系到此"差距"是否能凭自身条件作为独立变量。

度假——一系列关系和事件?

根据对饭店等企业的服务供给研究,以上的讨论局限于对服务理念、存在于服务期望和感知之间的被感知的差距的探讨。但是,这限制了对更广泛的度假体验的研究,用皮尔斯(Pearce)的话来说,饭店研究会引起一系列"照本宣科"的经历。度假是个更加动态的过程,产生了更为复杂的互动。这些互动包括:

(a)度假者与食宿提供者之间的关系;
(b)游客之间的关系;
(c)度假者对旅游目的地区域的使用;
(d)游客和旅游代理商之间的关系;
(e)游客与未从事旅游业的东道社区居民之间的关系。

本章一开篇就指出,服务区别于产品的属性之一在于服务要求有服务提供者。度假当然满足了"无形性"的服务要求,假期结束时度假者留下了回忆,但没有记住显要的有形设施。所购买的纪念品虽是有形物但有唤起无形物的功能;使用过的有形设施,如饭店客房或租赁的轿车,虽然可以使用但无所有权。也就是说,度假者只是使用而非购买了这些有形设施,从这个意义上说度假是经典"服务"。但服务提供者有必要在场吗?霍洛韦(Holloway,1990)提出的旅游经营商的经典定义为"服务"批发商,航班、食宿和其他服务的"打包者",但旅游经营商代表并不会与旅游度假者一起去海边。度假者消费场所,即旅游经营商为度假者提供到达该场所的工具,但不能说他们提供了该场所。因此,在如度假、金融服务、饭店或餐饮服务之间可能(或已经)存在差别。例如,乌尔和尤帕(Uhl & Upah,1983:238)引进了"纯服务"和"混合服务"的概念。

从这个角度看,根据度假者对称作假期的服务的感知,旅游经营商仅仅作为将度假者送达场所消费这一角色确实会产生一些重要的问题。正如旅游经营商提供生产产品的元素,度假者消费由一些要素组成的产品,其中有些要素在管理控制范围内,而有些元素不在管理控制范围内,因此可以认为假期是一系列事件的体验而不是一个事件的体验。

劳斯和瑞安(Laws & Ryan,1992)通过查阅日记和主动写给航空公司的信件,研究航空体验,得出如下结论:没有证据证明旅客视飞行为一个事件这一假设;相反,它是一系列事件和部分事件,事实上,可从事件中区分阶段。可以假设假期也是这样的。如果假期是一系列可能不相联的事件,那么对于假期这一现象,什么样的程度可称为满意或不满意呢?每个事件都可能产生满意或不满意感。部分答案可以从之前讨论的多属性理论中的分析类型中找到,即度假者认为构成这次体验的系列事件具有不同程度的重要性,并对系列事件逐一评估从而得出判断。

多元化范式的必要性

但是,引用这些理论必须考虑到对这些方法内在的基本原理的评论。从经典条件反射理论和操作性条件反射观点来看,情感理论建构试图"将外界环境植入头脑中"(Skinner 1977)。可以证明,消费者行为的认知理论和情感理论提供了解释,但这些解释仅仅从观察他们试图解释的行为中推断出所谓的内在原因。但在心理学领域,20世纪70年代和80年代早期出现了"激进行为主义",该理论试图从强化角度解释行为,却识别了前行为要素的作用。因此,赫希曼(Hirschman,1984)假设人与生俱来的对新奇的探求欲是一个前行为的内部过程。在消费者行为领域,"实现了的创新"可以通过三种方式体现——替代性创新(了解新产品)、采纳式创新(购买新产品)和使用创新(使用新产品)。斯金纳(Skinner)将创新者看做"一个某些遗传与环境因素聚集起来共同影响的场所……并不是某个事先目的、意图或意志行为导致新奇行为;而是偶然强化(Skinner 1972:352)"。

不用说,这与如下观点相似:旅游可以被解释为一个以寻求新事物(赫希曼称之为新奇探求)为特征,但又受渴望熟悉的事物这一意愿约束的辩证过程。因此出现了假期综合体,即身处异地,但仍保留了熟悉的日常生活方式。

简言之,有许多潜在方法可用于研究度假者的行为和态度,但这些范式必须意识到辩证过程的构念,如旅游内在的风险规避和冒险。也许旅游研究者必须准备从多个角度研究,实际上当心理学家试图反驳、具体化或完善对人类行为的理解时,福克塞尔(Foxall)提到了范式的消融,他评价道:

如果对消费者行为的真正理解倾向于采用狭隘教条主义,即如果本体论和相关的方法论将控制消费者研究,那么综合的多元化范式不可避免(Foxall 1990:174)。

小结

度假是人类行为非常重要的一个方面。从度假经常是许多家庭最大的单项重复性支出现象就可以证明这一点,在购买了住房和轿车后,对至少三分之二的人来说,度假是每年都有的体验。此外,度假包括时间和空间要素。动身之前往往有了预期,可以证明,选择目的地和活动的过程本身也是整个度假体验的一部分,返回之后仍令人回味。因此,尽管度假是无形购买,但也非常重要;尽管受到家庭和收入的制约,但度假反映了度假者的生活方式及个性。

有时度假是不假思索的体验,度假者扮演照本宣科的角色;有时候度假为自我实现提供机会。它包括不止一个,而是一系列体验,但作为一个实体用于评估。如果度假非常重要,而且人的个性部分由其经历决定,那么度假在个性形成的过程中就非常重要。说为期两周的度假不同于日常生活中的休息,它反映了人们对生活的渴望和幻想,希望逃离现实、寻求新现实,这是陈词滥调。度假值得仔细研究,也值得花费精力设计研究。已通过复杂的矩阵图展示了度假中的情绪,一方面是希望和恐惧,而另一方面,在许多情况下游客认为他们只是想去放松、逃离一切。正如人类行为的许多其他方面一样,需要仔细考虑一系列自相矛盾的问题,理论方法的选择对确定和设计研究方法,并确保研究方法与研究问题相符都非常重要。

第五章 定性研究

引言

关于定性研究的作用和观点存在很大的争议。一方面,有观点认为定性研究不是科学。威尔斯(Wells)可能是这种观点的强烈支持者,他指出:

它(定性研究)不能得出以事实、数据为基础的真相,也无法用清晰和独立的步骤推导出来……不过这并不意味着定性研究应以设计完好的系统的方式推导。定性研究是不断发展变化的,是任何时候都能不断产生深刻见解和思想的源泉(Wells 1991:39)。

另一方面,定性研究要求采用系统的方法,并且要求研究发现应有助于对现象的理解,那么是否需要对定性研究自身进行信度和效度的测量呢?

从某种角度说,定性研究是一种解构主义观点,难以达到客观性,但可以从两面来看待这一相对性过程。这里涉及"虚无效度",即人是万物的尺度,所有知识都具有同等效度,不存在事物判断的基准。这种观点至少可以追溯到来自希腊阿布德拉城的哲学家普罗塔哥拉(公元前500—前430),他当时的观点与今天学术界关于客观现实的效度和本质争论类似。针对早期的唯物论者,普罗塔哥拉(Protagoras)在《运动员的真理》(Truth of the Throwers)一书中提出了个人主义伦理和政治理论,他的理论因为"合乎常理"而得以接受。正如巴克(Barker,1967:70)所评述的,"普罗塔哥拉(Protagoras)不是一个纯粹的利己主义者,而是一个相信人的常识的经验主义者"。按照常识,人们可能会通过如下四种检验方法来评估定性研究结果的有效性,即可信度、可转移性、可靠性和可验证性。人们会接受这种解释(对常识的检测)吗?类似群体能得出同样的结果吗?如果是这样,研究结果或许具有可转移性(即可形成某种概论)。这些研究发现能否预测某些已被证实了的结果?因此,从另一种意义上来说,这是一种相对效度,所述的程序在某一特定框架内有效,通过概论化可能有助于理解其他现象。

最后,在开始讨论定性研究方法之前(在游客的态度和行为研究中或许会用到这些方法),有必要提及缪尔达尔(Myrdal)的评论(1970:74)。他认为没有任何社会科学能自称与"与道德无关"或"与政治无关",研究"始终而且从逻辑上必须建立在道德观和政治观基础上",研究也因此而易受攻击,但是缪尔达尔(Myrdal)强调"价值相对论绝不是道德虚无主义"(原作者重点强调)。在这些评论后,缪尔达尔(Myrdal)又用了一章谈论该话题,名为"对生命的尊敬",对任何研究者来说,最基本的一个要素是必须尊重受访者,由于定性研究中所采用的技术属性,这一点尤其重要。

因此,本章将包含以下议题:
(1)定性研究的分类和存在的问题;
(2)非结构性定性研究如完全参与研究和内容分析法遇到的问题;
(3)结构性定性研究技巧,如焦点访谈小组和投影检测。

定性研究的分类

定性研究可以根据不同方式进行分类。根据我们现在的研究目的可以分为两大类:田野研究和开放式访谈技术。第一类包括参与观察法和案例研究等方法,也包括自由式方法如谈话形式。第二类范围较广,包括结构化较强的方法,如凯勒网格法(Kelly Grids);也包括结构性较差的方法,如焦点访谈小组法和投射法[如默里(Murry)的语义识别检测法]。采用这些方法的原因第一章已经进行了说明,但是从本质上来讲,这些方法的采用是为了调查研究对象的情绪。在旅游研究领域,穆蒂尼奥(Moutinho,1989:522)指出,这些方法"通过把隐性的刺激提升到意识感知层面,以调查游客与某一特定对象相关的'情感热键'"。但这一过程不同于简单输入封闭式问卷中的数据,在许多情况下,研究者不只是一个仅接收数据的"置身度外的观察者",而是通过与受访者直接互动,真正参与进来获取数据。

社会和文化研究引出的问题

在研究旅游业对东道主社区的影响时往往存在社会和文化问题,当东道主的文化不同于游客文化时情况尤为如此。随着"生态旅游"形式的不断发展,这个问题变得更为重要,"生态旅游"不利于具有西方文化的游客和具有不同文化模式的本土民族群体之间互动程度的提高。在游客的文化中,尽管对个人来说,休闲、娱乐和旅游是为了逃避"制度化",它也已经"制度化",成为一种习惯。而在东道主的社会文化里,对工作和休闲这个二元论的理解则不同,由于受传统和规范的制约,这些本地人展现的工作和休闲方式不同于西方人。赫伦(Heron)(1991)曾探讨过其中许多问题及其研究意义。研究者往往从不同的时间角度区分本地群体——有的从历时的角度,有的结合哲学和宗教学理论划分个人时间(Hall,1984)。旅游的发展通常是由于经济的增长,但是这种增长只能导致社会变化。汤普森(Thompson)对此发表了如下评论:

经济增长必将同时带动文化的增长或变化。但是,归根结底,社会意识的增长,如诗人心智的增长,是永远无法计划的(1967:77)。

假定旅游业能产生社会影响,有人可能要问:研究人员如果不完全融入到东道主社团中,深入了解他们的社会规范,他/她又如何能最大程度地理解这些问题呢?如果研究人员来自东道国,那么就有必要了解游客的动态变化和需求。从这个角度而言,需仔细考虑理解和从事研究过程的合理性范围。研究者需注意以下三个问题:

(1)本体论问题——游客和东道主之间的互动本质是什么——该过程体现这一点,因为本地社民根据自己所了解的个人/制度化时间、工作/场所、家庭/事业中的角色等二元论调整自我以适应以西方为主导的这种"官方"需求。而对二元论的界定他们和西方游客有不同的看法。

(2)认识论问题——如何理解。

(3)人类行为学问题——"谁来研究?"、"研究什么?"和"由谁实施?"等问题。必须先讨论这些问题,然后再讨论这些问题答案的内在价值。再次引用 Myrdal 的话,定性研究不能脱离标准化问题。

有人认为对于旅游业引起的文化变化问题,田野调查发挥重要的作用,因为采用这种方法可以获得直观的理解。这并不是暗指经验主义—理性模式和描写性的、人种论或现象论方法之间存在对立——当然按照奥古斯丁式传统,人类是肉体和灵魂的结合,仅根据问卷统计分析的研究是不可能涵盖这些情境的所有细节的。因此,如果要了解旅游业带来的影响,需要采用定性研究以揭示游客和东道主的"灵魂"。那么如何进行这种研究呢?

非结构式情境

参与观察田野调查法

旅游业中采用田野调查法将研究者置于两难境地。绝大多数研究者曾经也是游客,有过难忘的旅游经历。研究的过程可能对调查者个人来说意义重大,因为受访者在重复研究者的信念和经历。此外,研究者或许会特意融入到该情境,以便成为被调查组中的一员。研究很大程度上可能依靠研究者所扮演的角色以及被研究的度假类型。戈尔德(Gold,1969:30-39)确定了四种参与观察的研究者可能扮演的角色：

(1) 完全参与者；
(2) 作为观察者的参与者；
(3) 作为参与者的观察者；
(4) 完全观察者。

完全参与者是一个真正的参与者。假设要研究"俱乐部"度假者的行为，这就要求调查者成为某适当年龄群体中的一员，尽情享受迪斯科、沙滩运动项目和喝酒，参加小组游戏，与异性聊天，展示出爱交际的行为。第一章讨论的道德问题在这种情况下也很突出。研究者是否表明在哪个阶段他们的目的旨在研究这种行为。不过，如果他们计划参与，就必须真正参与进去，这包括履行一个成功的"俱乐部"度假者应有的角色。

作为观察者的参与者虽然也是参与者，但小组成员知道他们正在作研究，这就解决了以上所说的困境。当然，这导致了另一个问题，即研究者说出了事实真相，那这项研究受此影响的程度有多大？或许参与者们不会要求研究者参加他们的某些活动，也或许那些度假者可能觉得他们必须达到所谓的适宜的行为期望(属于他们自己的?)。

作为参与者的观察者也透露了他们作为研究人员的身份，会参与一些正常的社交活动，但不会假装参与。他们通常作为群体中的一员参加活动，群体成员都认识他们，但事实上他们在群体活动中没扮演任何角色。这种研究角色形式与完全观察者的区别在于后者只是观察而没有以任何方式成为研究对象中的一部分。他们可能只是在沙滩一旁观察"俱乐部"成员玩游戏的日光浴者，也可能是"俱乐部"成员抵达小镇时酒吧里的孤独饮酒者。他们的确出现在现场，但却不为群体所认识。小说家戴维·洛奇(David Lodge,1992)是这样描述旅游业研究者的：

罗杰·谢瑞克(Roger Sheldrake)听见了救护车的声音，却没有被这噪声干扰。他已经起床好几个小时了，站在 Wyatt Regency 酒店高高的房间阳台上，手里拿着笔记本、双筒望远镜和可变焦距照相机，正认真地观察并记录街道对面一个大酒店游泳池旁进行的仪式活动。游泳池尽管很小，但却是该仪式不可或缺的中心，绝大多数的日光浴者都至少象征性地浸泡了一下，与其说是游泳，不如说是浸没。这是洗礼的一种。

罗杰·谢瑞克(Roger Sheldrake)记下笔记。

因此，罗杰 Roger 在写旅游解构主义哲学博士论文，他将非宗教群体的新仪式投射到毫无关系的游客身上。研究者如何才能避免罗杰·谢瑞克(Roger

Sheldrake)式的预先判断？免受与游客实际经历得到的感受毫无联系的"我看,我做,故我在"的综合症状困扰呢？

当然,如果研究者在18岁到30岁之间,他可能比45岁以上的研究者更容易认同"俱乐部"度假者的活动。同样,学术研究者如果和一群"探险者"一起度假可能感觉更容易融为一体。研究者特殊的度假爱好与被研究的度假类型之间的一致性的程度越高,"客观性"丧失的可能性就越大。但是,正如第一章所界定的,如果度假本质上属于体验型,那么非客观性问题不是度假本身,而是理解情感的灵敏程度？研究者该如何做到这一点并同时保证它的有效性？

斯蒂芬森和格雷尔(Stephenson & Greer,1981)指出了五个影响研究者作为参与者/观察者的问题：

(1)熟悉度引发的问题。研究者过去度假时已经用心体验过旅游经历,度假满足了他们放松和探险的需求。那么在观察其他人时,研究者能够完全识别这些他们非常熟悉的情境中的模式吗？他们会根据自己的个人经验将动机普通化投射到其他度假者身上吗？这种可能性是否会随研究者对学术文献认识水平的增强而增强呢？因为研究者们既可以从专业的角度,也可以从内在情感角度来鉴定学术文献。

在描述游客参观遗产景观时,赫伦(Heron)这样描述：

游客看到并感觉愉快的是该项目的基本信息,旅游代理商相信,这是专业人士、管理者和体力劳动者之间的显著差异,同时也是因为该景点的管理结构……专业水平及其本身的优点等使然(1991:181-182)。

他认为游客面临的"不仅是对当地文化的陌生诠释,而且还面临异国代理商的信仰和价值",即工作人员把文化遗产解释视作建立在国际背景下的专业行为。这将对旅游业中的研究者产生什么影响呢？从广义上来说,专家或旅游专业的学生,由于了解旅游业的影响,开始下意识地向可能几乎没有意识到这个问题的游客影射理由和动机。或者更极端地认为动机似乎显而易见,想要仔细调查的想法很奇怪。旅游研究者研究和可持续性旅游相关的规范性课题时,影射的可能性更大。正如威勒(Wheeller,1990)揶揄地说,生态旅游是"一个精心伪装的好人"——通过价值观和道德判断清晰可见,因此对研究者来说可能又需保持必要的距离和客观性。

(2)研究者和受访者的关系本质。在"俱乐部"度假这个例子中,有人可能认为,面对22岁的研究者和面对40多岁的研究者所做出的回答可能存在很大的不同。前者可能更容易得到答复,因为受访者更容易认同他。

(3)当地知识在多大程度上能有助于获得数据？在人类学领域,熟悉环境、会说当地方言的研究者比没有这些优势的人收获更多。在西班牙调查度假行为的研究者比度假者更了解西班牙么？研究者可能有西班牙旅馆老板的支持，能够有机会了解西班牙，但这是否会妨碍在当地影响力有限的受访者的理解？

（4）伦理道德和政治问题。如果研究者确实拥有特殊的优势，这是否将导致个人的、道德的和政治上的问题？他们的洞察力是否会由于他们见多识广而使他们对问题更加敏感？这将怎样影响他们的研究态度？

（5）对受访者的后续责任。如果研究者对度假体验和度假者很熟悉，在调查结束后是否可能发生任何特殊的问题？比如，如果参与"俱乐部"度假的研究者发现有人酗酒，随意发生性关系，或对那次的旅游经历发表了一通评论，那么这时作为一个密友，研究者在多大程度上有责任继续维护受访者？如果田野研究者是完全参与者，责任的本质是否就与其他角色不一样呢？

这些问题从很多角度进一步强化了第一章中讨论的观点，很多研究者对此非常熟悉。此外，即使在试图理解度假感受时，包括田野研究者在内的所有调查者都采用陌生人的角色。正是通过寻找熟悉事物中不熟悉的部分，研究者才开始揭示某一情境的真实面目和细微的差别，同时应该指出的是，当研究者试图评价旅游业对东道主社区的影响时，这些问题变得更为重要。调查当地居民对旅游业的感受适合采用参与观察法。关于旅游研究的本质类文章在旅游刊物上刊登得不多，但是这类研究正在进行。比如，莱韦尔（Lever，1987）通过走访大量西班牙乡村，展示了旅游业如何改变传统以男人为中心的家庭结构中的女人地位。

这些方法也可用于揭示游客的感受。在一项还未发表的研究中，赫伯迪奇（Hebditch，1994）通过参与观察巴士旅游团参观英国电视连续剧的拍摄地点，得到了丰富的资料。这些地点包括"摩斯侦探的牛津"、"斯宾德警探的纽卡斯尔"、"贝吉拉克警探的泽西岛"和"科罗内申大道"。赫伯迪奇（Hebditch）真正参加了这趟巴士之旅，有的地方还须住上一晚，因此她能够从度假者的角度体验这次假期。此外，由于是团队的一员，她能够在自然的状态下轻松地与其他度假者交流以获得他们的一些看法。在另一研究中，劳斯和瑞安（Laws & Ryan，1992）整理并报道了劳斯（Laws）在穿越大西洋的航班中所写的日记。这同样是研究者既是参与者又是研究对象的好例子，因为劳斯（Laws）试图开发一种测量旅游体验本质的方法。

最长的参与性观察研究例子或许要属科恩（Cohen）在曼谷贫民窟的巷子生活体验，他从1981年到1984年夏季一直观察专做游客生意的妓女的生活。科恩（Cohen）在观察了这种由短暂关系产生的期待和恐惧的心理模式后，通过一系列的论文报道了泰国女孩和外国男性之间关系的本质（1982，1986）。

同样,科恩(Cohen,1983,1992)在20世纪80年代初关于旅游业对泰国山区部落的影响的论著也显示通过田野研究方法获得了详细的观察数据。建立在更传统的经验基础上的定量研究方法能否得出这般见解令人怀疑,对有兴趣从人类学的角度研究旅游的学生来说,建议阅读科恩(Cohen)的相关文章。

取样

在定量研究中,抽样以确保样本的代表性是必须慎重考虑的重要因素。这对田野研究者也很重要,不过如果研究者是某个旅游团队中的参与观察者,就根本不需要抽样,与研究者有交流的游客就是样本。在很多例子中研究会采用非概率抽样,即没办法预测包含在抽样中的受访者的概率。划分这些样本的通常方法如下:

(1)判断性和便利性抽样。研究者和提供信息的人互相作用。这是参与观察法中的准则,但对作为参与者的观察者来说,研究者可能会根据前面的观察来判断和谁交流以获得信息。

(2)滚雪球式抽样。研究者找到一些受访者,然后由这些受访者联系其他合适的受访者,这一连环式方法必将联系到一个社会关系网群。比如,这可用于评价居民关于旅游业对日常生活的影响的看法。采用这一方法的另一个实例是BDOR有限公司在1993年进行的"最佳旅游合作伙伴"项目研究。该项目想在英国山峰地区国家公园的霍普(Hope)—埃代尔(Edale)—卡斯尔顿(Castleton)区为即将举行的一系列专题讨论会建立社区团体。顾问们通过和当地居民交谈,让他们确认感兴趣的人和能够代表民意的人。这种做法是有效的,但是也可能牵扯到了政治因素,因为它暗示着承认了当地民主制程序可能没有真实表现当地人的意见(Prentice 1993;Montgomery & Ryan 1994)。

(3)理论抽样。格拉泽(Glaser)和施特劳斯(Strauss)提出了第三种抽样的分类方法,并称之为理论抽样。他们是这样定义的:

(理论抽样)指为生成理论而搜集数据的过程,分析家同时搜集、编码并分析数据,同时决定下一步要搜集的数据以及搜集数据的地点,以便进一步发展理论(Glaser & Strauss 1967:45)。

因此,这种研究是个反复的过程,每一个阶段都影响着下一个阶段。如果发现"俱乐部"度假活动种类由导游决定,那么研究者可能就会想进一步了解导游的态度,如他们如何界定自己的角色,他们认为客户的需求是什么。

问题和编码

正如前文已经提到的,问题措辞难度很大,以防止问题本身而不是受访者的自我感受或想法决定答案。但是,对田野调查而言,研究者有这样的优势(和问题),即在交谈中会出现许多问题,因此最后能丰富、补充所讨论的议题。当然,在正常的对话中,该过程是双向的,双方都表达观点、交流意见和体验等。从这种意义来说,研究者影响了受访者的看法,这样就出现了问题:受访者的回答有多大程度的偏见?受访者仅仅反馈了研究者自己的偏见吗?除作为参与者的观察者方法外的其他情况下,这种可能性应该小得多。

无论问题的性质如何,研究者的黄金法则是必须如实记录答案,不要依靠记忆。如果不能用录像机或者录音机记录答复,那就必须尽快地记下回答。研究者必须学会写调查日记的方法。如果记录是在白天做的,那么几乎可以肯定的是笔记记录得非常匆忙潦草,并使用了缩略形式。必须趁着记忆还比较清晰的时候,每天(或每晚)完整地整理出如下各点:

所做的动作(不管多么简短);
所进行的活动,即动作的情境;
参与者,即参与的人以及各人之间的关系;
参与过程,即参与者参与的程度,抑或适应情境的程度;
动作的意义,即参与者对该动作所做的评论;
所研究的整体活动的背景。(Lofland,1971)

从这点来看,很明显,可以在行动前做一个日志活页以便更好地搜集数据(见表5-1)。同样从以上列出的各点可以看出,获得某些数据花费的时间要更长一些。例如,假设我们这个由18~30位成员组成的团晚上出去前约定在酒店酒吧集合。日志活页应类似表5-1那样。如:

表5-1 日志活页范例

背景	18~30位度假者——×××旅游团	马盖鲁夫(Magalluf)饭店俱乐部拉夫特(Rafter)酒吧
日期	1994年8月22日	假日的第四天
时间	参与者	活动
10:00PM	到达酒店的酒吧,只有汉丽埃塔(Henrietta)一个人到。	汉丽埃塔(Henrietta)买了饮料,说还早,11:30PM以后出去才好玩。但以为简(Jane)和海伦(Helen)会10:00PM下楼。

续表

10:05PM	约翰(John)来了。	约翰(John)向汉丽埃塔(Henrietta)问好,然后请我们一起喝了一杯。
10:15PM	简(Jane)和海伦(Helen)来了。	女孩们一起去了洗手间,约翰向我说起了她们的坏话,并说他喜欢海伦(Helen)。
10:22PM	彼得(Peter)、杰森(Jason)和Gareth来了,在隔壁喝酒。	彼得(Peter)吹着口哨走进来,海伦(Helen)走过去和他一起抽烟。
10:28PM	大家都到齐了,坐在桌边喝酒。导游和马克(Mark)、安(Ann)、莱斯利(Lesley)、保罗(Paul)、"瘦鬼"("Skinner")、安迪(Andy)以及"疯子"("Bonkers")来了。抱怨亚尼内(Janine)还没准备好。亚尼内(Janine)穿着迷你裙来了。大家讨论接下来的活动。	

表5-2 谈话日志记录范例

研究者	评论简(Jane)今晚来酒吧早。
John	以为事情会有好的进展,我说过会早点到。但她和海伦(Helen)一起来。女孩子们为什么老喜欢结伴而行呢?
研究者	认为女孩子们通常都是这样。
John	同意我的观点。但他和保罗(Paul)决定分开她们。因为保罗(Paul)喜欢海伦(Helen)。
研究者	他希望事情如何发展?
John	厌倦这种集体活动。想约简(Jane)出去找个安静点的地方,和她好好聊天,他俩那天在海边相处得很好等。

  实际上,在搜集数据时,研究者已经形成了自己独特的省略标记法。如果研究者很熟悉,可以用首字母表示参与者,用数字表示地点。随着研究者对环境的逐渐熟悉,可以用代码表示活动的性质。稍后就可以将这些笔记和会谈记录并到一起(见表5-2)。值得注意的是,即使在表5-2的例子中,研究者对谈话过程提出了问题并自然地做出了中立的评论。但是,问题往往会决定谈话的方向,这将产生如下问题:如果该对话发生在两个"普通的"男性度假者之间,那么这次谈话将会发展到什么程度?

通过这个形式,很显然研究者要整理很多笔记,当孤立考虑时其中许多记录并不有趣。但是,在整理笔记时,研究者并不知道哪些重要,而哪些不重要。约翰(John)会成功吗?他们将会是什么关系?这种关系将会持续多久?在多大程度上这会成为典型的度假关系?这很重要吗?如果重要,对谁重要?为什么?研究者在记录数据时根本不知道这些问题和其他问题的答案。这种关系会有进展吗?假如直到度假的第五天才有进展,那么这到底有多重要?我们不知道它是否重要,除非通过和其他案例进行比较研究。对于个人而言度假意味着什么?这个问题在度假这一阶段还不清楚——或许需要度假结束后进一步探究。

还须明白的是许多类似的笔记都不会出现在任何报告中,在一定意义上讲,他们是有希望从中提取出金子的矿砂。这些记录相当于问卷调查中的数据,回收的有效问卷为定量研究中的统计分析提供了依据。但是,把回答转换成等级量表然后输入数据的任务相当简单,而田野研究者必须自行确定评估单位。

内容分析———种分类系统

研究者必须确定分析报告内容的方法,如报告的意义、事件发生的频率及重要性,事件发生在谁身上,对所发生的事情的看法,事件如何影响行为,该行为可能产生什么结果——这些问题很容易想到——但分析的方法较少。

其中一种解决方法是制定分类一览表。但是尽管每个表可能仅针对所研究的情境,但如果该研究能得出一些更通用的方法,从而有助于其他研究者进行比较研究,或借以参考用于解释他们的研究,那就非常有益了。在社会学领域,许多研究者发现塔尔科特·帕森斯(Talcott Parsons,1951,1952)的论著非常有用,他强调了实用型和表现型价值与导向之间的差异。但是,在旅游业中利用这一差异可能会产生一些问题——旅游活动是愿望达成的表现形式,但是有人认为旅游活动除此之外也具有工具性。如果游客寻求探险,激流泛舟就是用来自我表达探险追求的可操作性工具,这种行动兼具表现性和工具性。怀特(White,1951)在不同的情境下对此进行过论述,可以说他的分类象征着旅游田野调研的一个开端。对怀特(White)的方法稍作修改,可作如下分类(见表5-3)。

表 5-3 内容分析法的组成部分

工具性	成就感
	认知的满足感
	经济价值
表现性	自我表现
	关系需求
	表达对其他人的关心
	界定目的——宗教哲学需求
其他方面	个性化
	生理需求
	政治需求
	其他需求

资料来源：White 1951

工具性

成就感。可以通过完成某一具有挑战性的任务来评估个体度假者的成就动机价值。这可能要求一定程度的承诺或者劳动。完成了长途跋涉如奔宁山徒步旅游(Pennine Way)的度假者就已经兑现了其承诺过的目标，并可测量得出徒步的距离。再如，游客度假时通过参加潜水课程而获得专业潜水教练协会(PADI，世界最大的潜水会员组织——译者注)奖，取得了明确的成绩，即证书。

认知上的满足感。观光者受终身学习驱使，也为了达到既定的目标，参观了土耳其的以弗所遗址，所获得的知识和体验可能有助于他们了解罗马。此时好奇心是游览的动机，而好奇心的满足也增加了知识。如何利用这一知识则属于实用型方法范畴。

经济价值。怀特(White)的论著可解释为存在于集体层面而不是个体层面的经济价值。因此，支付博物馆门票是花钱购买博物馆的价值，但是个体可获得认知效益。

表现性

自我表现。这一点在许多度假情境中都很重要。众所周知，假期是摆脱工作或家庭的束缚，放飞自由的一段时间，是寻找乐趣的时间，是获得批准的"逃避现实的通道"。波第尔切克(Podilchak，1991)探讨了休闲和乐趣的意

义,指出它们之间确实存在区别。乐趣指:
(a)浅层的娱乐、玩笑,令人好笑;
(b)源于无目的性的活动;
(c)令人振奋,高兴——具有独特性,不是每天都发生的。

波第尔切克(Podilchak)认为乐趣是定性的,且需和不受拘束的、开朗的、愉快的人在一起才能感受到乐趣。自我表现也能通过发现事物真相的过程和艺术鉴赏而体现。

关系需求。其指与其他人交互的行为,属于集体性的,体现忠诚,满足归属感需求。如上文提到的"俱乐部"度假的例子所证明,对许多人来说这是度假过程中很重要的一部分,但是由于与团体的关系只维持短暂的时间,这种关系有些虚伪。并且团体成员通常是由之前互不认识的人组成,以后也有可能永远不再相见,因此度假团体的这种社会动态关系显得尤为有趣。这些动态关系的质量是度假满意与否的一个很重要的决定性因素,表现为志趣相投的人通常待在一起,共同活动,某种意义上说明了度假类型决定了受众。

对他人的关心。怀特(White,1951)认为这一点和关系需要的不同之处在于它更具普遍性,这一类别关注的是对具体人群和人的态度。此外,对有些度假类型来说,这是驱使游客参与的重要动机。基于特定项目的度假就是一个例子,诸如帮助社区重建历史性建筑、考古发掘等类似活动。从另一个角度来看,度假也是增强和家庭成员或者朋友之间纽带的一个好机会,因此,可以说是关心身边的人。

宗教哲学需求。这一表现式行为指关心生活的最终意义,对自我意义的评价,与神的关系。无论过去还是现在在旅游业这都是一个关键的因素。里恩斯赫德(Rinschede)指出,朝圣旅游的历史和文明一样古老,对凯特尔人来说,"圣灵的埋葬遗址往往是聚集之地"(1992:53)。现在每次去麦加或者卢尔德参观都能看到成千上万的游客。但正如洛奇(Lodge,1992)的支持者,他们认为旅游是一种非宗教性质的朝圣。当然,对于想在荒僻的山上寻求独处的人来说,这种体验更具哲理性,胜过被动观光之旅。

其他方面

个性化。指个体重要性的表现,包括培养个体的个性和个人愿望的达成。

生理学需求。指基于生理因素驱动的活动,如吃饭和喝酒。

政治需求。指与集体目标和集体决策相关的活动。怀特(White,1951)认为这种分类适用于制度化程序。

其他需求。包括任何以上没有列出的行为或目标,如谦虚或者礼貌。

这种分类备受争议。第一,这种分类过于笼统,有重叠现象,给度假情境带来困难。比如,在度假环境中,个性化可以和自我表现交叠。第二,分类的笼统性导致信度问题。因此在实际操作中研究者通常各自分类,从而要求小组研究。第三,实际度假情境中实用型和表达型之间的差异难以区分。

另一方面,非常有趣的是,该内容分析模式的建立并没有参照旅游和休闲文献,但却和该领域非常相似。较早提到的要属拉吉卜和比尔德(Ragheb & Beard,1982)《休闲动机量表》中的分类,很明显它们之间有很多相似之处。两种分类中都有通过休闲放松满足关系需求、知识追求和自我表现的需求。

对于任何从事这类性质的田野研究者来说,有优势采用从具体到一般的归纳式的内容分析方法,所分析的情境受环境限制,因此很难评估研究结果的外延作用。另一方面,能在更普适的图式中重新界定分类确实可以采用比较方法——通过比较能更了解所研究的项目,也可使以后的研究者检验研究结果。因此,这个过程可能要求研究者采用两个阶段的方法:第一阶段包括为特定级别的事件编码,然后确定分类;第二阶段包括把这一序列归纳为更普遍的模型。这样研究者既可以获得丰富详细的资料,也建立了一个可供广泛检验的模型。

比如,在分析一个18~30岁旅游团的行为过程中,分层过程可能包括:

具体层面　沙滩活动　酒吧活动　迪斯科舞厅活动
总体层面　关系需要

每个项目都有自己的分类系统,因此很难采用规约形式。但是,为了使研究结果更有价值,能参考该领域内其他研究而确立出分类,这对任何研究者来说都是很有利的。

谈话数据收集法

对学生或者个别从事旅游研究的人来说,或许希望扮演前面提到的参与观察者的角色,但往往可能没有时间。因此,就会使用问卷调查,但正如第六章将要讨论的,问卷调查自然有很多优点,但也存在一些问题。是否能用谈话法获得以上提到的丰富数据? 这些数据在多大程度上是有效和可靠的呢? 首先要说明的是对话被作为研究方法在社会研究领域有着悠久辉煌的历史。1851年,梅休(Mayhew)在他的报告《伦敦劳工和贫民》中使用了谈话这种方法。1948年Zweig评论道:

我尝试了一种新的非正统的方法……并且据我判断,这种方法很成功。我放弃了研究过程中建议的问卷调查或者正式访谈的想法,和工人们在轻松的氛围下平等友好地谈话。这不是正式的访谈,而是对生活、劳动和贫穷等问题交换了看法(Zweig 1948:1)。

在这里研究者成为了受访者的知己和朋友。但是这个过程也不应像乍看一样毫无结构性,要提前准备可能讨论的主题,了解受访者的日常真实生活,知道如何挑选受访者。观察潜在的受访者,他们可能被抽取和样本框相匹配,摄像记录他们的行为,准备工作还包括了解所研究度假类型体验的各方面。这样如赫佰迪奇(Hebditch,1994)所说,因为她是团队中的一员,谈话就自然产生了。根据我的个人经验,我当了父亲之后能更好地理解孩子对游客行为的影响。以往的经历、议程准备、和受访者建立友好的关系、制订一套快速记录谈话内容的方法等都是采用谈话法进行研究时的必备技巧。除此之外,如前面提到的"俱乐部"度假者的例子,提问题时还需要掌握提示技巧。但是,研究者必须自我约束的一点是要以一种有效策略接受受访者的否定回答。例如,表5-4中的谈话。

表5-4 作为信息来源的谈话

研究者	你喜欢这个餐馆吗?
度假者	嗯,还行。
研究者	我觉得饭菜相当好。(以提示对方说出觉得"还行"的原因)
度假者	是的。
研究者	保持沉默(这有利于听到对方更详细的回答——很多人不喜欢在谈话中有较长时间的沉默)
度假者	你能把那个垫子递给我吗?
研究者	我觉得这个服务员态度不好。(试图再次回到刚才的话题)
度假者	是吗?我没注意。
研究者	是的,我要啤酒都叫了他两次。
度假者	是的,有时会这样。

在这个简短的对话例子中,我们可以看出研究者努力想得到受访者关于餐馆印象的回答,而受访者很可能并不在意。因此,在很多情况下,研究者可以利用对话获得有效的信息,但需要掌握一些与焦点访谈小组相关的技巧。

以上的讨论也表明,根据研究目的,谈话可分为两种类型:无计划性的和有计划性的。前者指研究者从日常生活中的偶然交谈中获取信息。这一类型适用于研究的早期阶段,此时研究者对研究的主题和研究方向或许都有些模糊。这通常可能发生在学生度假期间,与朋友和同行的游客交谈,后来回忆这些谈话内容,以此来定义研究项目,或者证明某一观点。这种对话是无计划的,可能有人怀疑回忆的真实性,并且不知道这些观点代表性如何。不过这种谈话对研究曾作出了很大的贡献。

计划性谈话类似于访谈,因为该过程部分类似于上文讨论过的参观观察者角色。受访者不管多么普通,可能都是基于某些原因挑选出来的。研究者有了一个包含各种兴趣话题的框架。这种对话居于"自由化"的日常交流和结构化的访谈之间,是计划好的,研究者脑海中已经有了一个议程,只是受访者并不知情。

另一种和谈话类似的研究数据来源是信件。该方法很少用于游客研究,但有趣的是科恩(Cohen,1986)曾用此方法分析专做游客生意的泰国妓女的私人信件。他对这种与异国人发生的风流韵事评价如下:

在异国肆意纵情会毁掉东半球的白种欧洲人。许多男性认为他们离开时灵魂仍旧完整无缺——但是回国后他们发现有过这些经历后自己不知不觉地发生了很大的变化。他们感觉自己被同胞摒弃,因为与东方相比,国内任何事情看起来都枯燥乏味。于是他们往往又被这些已经毁掉他们的艳妇引诱回去(1983:254)。

通过这些信件,科恩(Cohen)充分了解了这种异国诱惑,同时也意识到了使用信件调查产生的问题——信件是否"把主观的东西客观化"?"信件是否真正表达了作者真实的自我"(Cohen 1986:117),或者说在这种情境下,信件是否是一种操纵手段?科恩(Cohen)用来阐明其观点的信件显示了游客泰国之旅产生的挫折、自欺、希望、欺骗和风流韵事。从这个意义上说,该分析已经提供了关于游客和东道主之间交互性质的丰富数据。

明信片分析法

研究者也可以从不同角度研究明信片。可以对明信片上的信息加以阐释;也可以对上面的图画加以说明。在研究泰国山区部落时,科恩(Cohen)回顾了来自该地区的明信片,作出如下评论:

观察并标识人们的方法不只具有智力意义,这种方法影响到国家乃至更广泛的社会看待他们的方式(1986:122)。

他认为山区部落的图片固化了泰国山区人民角色的模糊性和不确定性。有人可能想要问,在另一种环境下,如西班牙和希腊人怎样看待北欧游客购买画有裸体女人的明信片作为旅游纪念品邮寄给朋友?这些卡片属于科恩(Cohen)提出的哪种分类或内容分析方法呢?(见图5-2和图5-3)。

科恩(Cohen)提出了一个简单的矩阵图以初步确定代表的属性(见图5-1)。

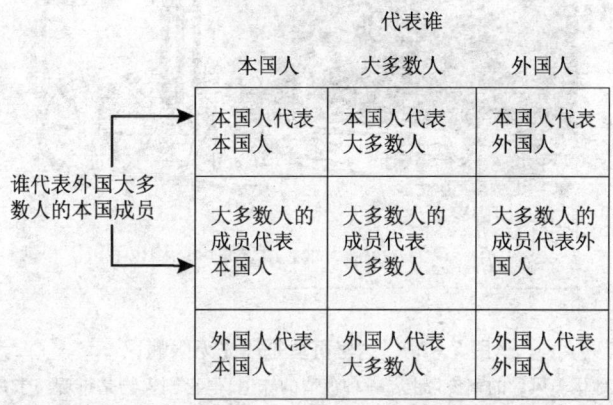

图 5-1 形象内容分析法矩阵

这个矩阵不仅确认了代表,还确定了由谁或者哪一组拍照和控制场景描述。

可以根据以下五个尺度对实际形象进行更进一步的分析:

(a)悦目的形象:按照他们熟悉的美学标准建构,以引发观众认真地欣赏;

(b)异域的形象:旨在引起观众对不熟悉的东西进行认真考虑;

(c)可爱的形象:观众熟悉的甜蜜或可爱的图像以产生快乐顽皮的感觉;

(d)喜剧的形象:通过夸张或者不协调的方式营造欢乐的氛围;

(e)中立的形象:科恩(Cohen)认为这"在新闻和科学描述中非常常见……(但是)由于这些意象的象征性功能在旅游意象中不常见"(1993:43)。

然而,象征性功能并不限于中立或转喻意象——异域的或可爱的隐喻意象也能够传达态度,象征着卡片上描绘事物的方式。明信片上的图片和写在上面的信息一样能有效地象征态度;正如上面的例子,研究者需对这些象征符号进行分类和解释。传统的英国海边的"色情"明信片传达的是喜剧效果,同时也表明该社会熟悉这一滑稽的喜剧形象,见图5-2和图5-3。这两张卡片的日期无从得知,估计在20世纪50年代中期以前,因此表明这至少是40年前人们对旅游业的态度。

图5-2　"这里可真是风光无限啊！"

传统度假地优美风景的宣传带上了一种色情的味道，但喜剧人物是谁呢？卡片中的"绅士"是个好色之徒，但是个漫画人物。从旅游的角度来看，这张卡片的言外之意是在海边游泳可能会有艳遇……但是这张卡片里的"相遇"的性质是什么呢？像卡片中的绅士那样只能被动地盯着看？他会根据马车里两位女士的神情判断并和她们有进一步的发展吗？两位女士的神情似乎并没有进一步的暗示。年轻女士都应该是这样吗？在水中玩的女士显然不受正规衣着的束缚。度假可以自由放任吗？事实上，越看这张卡，想到的解释也越多。

个案研究法

个案研究法在旅游业中非常普遍，但许多个案都是描述目的地空间变化、景区游客流量管理或游客增多而引起的物理变化评估。尽管现已经出版了一些关于行为模式的论著，但较少用于研究游客态度。比如，乔丹（Jordan，1980）在佛蒙特州度假村的研究中，调查了当地居民在一年中不同月份对游客的态度。他记录了在十月末和十一月初，当地居民对猎人的态度：

猎人被认为是最没利润，甚至是危险的游客类型，他们很少和人交流……考虑到他们的行为，居民们认为他们花销太少：他们白天开枪打猎，吓到附近居民；晚上聚会酗酒，破坏了社区的安宁（1980:39-40）。

此外，许多类似的个案研究报告都只是某个阶段观察的结果。以下要介绍的例子中，乔丹（Jordan）作为参与观察者分多个时间段研究了该村庄。

第五章 定性研究

图 5 – 3 霍尼斯特山口和峭壁

图片中的游客似乎是虔诚的信徒,在乡间寻找快乐。所谓的攀登峭壁之旅实际上变成了步行——从图片中的 17 个人可以明显地看出,这不是一次孤单的徒步,这次旅游实际上是一份艰苦的差使。远处耸立着一栋楼房——可能是一间酒吧,或者是游客可以买杯饮料喝的地方。这是一个体现主人高高在上的例子吗？大家只希望下山返程能平安无事！

案例研究可以不仅是描述吗？答案是肯定的。旅游案例研究通常是有根据的观察结果,是基于理论框架之上的观察过程。可以举例说明。多克希(Doxey,1975)通过观察巴巴多斯岛和尼亚拉加河上的游客和当地东道主之间的相互作用,提出了现在广为引用的多克希刺激指数模式(Irridex)。反过来,他的模式也由于别人用于研究观察而得到进一步的发展。密里根(Milligan,1989)研究格恩西岛饭店行业葡萄牙员工时,采用多克希激怒指数模式分析当地居民对以旅游业为生的外来员工的态度。该研究来源于密里根(Milligan)一段时间的参与观察,她以一名临时暑期工的身份在格恩西岛酒店行业工作。

旅游文献中的其他案例可能缺少比较研究法,因此,初期的工作采用描述性质,旨在确定针对具体情境的变量。涉及犯罪和旅游业之间关系的研究或许就属这种情况。这类型例子如埃利奥特和瑞安(Elliot & Ryan,1993)的恐怖主义对科西嘉旅游的影响研究。这一主题性质很难评估对影响的测量,因此,作者只能描述旅游的客流量和恐怖分子行为的级别。巴克利和克莱姆(Buckley & Klemm,1993)对爱尔兰旅游业的研究也是如此。但是,尽管仍处在描述层面,瑞安(Ryan,1993)一直坚持不懈旨在建立模型。简言之,从案例研究着手或许能观察到该文献内思想的发展过程。最明显的例子莫过于旅游目的地生命周期的案例。迪贝内德托和波杰尼克(di Benedetto & Bojanic,1993)的研究可以证明,该研究始于游客类型和空间发展的描述过程,现在返回到了定量分析形式。

结构式情境

焦点访谈小组

到目前为止,我们讨论的主要是比较开放自由的形式,大体上研究者不用对情境进行控制。定性研究也适合更结构化的情境,研究者能扮演更主动积极的角色。但是即使这样,这个角色也只是起促进作用,而不是指导性的,如焦点访谈小组。

焦点访谈小组通常要求成员们具有同质特征(比如同一年龄、同一性别或者同一收入群体),通常是8人到10人,很少超过12人。成员由田野研究者挑选,重要的是这些选出来的人应该很少或者没有做过焦点访谈。人们获得社会结构知识,对于研究者来说,重要的是要获得代表更多人的看法,而不是从擅长给意见的能手那里获得看法,这些人已适应了焦点访谈小组的动态系统。焦点访谈时大家通常非常放松,喝着咖啡或茶,互相介绍,研究者说明采访目的,然后谈话开始,研究者在其中扮演主持人或协助者的角色。

焦点访谈小组作为获取看法的方式无疑有着许多优点。这些优点源自于焦点访谈小组的社会动态性。

焦点访谈小组的优点如下:
(a)协合性——集体小组可能产生比个人访谈更多的想法;
(b)滚雪球效应——单个人的评论能引发小组整体参与认同或修正的讨论;
(c)安全性——小组环境下形成的轻松自在氛围降低了有些人认为的不安全感或自我防卫,使他们敢于表达自己的看法;
(d)自发性——自发性更高,但也可能得出更多非传统的观点;

(e) 刺激——群体中的人员能相互刺激。

显然,在实际焦点访谈中以上各点已被证实,并具有重叠性,但是研究者可获得独创性的见解和丰富的资料,而这些通过个人访谈往往是无法获得的。另外,尽管该过程是定性研究,但也具有小组同质性的优点。在一定意义上,受访者代表着一群经验相同的人——但是这确实说明该群体是经慎重挑选的。研究者也节省了时间——和焦点访谈小组一起交谈一个小时能够获得比几个小时的个体采访更多的意见。另一方面,分析一个小组访谈要花好几个小时,并且这种分析通常要求公正客观地加以确认。

当受访者谈话主题摇摆不定时,研究者可以使用各种不同的技巧加以引导提示。最简单的方法就是研究者又回到想谈论的话题,不过这必须谨慎处理,以免导致谈话结束。其他方法有点像玩游戏,但也能获得有趣的结果。常见的做法是把一个人的个性归因于场所,该过程如表5-5中的谈话,通过个性场所归因,可能得出场所形象。

常用的其他方法包括通过提示获得评论。展示场所的照片,获得录像剪辑评论,采用宣传小册子等——都是提示谈话的方法。这些方法的缺点也同样明显。有可能小组中的某个人控制了整个谈话,因此有经验的研究者必须尽量确保其他人也能表达他们的观点。也可能某个组由于对该话题了解不深,在问题的细节上花费了大量的时间,而忽略了本质的探讨。这时也需要对这样的讨论加以提示引导,尤其如果所要考察的重点是受访者的看法,这些看法虽然和有见地的评论不同,但在决定个人行动方面同样重要。

表5-5 焦点访谈小组个性场所归因的对话

研究者	让我们比较几个目的地。假设有个人名叫迈阿密(Miami),你认为这个人是男性还是女性?
受访者	我想可能是女性?
研究者	为什么呢?
受访者	嗯,我不确信;嗯……我想她像是个爱时髦打扮装嫩的女人。你知道那种类型。她曾经年轻过,但想看起来仍然年轻。
研究者	你认为她有多大年龄?
受访者	肯定不年轻,但也不是很老。我不知道……大概30多岁,接近40岁。
研究者	那么对于这位30多岁的女性,你会如何描述她?
受访者	噢——有点粗俗——有点放荡——你知道,想试图引诱男人。

表5-6 对焦点访谈小组互动的说明(包括误解)

主持人的报告	说明
少数人的观点坚定	我认为有个人的观点很好。
出现意见一致的情况	经过一番争论之后,某个受访者强迫其他人同意他的意见。
没有达成一致的看法	有人拒绝改变他们的观点。
小组被分成两派	实际上8个人分成了两派,其中一派4人,另一派2人,另外还有2个人没有表达自己的看法。

对这种对话进行阐释非常困难,要求用到上面讨论的内容分析技巧。通常明智的做法是客观地评估内容,否则可能导致掺杂研究者强加的主观性因素。表5-6是某机构对主持人焦点访谈小组的报告作出的解释。避免误解报告的方法之一是将对话过程录像,但是,谈话结果应由研究者来解释——仅仅交一个录像磁带是推卸解释责任的表现。

焦点访谈小组通常用于商业研究,尤其是开展和监督广告宣传活动。从这种意义上来说也用于政治竞选活动,它经过改进现已发展成多种不同的模式。例如,在政治竞选监控中,受访者受邀参加政治广播节目,要求按键表示支持或者反对给出的言论——由此得出频率总数,这一数据大致体现了这些关键阶段,可日后在电视中以原声摘要播出该关键阶段。旅游业研究总体上还没做到这一步,但焦点访谈小组已用于调查受访者对度假宣传手册的反应。挑选不同的小组要求他们对宣传册的版面设计、图片、文本和字样等作出反馈,以得出最受市场欢迎的样式。宣传册是重要的信息资源,制作费用昂贵,是形成市场品牌的重要工具。这里特意选用"市场品牌"这个术语,因为在一定意义上,公司不仅是出售目的地,也是出售旅游经营商。旅游经营商不太可能期望度假者下一个假期仍然选择同一个目的地,但是希望顾客能够再次选择由他们来安排其旅程。

最后,特别要提到的是罗伯森和沃德尔(Robson & Wardle,1988)的研究结论,他们研究了观察者在场对焦点小组的影响。在许多商业研究中,委托公司希望访谈中有代表出席。罗伯森(Robson)和沃德尔(Wardle)认为这加剧了对主持人和焦点访谈小组成员的一系列不必要的影响。因此他们提出:

(a)任何项目中至少一半的小组不应该有观察者在场;

(b)最多只应有一个观察者;

(c)观察者应该与小组有相似性,尤其在性别上;

(d) 如果主持人和观察者相互认识,受访者会感到更加放松;

(e) 观察者应尽可能离开受访者的视线。如果不可能,务必保证观察者在每个受访者的视野内;

(f) 有证据表明如果观察者来自委托公司,受访者会保留负面观点。需讨论该如何解决这一问题,需讨论的还有保留观察员身份的道德问题;

(g) 应告知小组观察者将要做什么;

(h) 观察者的被动性似乎比某种参与形式更具干扰性;

(i) 间或的记录会使受访者分心。

访谈

访谈可以是结构式的、非结构式的或两者结合。非结构式访谈类似于上面提到的计划性对话,区别在于非结构式访谈的双方都知道问答的议程安排。因此,可以说非结构式访谈指研究者不按照问题或主题事先安排的顺序进行,而可能会来回反复谈论同一个主题,它的计划性指预先计划要采访受访者,因此受访者可能在采访之前已经做了准备工作,核实了相关信息。

结构式访谈涉及许多技巧,其中包括制订问卷技巧,如确定问题的次序和内容,这些将在第六章讨论。其他能力还包括对话中的人际技巧,比如赢得受访者的信任、处理好与受访者的关系、说话的方式,通常为了能获取信息,如果不能做到非常友好(视情况而定),至少要确保双方互相尊重。

结构式访谈不同于问卷的地方在于回答的类型和处理回答的方式。从本质上来说,研究者几乎无法控制受访者的回答及其回答给出的形式。受访者不是在既定的问卷选项或分值上画"√",而是给出意见——问题是开放式的。因此,就像前面那样,研究者必须掌握准确记录回答的技巧,能抓住回答的要点。

访谈安排可以根据实际情况、研究主题和受访者的性质而定。根据笔者的经历,对于涉及团体中个体反应的研究,不管是商业性质或是政府部门,都应该遵循一系列的礼貌。这些包括:

(a) 事先预约。初次联系需:

　　解释调查的目的;

　　提议采访日期,但受访者可根据自己的安排更改日期;

　　明确受访者的回答仅是个人看法还是代表他所属的团体;

　　表明保密态度。

(b) 确定采访日期后:

　　给受访者发送一个问题或者主题清单,使受访者在访谈前能获得必需的数据,收集任何必需的资料,同时受访者也可因此而确定所需保密的程度。
(c) 访谈过程中：
如果受访者的见解特别中肯，研究者可能希望引用，要确定征得受访者的同意，并保证引用的话会发给受访者检查。
(d) 访谈结束后：
发送一封感谢信；
把任何可能被引用的语句逐字发送给受访者，以便受访者修改；有必要的话也可以附上对话的抄本。
重要的是受访者花了时间帮助你，应该受到尊重；这种尊重应以感谢信和引用语的确认的实际形式表现出来。

凯利三元组合法(Kelly Triads)

如果研究需生成定量数据，为问卷确定问题选项，并且研究又处在初期阶段，那么可能需要与受访者进一步对话。因此，有必要明确组成态度的建构，该建构由对所调查的具体目的地、行为或经历等的态度构成。简单又有效的方法是用凯利三元组合法(Kelly Triads)，顾名思义指要求受访者从三个为一组的组合中选择。

凯利(Kelly,1955)的个人建构理论认为，正如特质不必解释人格要素一样，仅有少数性格需用于解释态度结构。凯利三元组合法(Kelly Triads)的建构过程已用于研究对休闲胜地的看法。比如，鲍勒和沃伯顿(Bowler & Warburton,1986)用它评价英国爱尔兰东部莱斯特郡的水资源(湖和水库)的吸引力特性；瑞安(Ryan,1991)用此来确定某保护区的属性，以评估学生在参观该地一年后环境教育项目的有效因素；加特(Gyte,1988,1989)在其系列研究的试验阶段也用该方法研究马略卡岛的英国游客。

该方法初期阶段比较简单。比如，如果要研究对旅游目的地的态度，至少需给受访者提供20个旅游目的地，让他们从中选出4个想去的地方，4个不想去的地方和1个他们不确定的地方。受访者想去的目的地以数字1、3、5和8标识；不想去的以2、4、6和7标识，"不确定的"以9标识。然后研究者把这些目的地交给三人一组的受访者。数据分组如下：

1、2和3
4、5和6
7、8和9
1、4和7
2、5和8
3、6和9

1、5 和 9

3、5 和 7

如果受访者表达很清晰,还会出现其他三元组合。请看上面列出的组合,可以看出绝大多数情况下三元组包含两个同种类型加上另一个其他类型(比如,两个"想去的"加一个"不想去的"),剩余的三元组为一个"想去的",一个"不想去的"和一个"不确定的"。给受访者提出的问题是"对于这三元一组的目的地,你认为哪一个不一样,为什么?"目的是得出可类比的基本原理。

从旅游业研究报告和其他消费者研究中发现,实践中似乎经常发生这样的事,即受访者在大约七或八个回答后开始重复说过的观点,尽管可能使用不同的词汇描述相同的特征。同时还发现(Harrison & Saare 1975)相对较小的样本能得出有效的建构。如仅以 20 个受访者为一组,任何一组中受访者使用的建构数量重复率高。比如,某个目的地可能看上去很受欢迎,从而其他目的地就不是那么受欢迎;某个目的地很拥挤,剩下的两个就不那么拥挤。因此,得出了两极结构,可用于语义区分问卷或李克特式量表建构。结合这种量表,可用因素分析确定或证实态度构成的建构。

鲍勒和沃伯顿(Bowler & Warburton,1986)发现基于不同性别、年龄、社会阶级和供水设施使用程度的不同小组之间对态度的建构也各有差异,但是像美景、特色、吸引力和使用率等这些特征对于所有受访者来说都很重要。加特(Gyte,1988)和丹尼斯(Denis,1989)在研究度假目的地态度时发现,度假的价格、海滩、东道主的友善程度、景色的吸引力、历史和文化等建构在选择旅游目的地中属决定性因子。赖利和帕尔默(Riley & Palmer,1975)用这些方法评估海滨度假胜地,得出如下结论,即度假胜地分类应该基于以下六个要素:

(a)奢华、独特、热情、风景优美;

(b)酒店设施好,异域情调,阳光充足,食物多样;

(c)环境安静,商业气息较淡,依山傍水;

(d)家庭度假胜地;

(e)适合年轻人;

(f)适合游览。

该方法的另一个优点是采用凯利方格分析法和相关的统计方法描绘感知和态度,部分内容将在第十二章讨论。

投射法

隐藏在态度下的建构可以通过其他方法揭示,其中一种是运用投射法。在上文讨论焦点小组时,曾给出了要求受访者以人描述目的地的例子。这就是投射法①。另一种方法是准备一份简短的描述,要求受访者说出什么类型的人符合这一描述。比如,假设采访两个受访者,给其中一个展示的简介 A,不给另一个看到(见表 5-7),而给后者展示的简介 B,同样不给前者看到(见表 5-8),然后,要求两个受访者描述该简介中的人物形象。显然这两者的差异在于不同的度假目的地,通过这种方法揭示了对度假目的地的认知。这种方法能得出十分详细的答复,尽管这些回答由于太过依赖受访者而备受争议——取决于受访者的经验、口齿表达的清晰程度和教育水平。另外,在选择列表中其他选项时也应该谨慎,应保持"中立"。

表 5-7 投射法——简介 A

简介 A	男性,30 岁
	已婚,有一个孩子
	年薪 25 000 英镑
	喜欢看电影
	去西班牙的托雷莫利诺斯度假

表 5-8 投射法——简介 B

简介 B	男性,30 岁
	已婚,有一个孩子
	年薪 25 000 英镑
	喜欢看电影
	去希腊的圣托里尼岛度假

另一种投射法是向受访者展示代表特定情景的图片或者漫画,要求受访者陈述图片中发生的事情,或图片中的卡通人物正在对对方说什么。

投射法的理论依据是受访者倾向于给出社会可接受的回答,但要求他们不要直接给出"大众式回答",而是回答另外的"特征",受访者能把他们实际感受到的不被社会接受的感受投射到这个特征上。例如,研究可能需要评价游客对接待地社区的感受和他们相互影响的本质。开放式的非结构式问题可

---

① 这是一种投射法,上文提到过。例如,告知受访者,有一个人名叫 Miami,叫对方说出对这个人的印象。受访者的评论隐含了他对该目的地(迈阿密)的看法。

能会这样提问:"你认为当地出租车司机对游客的友好程度怎么样?"这可能会得到我们想要的答复,但也可能这个答复只是一个外交辞令。调查问卷法可能会根据"1 表示'一点都不友好',5 表示'非常友好'"的 5 分量表提问:"你如何为你所遇到的当地出租车司机打分?"这里回答只是一个很简单的数字。

但是,假设一幅漫画展示了一个当地人和一个站在出租车旁的"游客",游客可能正在打开他的钱包。可以问受访者——"你认为漫画中发生了什么事?"得到的答案可能五花八门,有的说"他在付出租车车费",有的说"那个当地人正在敲诈游客"等。结果证明,与用以上两种方法中任何一种方法得到的结果相比,后一个答案出现的频率更接近于游客对当地出租车司机的实际看法。

这种方法以弗洛伊德的精神分析为基础,认为如果现实焦虑被投射并归结到受访者世界的外部现象,那么这一焦虑容易通过自我得以解决。举一个很简单的例子,我们往往会说"他恨我",而不说"我恨他"。然而,弗洛伊德的精神分析本世纪以来受到了很大的修正和挑战。今天使用的很多投射测试都源于穆雷(Murray)第二次世界大战后编制的主题统觉测验(Thematic Apperception Test)(1938,1943)。穆雷(Murray)把投射法分为两部分——补充投射,即主体赋予客体主体具有的属性;互补投射,指主体为了使环境符合他们的需要、情感或冲动而把属性投射到周围的环境中。穆雷(Murray)的研究显示后者本质上更恶毒。因此,以上出租车司机的例子就出现了问题——该答案显示的更多是受访者本人的需求,还是只是简单地表明对当地居民的态度?

奥尔波特(Allport)非常反对这种方法,他评价道:

这些(投射)方法没有询问调查对象的兴趣是什么,他想要做什么,或者他正试图做什么……理所当然地认为每个人,即使是神经质患者,都会调整自己以适应现实要求。只有在非结构式的投射情境下人才会展示他(她)的焦虑和真实的需求……调查对象无权得到信任吗?……该理论的盛行已造成人类对生活的"精神表面"的蔑视。个人神志清醒时有意识的陈述由于不可靠而被丢弃(1953:108 – 110)。

因此,任何想在研究中采用这种技术的学生或市场调研人员都必须彻底了解与这些方法有关的概念和问题。不过对任何研究方法都应这样。然而,事实证明主题统觉测验和其他投射方法的性质使其对阐释的问题及其职业道德更为敏感,明智之举是不单独使用这种方法,而辅之以其他研究方法。这些方法确实有它们的用途,通常用于商业领域,但往往只是作为创新广告竞争的一部分,而不用于规划或解决旅游在社会、经济或自然环境层面带来的影响。

小结

定性研究固有的方法使在第一章最初讨论的道德问题处于显要地位,并且确定了第二章要讨论的很多问题。然而,可以看出,尽管定性研究方法似乎关注的是主观数据,但我们没有理由在试图理解受访者的话语时不谨慎小心,细致分析。内容分析法要求谨慎分类,并对分类进行检验,强烈建议检验前请求援手。如果需将编码回复并分配到确定的分类中,编码人员必须经过培训,必须共同进行,并对得出的一致性结果进行讨论以确保无误。以下四种检验有助于评估结果的有效性,即可信度、可转移性、可靠性和可验证性。尽管这些术语缺少与如"均数"或"标准偏差"等术语相关的特征,它们却用自己的方式引导结果的有效性和可靠性,这是每个研究者都应该加以重视的。

第六章 定量研究和问卷设计

引言

定量研究在准备工作和问题解释上存在缺陷,这些不是简单的技术问题,比如,决定用哪种检验方法,如何解释结果(这些将在接下来的章节中讨论)。由于研究者和调查对象之间的互动性,定性研究能充分运用引导法和功能法,而在很多情况下定量研究的典型做法就是第一章讨论到的一次性提问,邮寄式问卷更是如此。因此问卷设计必须认真仔细,考虑周全,包括:

(1)要认真考虑问题的顺序和措辞;

(2)要设计出能准确反映研究理念的概念性框架的问卷;

(3)态度研究的问卷设计需在研究主题背景下采用态度测量的分析框架;

(4)确保设计的问卷通过分析能获得丰富的数据。如需考虑子样本如何分类,以便进行比较,或量表如何划分以便提高分析水平等问题。

另外,还需考虑样本的性质以及样本对所检验的研究假设的影响。

并不是所有的定量研究都来自问卷调查,有些可通过定性研究的频率统计和等级排列中获得。除此之外,案头研究有助于评估影响旅游的各要素之间的相互关系——比如,研究通过不同统计方法测量得出的经济变量与特定旅游目的地偏好之间的关系。可能有人认为这种研究和游客态度无关,但是如果行为是态度的结果,那么反映经济趋势的旅游显示了作为旅游决定性因素的经济变量的重要性。因此,在一定程度上,时间序列和回归分析可一并用于态度测量。

二手资料——精确性问题

前面几章已经讨论了主观性和客观性之间的关系,在旅游研究中,有人认为定性方法主观性较强,而定量方法较客观。然而,这就假定了以下情况:它意味着定量方法中的数量是准确的,或是适合用于分析价值的测量方法。但是旅游和经济统计数据却经常由于出大错而声名狼藉。最近的数据就并不总是最准确的。学生经常查阅国民生产总值(GDP),例如,在最近的经济资料中查阅1986年的国民生产总值(GDP),然后和1987年的国民生产总值(GDP)预计值比较。又如,在英国的经济研究案例中发现,与实际资金有很大差异。

旅游业数据也存在这些问题。1992年欧共体一工作小组想确保欧共体各成员国搜集数据方法的一致性。比较各国已经公布的数据时需了解这些数据是如何界定和搜集的,如各国每日游客量的统计方法的区别。了解到这一点还不够。比如,1973年,欧洲旅游委员会(the European Travel Commission)发布了欧洲旅游数据统计方案(a European Programme for Travel Statistics);1981年,世界旅游组织发布了国内旅游数据统计公示指南(Guidelines for the Collection and Presentation of Domestic Tourism Statistics);接着1989年公布了娱乐度假和谐化家庭调查报告(the Harmonisation of Household Surveys on Pleasure and Holiday Travel);1989年成立了工作小组,1990年11月欧共体部长会议通过了欧共体统计局(EUROSTAT)提出的一个为期两年的项目,调查欧共体各成员国旅游和旅游业数据统计及方法的协调性。但是,欧洲的情况只是全球问题的一部分,1991年6月,在渥太华国际旅行和旅游统计会议上,与会代表就实际数据搜集的深远意义达成了一致意见,指出:

会议认识到这一起始事件根本上界定了旅游业的含义,是一种需求概念,一种消费行为,大会一致同意旅游的核心概念应采用这些术语(WTO 1991)。

随后,大会向联合国建言,最后促使了旅游卫星账户(tourism satellite accounts)的建立。

有关旅游业供应方数据搜集的问题很容易说明清楚。仅在英国,米德尔顿(Middleton,1992)估计大约有20万个体服务供应商。他指出,"供应方统计基于问卷回收,官僚程序烦琐,永远不可能得到充分的结果"。然而也应指出,比如,英国人口普查统计局(OPCS)的"官僚制"能轻松应付超过2100万住址的人口普查,但更应关注的可能是从旅游业搜集到的信息的质量。小型公司除了为政府搜集信息外还有很多其他业务,来自英国酒店入住率调查局的经历表明搜集这类数据要非常谨慎。

想要搜集来自行业供需双方的统计数据,问题在于获得合适的样本——该问题将在第七章讨论。即使是英国不久前成立的国际游客调查局(IPS),对来自一些国家的游客统计出错率也很高——远远超过可接受比率的±2.5。如果将数据拆分开来进行区域分析,问题变得更为复杂。例如,根据国际游客调查局(IPS)和其他来源得出的英国全国游客消费水平准确率在±2.5%以内,拆分到地区水平,数据准确率可能为±7%,有些地方更糟糕。不仅英国才有这个问题,许多国家在20世纪90年代就开始增加国际游客调查局(IPS)或国际旅客调查局(International Visitor Surveys)的样本。在21世纪初,已经转向直接从护照代码或者通过运用计算机科技的微芯片直接搜集数据。

因果关系问题

定量数据不仅用于回答涉及描述性问题,也用于回答因果性质的问题。因此,在某种程度上,一项调查可能会试图了解参观目的地的游客,他们是谁?来自哪里?旅游消费了多少?换句话说,该调查进行的是描述性分析。但是,为此调查搜集到的数据同样可能被用于解决相关性或因果关系的问题。例如,调查数据可能包括游客年龄、婚姻状况、是否有孩子和职业等信息,这些数据可能会重新评估,以确定这些因素能否"解释"到特定的景点旅游的可能性。这可以用来证实某些理论,如某类景点受处于特定生命周期阶段的游客(比如,有小孩的父母)的欢迎。因此,一个景点的成功可能归功于该旅游地受这类游客青睐这一"事实"。研究可能会试图评估这种假设是否成立,如果假设成立,那么接下来就要研究这一青睐属性。简而言之,就是探求因果模式。

这是定量研究方法的特征,即非常"小气"——该模式试图以最少数量的决定因素解释尽可能多的人的行为。例如,可用深入访谈游客的定性方法研究人们参观迪士尼乐园的原因。单个游客可以给出多种原因。例如,他们在洛杉矶有生意,因此他们带上孩子去迪士尼乐园度假;他们本来想去参观环球电影公司(Great Universal Studios),但是考虑到他们年幼的孩子可能害怕,因此改为迪士尼乐园,并且他们来自英国的朋友已经预订了阿纳海姆的酒店,因此有机会去和这些朋友见面。而定量研究方法则将简单描述受访者有小孩,很有可能去参观迪士尼乐园。通常这两种方法的不同之处在于:

特殊模式——行为通过许多因素加以解释。有些可能比较特殊,是能得到全面解释的一种尝试。

通则模式——少数几个关键变量部分解释尽可能多的人的行为。

在特殊模式中,调查者可能会发现某人参观迪士尼乐园的原因多达30种。如果另一个人也认可这30种原因,那么这个人就很有可能也会参观迪士尼乐园。在通则模式下,参观迪士尼乐园的可能性以既定的变量为基础,也可能有人认可以上原因却不去参观迪士尼乐园。当出现多种因素时,需采用与结果相关的可能性水平测量该模式及其功效。

通则模式通常让人感觉非人性化,被指责把人的行为简化为一堆符号,但特殊模式也一样让人感觉非人性化。它们唯一的区别在于所给原因的数量。

如果游客有30种参观迪士尼乐园的理由,发现自己满足这30种理由,那么他必然会参观迪士尼乐园吗?借用描述混沌理论的说法——在亚马孙河热带雨林中的蝴蝶闪动几下翅膀,佛罗里达上空就会刮起飓风。这个措辞旨在说明自然界的整体属性,表面看似无关紧要的东西会引起一系列重大的事件的连锁反应,表面无序的现象被分解成一系列成定数的结果。但该论点有些言之无物,我们可以通过说明蝴蝶为什么在这一特定的时间挥动翅膀加以充实。或许当时太平洋上空正飓风四起,从而气流流动加剧,由此而引起蝴蝶闪动翅膀。太平洋上空的飓风是由于佛罗里达的飓风导致蝴蝶闪动翅膀而引起的吗?该事件的因果关系到底是怎样的呢?这一续发事件使人想起20世纪50年代美国漫画家鲁布·戈德堡(Rube Goldberg)的漫画,在他的其中一幅漫画中,他展示了一杯牛奶倒在桌上后所发生的一系列倒霉事情,奶妈没有抓住婴儿车,致使婴儿车撞上桌子,桌上牛奶被洒,显然难以确认这一符合逻辑的因果系列事件的开端和结束,见图6-1。

图6-1 Rube Goldberg漫画中的因果逻辑序列图

拉查斯斐(Lazarsfeld,1955)提出了确立因果关系的三个标准:
(a)时间上原因先于结果出现;
(b)两个变量彼此相关;

(c)不能因第三变量影响因果变量来辩解这一经验关系。

如前面所讨论的,游客态度和行为研究的问题在于因果关系的方向和顺序往往不是很明确,因此游客满意度可能被认为是事件引起的结果。但如果将该事件描述为参观,那么可将其分解为一系列事件。如果最初的经历令人满意,这种满意度就会促使游客更加愉快地享受乐趣;如果最初的事情发生在游客"玩得尽兴"的预期背景下,那么则是先于事件的满意度预设导致了满意度,"其他所有事情都还是老样子"。事件不是原因而变成了一种证实,也暗含了一种失望感。因此在某种意义上,尽管观察到的事件顺序相同,在不满意和满意这两种情况下,因果关系的顺序变得不同。满意的原因不是事件本身,而是与事件相关的以及对事件认知的预期。我们或许可以辨别出潜在的因果关系,但不如想象中的明确。

定量研究解决的是或然性本质的行为解释,因此也需要仔细区分必要原因和引起结果发生的充分原因。必要原因必须出现,但其本身并不会导致结果。具体地说——对景点满意通常必备的条件是游客确实参观过该景点。参观过是满意经历的必要条件,但它本身不足以产生满意感。充分条件指如果实施就能导致结果产生的条件。但两种难以区分。例如,买票去参观迪士尼乐园。如果你不是迪士尼公司的嘉宾或员工,门票是你进入的必要条件,但有了门票并不能导致进入,还要有其他因素。然而,如果门票被看做是进入迪士尼乐园的许可证,那么购买门票就是获得在票上指定的期限内进入参观的充分条件。根据问题的陈述方式,同样的行为可以解释为必要或充分条件。

然而,从务实的角度来看,生活往往不会这么复杂,以上的例子可被看做是语义学问题。在实际研究中,旅游研究者关心的不是进入许可权,而是实际的进入。但依然要对这种情况提出警示——购买门票的行为不是导致进入景点的充分条件,尽管它是先于进入景点这一结果的必要条件。

指数的可替换性

定量研究的其中一个问题就是巴比(Babbie,1979:436)所称的指数的可替换性。如果研究者试图确立因果关系,问题的性质可表示为 $Y=f(X)$,即事件 Y 是由于 X 的存在而存在。用第一章中的术语来说,Y 是应变量,X 是自变量。但是像满意度这样的概念可能需通过多个指标测量。比如,研究者可能需编制一系列问题,包括直接式问题,如"你对这次度假有多满意?在 1~5 的量表范围内,5 表示'非常满意'";或间接式问题,如"在多大程度上你会把这个度假游产品推荐给你的好朋友?"或者研究者也可能试图通过场所、酒店、活动、导游和其他度假者可能遇到的经历等一系列相关的问题来评估游客的满意度。可能有一系列的指标。有的甚至是所有分数的总和。因此,研究者的问题就不是测量 $Y=f(X)$,而是要测量 $y=f(x_1)$、$y=f(x_2)$、$y=f(x_3)$等。巴比(Babbie)对此问题作出了如下陈述:

如果根据传统的科学方法观,认为单一的实证研究法可能不完美。那么现在我们可能面对的则是几种实证研究法的联合,没有一种结合是完美的,其中有些可能相互冲突(1979:436)。

假设 x_1 用于测量导游表现,x_2 测量景点风景值,x_3 测量游客间的友好程度。可以设想满意度水平(Y)是 x_1、x_2、x_3 值的函数(满意度水平由 x_1、x_2、x_3 的值决定)。然而研究可能发现这三个变量之间的关联度比预期的低,总的满意度也不像预期的那么高。为什么会这样?仔细观察数据可能发现,有些受访者对景点风景评价高却对导游的表现评价低,而有些三个变量都评价高。一种解释是可能游客样本不同质。有些游客喜欢宁静的景色,希望能独自享受;而有些游客则更喜欢交际,他们对风景评价很高,把它视为与其他游客进行社交活动的优美背景;而导游则是这种关系得以顺利进行的推动者。随机变量(假期)的分解实际上丰富了研究结果。

如果度假体验概念可以分解成几个部分,那么满意度的概念也可以。函数不再是 $Y=f(X)$,或 $y=\Sigma(x_1\cdots x_n)$,或许可以通过 $y_i\cdots y_n$ 测量满意度。因此在前面的例子中,对于"游客满意度如何?他们是否会把假期推荐给他们的朋友(y_i)"等问题的回答,或者其他变量,如"他们想重游该目的地吗?(y_2)"——所有这些问题组成了满意度的测量(即 $y_i\cdots y_n$),而导游表现、景点风景和其他游客的测量则组成了自变量系列,$x_1\cdots x_n$。

这意味着现在要研究这一系列的关系。游客的满意度在多大程度上由导游(x_1)、景观价值(x_2)和其他游客(x_3)决定并使他们产生重游的意愿。这个问题可以用符号描述为 $y_2=f(x_1)$,$y_2=f(x_2)$,$y_2=f(x_3)$,同样也产生了问题集 $y_1=f(x_1)$、$y_2=f(x_2)$、$y_2=f(x_3)$ 和 $y_3=f(x_1)$、$y_2=f(x_2)$、$y_2=f(x_3)$。在这个阶段,研究者需更仔细地研究数据,如果可能,利用计算机进行快速检查,必要时可去除一些选项,使得满意度通过最佳变量组合体现,如"希望重游"和对"您对假期的满意程度如何?"问题的直接回答的组合,而假期特征通过景观价值和与其他游客的互动这一组合得到最佳体现。这样研究者能通过 $Y_i=f(X_j)$ 等式得出一个数,其中 i 和 j 表示具体因素变量的范围。

简而言之,研究者必须保持思维的灵活性和重新严格检查数据的想法。以上的例子显示了从最初的"Y 是 X 的函数吗?"到"Y 是如何作用于 X 的?"的问题的转变,同时也显示了测量的过程与测量对象及所测量的关系属性紧密相关。另外,假设的提出依赖于调查问卷中问题的确定和措辞方式(见表6-1)。

表 6-1 假设的扩展

问题:

假期满意度是否由活动决定,可表示为

$$Y = f(X)$$

其中 Y 指假日满意度,X 指活动

但是该问题还可以表述为

假日满意度由以下因素决定

观光(X_1)

体育活动(X_2)

舞蹈(X_3)

所以可用公式表示为

$$Y = f(x_1, x_2, x_3)$$

但是假日满意度可重新定义为

对自我的积极感受 y_1

对配偶的积极感受 y_2

对其他人的积极感受 y_3

所以这个问题可用公式表示为

$$(y_1, y_2, y_3) = f(x_1, x_2, x_3)$$

这可以导出许多关系

例如

$$y_1 = f(x_1), y_1 = f(x_2), y_1 = f(x_3),$$

或者

$$y_1 = f(x_1, x_2, x_3)$$

因此,现在的问题是以上既定因素是如何决定假日满意度的?

问卷设计

重复引言中的话,成功的调查问卷设计必须考虑如下事项:
(a)问题的主旨;
(b)问卷的安排和设计;

(c)问题的措辞和顺序;

(d)基于调查属性和分析方法的潜在理论构念。

问卷设计的讨论通常重点放在前三点,许多调查问卷很可能忽视第四点,从而使许多问卷设计限制了调查结果的丰富性和多样性。分析受限通常源于问卷设计时几乎未考虑数据分析方法。

讨论问卷设计相关问题时,有必要参考关于改进问卷的方法的研究,或从提高问卷回收率方面,或从提高数据解释的水平方面。尽管这类成果鲜有来自旅游业研究,但是其中许多成果适用于游客态度和行为测量问题。回顾这类文献将揭示很多问题。

1. 可比性问题

例如,研究为提高问卷回收率而调查前预先通知的价值通常涉及不同的样本主题和类型。很多研究和商业市场调查相关,可能不适用于学术研究,因为受访者对这两种类型的调查可能有不同的感受和态度。这涉及更深层次的问题。

2. 方法论问题

该问题可拆分为如下两点:

(a)对同一问题的研究可以采用不同的方法论;

(b)即使使用同一方法检测同一问题,研究也可能由于出现小而重要的差异而不能视作是原作的重复。比如,需指出的是分类的有效性研究和量表等级划分研究可能指的是不同类型的量表。比较的问题通常由于所采用的方法不同而变得更加复杂。如果方法论相同,导致差异应是第三者因素,即阐释。

3. 解释问题

不同统计检验方法之间差别很大,简单的方法如有的采用百分比表示差异,复杂的有的采用显著性差异。施勒格尔米尔希和季亚曼托普洛斯(Schlegelmich & Diamantopoulos,1991)也注意到他们所称为的"均衡"问题,有些研究去掉了许多与研究主题相反的案例。他们指出,有些出现文字记录出错。

版面和设计

1. 一般性问题

问卷设计非常重要。从某种程度来说,研究结果与问题提出的方式同等重要。一旦受访者作了回答,通常很少有机会再找他们对回答进行解释,或纠正可能误解的问题。这凸显了实验性问卷的重要性。

关于问卷设计的论述有许多。简言之,问卷必须符合以下标准:

（1）能引起并保持受访者的兴趣，或者也可以给受访者一定的好处。

（2）主题的逻辑性有助于保持受访者答题的兴趣和一致性。

（3）问卷不要太长以导致受访者疲乏。

（4）问题必须清晰，单个问题只针对一个议题。

（5）问题必须结合受访者提供数据的能力。

（6）必须有划分适于研究的受访者的方法——这通常需获得受访者的个人信息，一般放在问卷的最后。然而如果需要排除某些类型的受访者，这类问题可出现在问卷的开头。

（7）必须用简洁的语言——问卷要避免模糊用语和技术性术语。但是，特性研究会导致问题过长，因为问卷试图详细说明某一特定的情况。简言之，需注意这一点。当调查某活动的频率信息时，需要具体化时间段，这时往往会出现这种现象。比如：

您平均一年度假几次？

您去年出去度假几次？

这些问题比简单地问"您通常度几次假？"要好，但是每个问题可能会得出不同的答案。在实际中我们以为这两个问题的回答很可能相似（Belson 1964）。

（8）避免引导性的问题。

（9）仔细考虑问题的顺序——比如，如果需要评估事件的频率，最好在引出事件的评价前插入这个问题。如果在获得行为频率信息之前引出评价，往往会由于受访者根据社会认可的认知标准、社会地位，或者参与该事件的欢乐程度进行回答，从而导致结果被放大或缩小。

（10）问题必须基于受访者的回忆行为能力。

2. 其他问题

其他许多与问卷有关的问题也必须考虑。比如：

（1）问题是开放式的还是封闭性的？许多文章（比如，Oppenheim 1966；Moser and Kalton 1989）已详细讨论了每种形式的优点。对问题预先编码有利于计算机分析，但可能因此而丢失定性信息。这在很大程度上依靠可供选择的答案范围是否在问卷设计前就已知道。

（2）问卷计划用什么样的量表？正如上文指出的，这包括三个相关问题——量表类型、划分等级，以及如何划分。一般地说，通常运用的量表包括制图法，受访者画一条线表示感受的强度，像视觉模拟量表，如"阶梯形"、"沙漏形"或者"金字塔形"（Crimp 1991）；逐项评定量表，所有描述项采用连续统一体；李克特式（Likert）量表，受访者对每句陈述表以支持程度；语义分化量表。也可采用比较等级的不同形式。

列出问卷设计需考虑的事项后,现在应该对其中一些问题加以详细讨论。

问题措辞

问问题是一种艺术。定量方法的奥妙在于统计的外在客观性基于语言的复杂性、采访者和受访者对问题含义的理解以及两者对任务的认知框架。另外,提问艺术非常重要但也很困难。盖洛普(Gallup,1947)认为调查结果更多的是受问卷设计而不是样本构成的影响。一直以来对如何提问很难制订具体的规则,但有一些基本要点需注意,包括:

(1)你需要这个问题吗?为什么要问?问的目的是什么?

需要不断地回顾提出的问题。这不只是简单地避免问卷太长,尽管这也是一个很重要的考虑因素。每个问题在数据分析中必须带有一定的目的。

(2)问题清楚吗?避免了含混不清吗?

有一些明显的错误是可以避免的。一是一个句子问两个问题。比如,"在选择度假目的地时气候和文化有多重要?"问题中问及了气候和文化的重要性。因为这两个问题对于不同类型的游客有不同程度的重要性,所以这样的问题难以回答。二是研究者问卷设计时采用研究者而不是受访者的语言。用简单一点的语言要比用学术性或甚至商业报告中的语言更有利。请比较以下句子:

您在决定购买度假时价格有多重要?

当选择度假时,价格有多重要?

高尔斯(Gowers,1954)列出了一些与抽象词语对应的简单表达法,部分展示如下:

协助	帮助
思考	认为
下定决心	决定
购买	买
定居	住
陈述	说
充足的	足够
休假	度假

现在许多文字处理包都含有同义词辞典,这有益于查询通俗词语。但这又很容易产生歧义,请看以下问题:

如果门票涨价,你会再来吗?

这看上去是个非常简单的问题，但是仔细考虑就会发现一些问题。人们怎样解释"不会"这个回答。这个"不会"是因为价格上升这个原因吗？或者是因为游客来自海外，不管在任何情况下都不可能再来（这就需要结合其他数据如居住地等再次核查这个回答）？或者说这个"不会"确实是指如果该门票价格上涨如5%就"会再来"？因而，含糊其辞不仅是措辞功能问题，而且是回答的语境问题。

知识经验缺乏问题

另一个问题不是问卷版面设计导致的问题，却是由于受访者缺乏相关知识，不知如何回答。假设受访者必须在5分量表上作答。如表6-2所示，该问卷的假设是受访者了解每项服务。但是，如果受访者没有使用过，如健身房，那该怎么办呢？如果受访者选数字1，这是否就意味着他们真的把它评为最差，或者是不是意味着它不重要？在这种情况下，受访者可能倾向于选数字3——这加强了均数的倾向，均数（5分量表中的3）用于表达答案的不确定性。因此如果受访者选3确实包含不了解之意，解释数值"3"就变得加倍困难。

表6-2　李克特式5分量表问题

5分等级	
非常好	=5
好	=4
不好也不坏	=3
不好	=2
非常不好	=1

您如何评估以下服务：

(a) 叫醒服务	1	2	3	4	5
(b) 每日床上用品更换	1	2	3	4	5
(c) 房间里的迷你酒吧	1	2	3	4	5
(d) 健身馆	1	2	3	4	5
(e) 客房服务	1	2	3	4	5
(f) 酒吧服务	1	2	3	4	5

表6-3 李克特式5分量表问题(修改版)

```
5分等级
    非常好        =5
    好            =4
    不好也不坏    =3
    不好          =2
    非常不好      =1
    不知道        =0

    如果您不能做出评论,请圈0

    您如何评估以下服务:
    (g)叫醒服务           1  2  3  4  5  0
    (h)每日床上用品更换   1  2  3  4  5  0
    (i)房间里的迷你酒吧   1  2  3  4  5  0
    (j)健身馆             1  2  3  4  5  0
    (k)客房服务           1  2  3  4  5  0
    (l)酒吧服务           1  2  3  4  5  0
```

因此,如果受访者由于缺乏了解而不知如何作答时,最好的做法就是具体指导他们如何作答。克服这个问题的一个方法是如表6-3所示提供另外一个选择。表6-3展示的问卷解决了受访者由于缺乏该选项知识而难以作答的问题,但是现在相应又出现了其他问题。在数据分析中该如何对待"0"这个选项?这个问题将在论述如何计算均数以及均数意义时讨论。

解决这个问题的另一个方法是用过滤问题或者是交叉检查问题的方法。比如,可能在问卷的其他部分问如表6-4所展示的问题,这时就可以用等级评定进行交叉检查。另外,也可以根据使用频率评估潜在差异来进行更有效地分析。如何制定量表以及不同量表类型等问题将在本章稍后讨论。

表6-4 交叉确认问题

量表等级	
经常	=4
有时	=3
不经常	=2
根本不	=1

请标出您使用以下服务的频率

(a)叫醒服务	1	2	3	4
(b)房间里的迷你酒吧	1	2	3	4
(c)健身馆	1	2	3	4
(d)客房服务	1	2	3	4
(e)酒吧服务	1	2	3	4

研究时通常需要查明某些行为的频率。但是"您多久度一次假?"这样的问题通常只能得到像"很少"或"经常"这样的回答,缺乏精确度。一个人的"经常"可能是另一人的"不够经常"。为了得到更高的精确性,有必要确定一个明确的时间段。这样问题就可改为"去年你出去度假几次?"受访者如何解释短语"去年"? 是指从提问问题开始的上十二个月吗? 如果问题是在1995年9月问的,这个时间是指1994年吗? 因此,研究者可以更具体地提问"1994年你度过几次假?"。但是,如果问卷的时间是1995年9月,那么回忆起来可能会有些困难。如果问题变成"在过去的12个月里您曾经度假几次?"不管什么原因,可能并不是所有的受访者都会在问卷发放的同一短时间内答题,这样会有影响吗? 例如,有的受访者答题的时间可能是他们去度假前的七月初,而有的人可能是两周后刚度假回来答题。两个受访者实际上在一年中可能度假的次数相同,但是这不一定能通过他们的问卷显示出来。

实际上研究者如何表达问题并不仅是措辞问题,而且还涉及研究实施的时间。

肯定或否定措辞问题

请看表6-5中导言后的问题。

表6-5 问卷中肯定和否定措辞的使用

我将给您读一些关于度假的评论。请告诉我您对每个评论是同意还是反对。如果您没有意见,就说没意见。您同意或反对以下观点? 舒适的住宿对"快乐假期"很重要;或者 舒适的住宿对"快乐假期"不重要; 或者 度假中舒适的住宿很重要;或者 度假中舒适的住宿不重要

很明显表6-5中的陈述区别表现在以下两个方面:
(1)是否采用肯定或否定形式;
(2)是否采用情感式短语("快乐")。

结果有什么不同?有证据表明受访者对肯定或否定措辞的问题的回答同一性水平很高,尽管确实出现差异,但是也不可能总能确认什么时间或是什么原因致使回答的变化。在研究肯定或否定的陈述时,根德尔(Gendall)和霍伊克(Hoek)这样评述:

尽管对不同陈述的回答存在很大差异……但这些差异没有可识别的模式,也没有证据证明肯定或否定的陈词对受访者的回答有可预测性的影响(1990:30)。

莱邦(Labaw,1980)根据措辞不同的问题,分析了1976年5月到1978年6月期间美国人对巴拿马运河的态度,该研究指出尽管措辞不同,受访者的回答却几乎没有变化。但是,莱邦(Labaw)和根德尔和霍伊克(Gendall & Hoek)等的研究确实表明限定性短语的导入能够在很大意义上改变回答,尤其是情感类型短语。莱邦(Labaw)的研究中有这样一个问题,即1978年1月,美国国家广播公司(NBC)通过民意测验调查美国人是否支持修订《巴拿马条约》,问题表述为:"如果运河受到攻击,明确表明美国有权进行干预。"在所有其他民意测验中支持修订该条约的比例在24%到30%之间,而在这次调查中,支持修订的人数比例占65%。

研究者还必须了解问卷中使用情感措辞的细微差别,像"允许"和"禁止"、"支持"和"反对"、"同意"和"阻止"、"赞成"和"不赞成"等。一般说来,人们更倾向于"允许"而不是"禁止"(Converse & Presser 1986),这些短语对于保持答案的稳定性不会发挥相应的逻辑对立作用。"支持"和"反对"这对短语可能会得出相似的回答模式,但是如果采用最后一对"赞成"和"不赞成",该模式就不会很明显。

因此,问卷措辞应尽可能避免限定性陈述,尤其是带有感情色彩的词语。

然而在进行度假研究时,主题的性质很难避免价值偏向问题。不过,与度假相关的价值远不如像有关种族歧视或堕胎等问题的价值重要。因此,可以说问卷回复一致性水平越高,研究议题越不重要。该论点证据还不是很清楚。根德尔和霍伊克(Gendall & Hoek,1990)发现在回答种族歧视和浪费兔肉问题时,答案的差异视问题提出的方式而定,但对于堕胎问题,不管措辞如何答案都始终如一。关于堕胎问题使用了词汇"允许/禁止",并加以"应该/不应该"注释,而兔肉问题使用了"实际的"词汇(比如,兔肉是有点浪费还是非常浪费?)。只能得出这样的结论,那就是编写问题时需注意措辞、问卷的语境及调查的主题。

自发性或提示性回忆

从这点上来说,应该非常注意问题的措辞。
同时还必须注意问题的顺序。理想的顺序必须是:
(1)合乎逻辑;
(2)不会诱导受访者;
(3)保持受访者的兴趣;
(4)有必要的话,仔细筛选受访者;
(5)不要制造不必要的敌意或勉强情绪,以影响回答问题。

在设计关于度假行为和态度的问卷时,通常希望问及受访者的态度和过去的行为。这就可能涉及提示性回忆。在许多情况下如果给予一些情境提示,人们可能会给出更全面的答复——但是这种回忆可能会改变最初的看法。如果出现这种情况,哪种看法更有效呢?例如,假设研究者想评估度假满意度,并试图采用多属性方法。这就需要先调查受访者度假旅途的各方面对他们的重要性如何,然后让他们根据这几个方面对最近的度假旅行进行评价。最好按照这个顺序向受访者提问。如果先问受访者有关最近一次度假的满意度,这一回忆的过程可能会影响受访者对度假各属性的重要性的权衡。更具体地说,假设受访者去年去了英国度假,当时天气格外温暖。当问及这次假期时他们可能会回忆起天气特别好。在进入问卷的第二个阶段要求受访者评价快乐假期的重要因素时,他们可能比其他场合更加强调天气的重要性。

总体来说,如果希望调查常规的态度,最好不要唤起对特殊事情的回忆。但是,如果在测量行为产生的影响时,就需要唤起对过去行为的回忆,需回忆出是什么原因促使该行为。没有提示的提问可能会得出"更重要"或"最重要的"态度,但是在研究实际行为产生的影响案例中,有必要得到尽可能完整的信息。其中一种方法是使用提示卡，在卡上列出一系列活动，要求受访者指出他们参加的活动。显然事先要对这个列表仔细考虑，通常要通过试点研究检测。也可以询问受访者他们是否还参加过其他活动。

提示卡除了能得到更全面的回答外还有第二个用处，它们还能有助于理清详细的想法。比如，假设研究者想了解旅游目的地周围和内部的交通密度。方法很多，包括跟踪调查，即研究者跟随参观者样本，记录他们参观的地方、进行的活动以及参加这些活动的时间。然而这种调查非常耗时，如果资源有限，研究者为了增加样本规模可能会使用问卷调查。比如，询问人们通往目的地的哪条路容易出问题。远方的游客可能不清楚道路的名字和编号，或者也不知道经过的城镇名称，尤其是乘坐公共汽车或者私家车的乘客更可能不知道这些事情。参考详细的地图就能解决这个问题，通过查看地图，受访者能辨认进入目的地的入口和方向。此外，可用同样的方法来识别景区内游客参观的地方。格罗夫斯等人(Groves et al. 1987)在研究英格兰斯汤顿哈罗德(Staunton Harold)大庄园时成功地运用了这一方法。他们在地图上用 A、B、C 标记景点，向受访者展示地图，询问他们是否参观过这些地方，这样清楚地统计出了参观工艺车间、湖泊以及该景点其他地方的数量。

封闭式或开放式问题

另一种提示回答的形式是设计"封闭式问题"，比如要求受访者说出景点最重要的因素是什么。见表 6-6，开放式和封闭式提问有区别吗？

表 6-6 开放式和封闭式问题

您认为吸引参观者到迪士尼乐园的最重要的一个因素是什么？
_____
您认为在以下选项中，哪一项是吸引参观者到迪士尼乐园的最重要的因素： 　　乘骑游乐设施种类繁多 　　娱乐项目好 　　很实惠 　　适合所有年龄段的游客 　　家庭娱乐项目 　　……

根德尔(Gendall)和霍伊克(Hoek)以往研究似乎表明：
(1) 对同一问题的开放式和封闭式问题的回答模式可能不一致；

(2)提供给受访者的选项严重影响了封闭式问题的回答模式(1990:29)。

最好是能够结合开放式和封闭式问题以得到不同层次的回答。再次回顾盖洛普(Gallup,1947)提出的问题的五种类型：

(1)受访者了解该议题吗？
(2)受访者如何看待该研究主题？
(3)受访者如何看待该问题的各要素？
(4)导致这些看法的原因是什么？
(5)他们持这种看法有多强烈？

对于以上五种类型，封闭式的预先编码的问题适于(3)类，(5)类可能也可以，而开放式问题适于(2)类，也可能适于(1)和(4)类。最终的选择必须参照研究目的，同时必须考虑到问卷的长度和版面设计。

保密性

根据笔者的经验，通常在度假问卷调查中，人们非常愿意发表他们的看法。相比其他社会研究领域，数据的保密性和敏感性更不是问题，但明智的做法是仍要消除受访者对问卷性质的怀疑，不要一开始就询问私人问题。这类问题通常对按年龄、性别、婚姻状况和收入、职业及社会阶层等划分受访者很重要，而基于这些标准或标准组合的分类将是分析存在潜在差异的来源。另一方面，在问卷的前面列出这些问题的一个原因可能是看是否有必要筛选受访者。比如，假设研究者想要调查有小孩的夫妇对在旅游景区内开发游乐区的态度，这就需确保受访者满足有小孩这个标准。尽管定位游乐区旁的游客更可能找到合适的样本，但是并不是所有陪伴小孩的成年人都是父母，有些可能是祖父母、姑妈或者叔叔，或者其他兄弟姐妹。研究者必须决定这些人的观点是否可以作为研究设计的一部分用于比较，或者是否要把他们排除在外。如果要把他们排除在外，研究者可能首先要询问受访者是否是孩子的父母。如果过滤性的问题没有放在问卷的前面，这时就可将有关社会经济性变量问题搁置一旁，继续设计安全顾虑、设备种类、是否适合年龄组，或研究焦点等问题，然后在访谈结束时再回到社会经济性问题。

这样设计问卷有两个优势。第一，这样会形成一种和谐的气氛，受访者拒绝提供信息的可能性更小。第二，即使受访者不愿回答这些问题，研究者现在也已经获得了游乐区和受访者对其态度的信息。邮寄问卷也需考虑这些问题。因此，通用法则是，个人资料可以留到问卷的最后调查。

受访者分类

对于受访者分类,如要根据职业进行分类确实会出现问题。要求受访者描述自己的职业得到的信息非常有限。比如,很难解释"工程师"的自我描述。为了更好地界定职业群体,可设计一系列的问题,可包括:

(1)职位名称;
(2)资格;
(3)工资水平;
(4)个人头衔/员工对其的称呼;
(5)管辖的员工数量。

但是,这样收集社会经济性数据就很可能非常费时,问卷的长度加长,受访者可能不愿意完成问卷。除了以上社会经济性问题,问卷可能还包括关于年龄、性别、婚姻状况、孩子数量等问题。因此,像问卷的其他部分一样,研究者必须仔细考虑为什么要问这些问题,他们在分析中的作用是什么。

对有些分析形式来说,重要的是能确定受访者的生命周期阶段。许多研究者如波杰尼克(Bojanic)和劳森(Lawson)等认为生命阶段是假期选择的一个重要决定因素,研究者可能想用生命阶段作为分析的可能变量。生命周期包括幼儿依赖期,独立青春期,已婚未育期,已婚有小孩(5岁以下)(满巢1),已婚有小孩(5岁以上)(满巢2),已婚无子(空巢),已婚配偶退休,夫妻退休和耄耋期。考虑到一方面离婚和再婚比率提高,另一方面丁克家庭的增加,波杰尼克(Bojanic,1992)和劳森(Lawson,1991)建议采用扩展型的生命阶段模式,即再加上两个部分——单亲和中年丁克夫妇。

因此,为了识别这些群体,需提出涉及年龄、性别、婚姻状况、是否有5岁以下或18岁以下的孩子(或者和受访者住在一起的年龄更大的孩子)和工作(以确认退休的人)等问题。

需考虑婚姻状况问题。完整的生命期范围可包括独立、青春、未婚、离婚、鳏居、分居、或异性同居,还可能包括其他的同性组合关系。同样,如果给出所有选项,可能会导致问卷过长,因此研究者必须再次考虑是否需要这些细节。通常只需询问受访者是单身还是已婚就够了,可以结合其他信息识别受访者的生命阶段。不过这会存在许多问题。比如,一位60多岁的退休单身女性可能是寡居、离异或未婚者。为了研究目的,研究者必须弄清楚这些60岁以上的离异的、寡居的或未婚的女性之间是否有显著差异。如果有,婚姻状况需额外增加包括寡居或者离异的问题。

量表

1. 量表类型

态度研究经常使用量表,量表可根据不同的方式分类。下面将大致介绍量表类型,接着将论述量表的使用以及与之相关的问题。量表包括:

(1)图示评价量表。受访者选好合适的词语后,要求沿着图表画一条线表明对该陈述的同意或不同意的程度。图表类型如图6-2、图6-3、图6-4和图6-5所示。在所有的4个例子中受访者只需简单地画一条线以表明他们的同意程度。

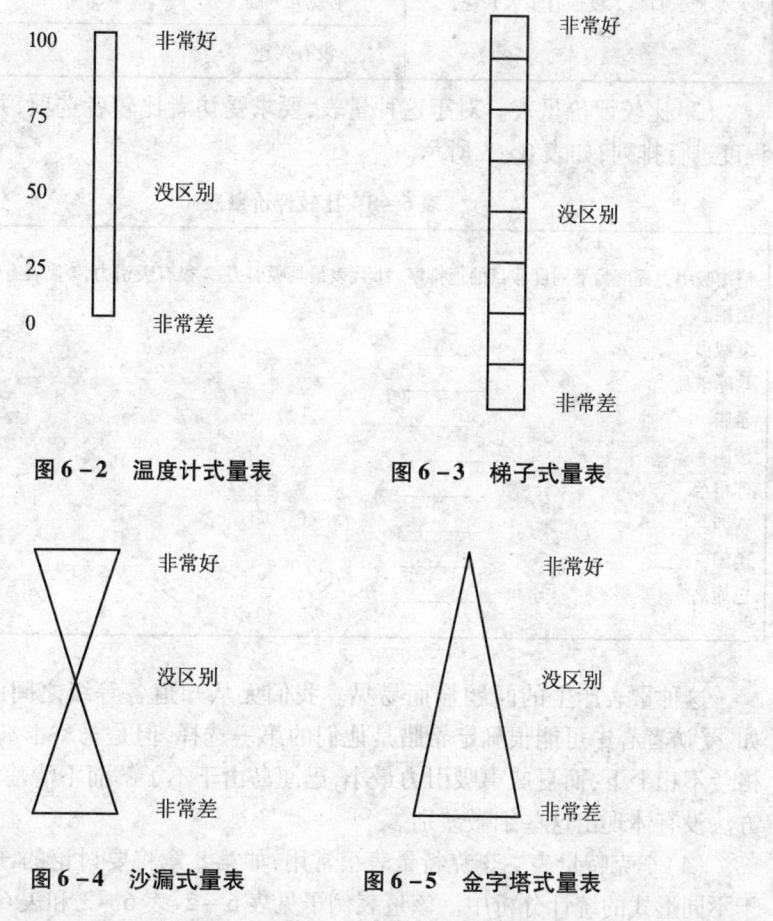

图6-2 温度计式量表　　图6-3 梯子式量表

图6-4 沙漏式量表　　图6-5 金字塔式量表

这类量表的支持者认为与采用数字表示的方式相比,这种方式能使受访者更详细地展示他们的判断——比如,如果受访者不确定选择数字量表上的 4 或 5,画线能更容易表明他们的倾向,例如倾向于 4 而不是 5。但从另一方面来说,这种量表可能也暗示了实际中不存在的细微差别——受访者画线时并不总是像想象的那样仔细认真;在实际的数据读取和编码时可能会出现问题,尽管采用光学字符识别(OCR)问题会比以前少。

(2)列表评价量表。列表评价量表是最常用的量表,受访者只需在合适的选项上划√,见表6-7。

表 6-7 列表评价量表

	非常有兴趣	—
您对去百慕大度假有多大兴趣?	有点儿兴趣	—
	没有兴趣	—

(3)比较评价量表。对于这种量表,要求受访者比较各选项,并根据喜爱程度进行排列,如表6-8所示。

表 6-8 比较评价量表

请按吸引力程度为下列度假目的地排序。1代表最具吸引力,2很有吸引力,3代表有吸引力,依次类推。

夏威夷　　　　_____
马略卡岛　　　_____
希腊　　　　　_____
法国　　　　　_____
苏格兰　　　　_____
新西兰　　　　_____
美国　　　　　_____
巴厘岛　　　　_____

这种量表产生的问题显而易见。我们无从知道各等级之间的差别。比如,受访者心中可能很确定希腊是他们的第一选择,但是马略卡岛、法国和苏格兰不相上下,而夏威夷吸引力最小,巴厘岛由于不了解而不清楚。这种排列方法没有体现出这些细微差别。

(4)李克特量表。李克特量表很常用,如第 8 章将要讨论的,它经常应用于不同形式的统计分析中。该量表例子见表 6-2、表 6-3 和表 6-4 的酒店服务等级,见表6-9。

表 6-9 李克特量表（Likert scales）

使用 5 分量表	
非常好	=5
好	=4
不好也不坏	=3
不好	=2
非常不好	=1

请为以下服务评级
（a）叫醒服务　　　　　　　1　2　3　4　5
（b）每日床上用品更换　　　1　2　3　4　5
……

（5）语义差异量表。语义差异量表和李克特量表相似，都运用 5 分、7 分或更多的等级，但语意差异量表是在语义两极分化的等级基础上的判断。例子见表 6-10，受访者要求在 5 分量表上选择一个数回答。

语义差异量表的理论来源于奥斯古德（Osgood）等人（1957）的著作。他们认为量表是由意义相对的形容词描述而成的一个双向连续体（如好—坏，热—冷，快—慢）。通过结果分析，奥斯古德（Osgood）和他的同事们得出结论认为最具决定性的因子在形容词如好—坏、肯定—否定、真—假的两极载荷高，也就是说，它们属于评价性因子。第二个因子为效能性因子，表述为如硬—软、强—弱和重—轻等形容词。第三个因子为活动，指积极—消极，快—慢，热—冷的连续统一体。他们认为对于态度测量评价性因素是最重要的，因此可采用含评价性标准的两极形容词来设计态度量表。

这类问题的"锚点"的选择也很重要。乌尔希奇和赫尔格森（Ursic & Helgeson,1989）指出：

锚点越极端，决定越消极。因为量表两极之间的思维空间迫使人们更趋向中立，从而降低了积极性评价的数量。（1989:237）

态度测量最常用的是李克特量表和语义差异量表。他们具有易描述统计的优点。可以计算出样本及所要求的二级样本的平均数，这样不仅可以用于比较，也可以用 t 检验和 F 检验等检验法评估差异的显著性。通过 t 检验计算出"通用"均数还可以得出回答和默认集。比如，假设有一系列问题用于评估住宿条件的重要性，那么可以计算出该问题集的均数，然后进行比较统计以评估该问题各个部分分值的差异显著性。这一点很重要，因为使用量表选择容易偏向中心区。比如，在 5 分量表中，分数倾向于 2 到 4 之间。因此如果均数为 3.1，与量表中数 3 太接近，可能显示无统计意义，但是如果问卷"通用"均数为2.85,那么用t检验时分值3.1可能有统计意义。

表6-10 语义差异量表

描述特若莫利诺斯时,您会说:						
热	1	2	3	4	5	冷
友善	1	2	3	4	5	不友善
忙碌	1	2	3	4	5	宁静

(6)瑟斯顿量表(Thurstone scales)。研究中还使用其他量表。比如,很多作者采用瑟斯顿量表,但是这种量表需特殊技巧,回顾旅游研究文献,似乎采用这类量表的并不多。莫泽和卡尔顿(Moser & Kalton,1989)认为:

对瑟斯顿量表的另一批评是它很费力。需小心判断应用,并掌握一定水平的技巧,研究者可能难以找到大量能够并且愿意合作的人。而其他量表方法不需判断(1989:361)。

这种方法首先要求众多"评判员"评估所研究的态度的支持度,对大约100个陈述句按照11个刻度(7或9)划分等级。这个程序需经历不同阶段。

2. 量表刻度和标志

关于量表至少还有两个方面需加以考虑——刻度和标志。为了便于计算,量表必须不同于名义上的分类,也就是说量表不只是简单群体分类。如上所说,传统对用于等级划分的分类量表的批评是他们不能显示各单位之间的区间。比如,在划分属性等级的量表中,受访者可能不难确认最受欢迎的地方,但他们认为在选择第二或第三时有些困难。简单的1、2、3等级划分,没有展示出这些思维过程本质。在表明对某种陈述的同意程度的态度量表中,如果该量表区分太少,受访者也会遇到同样的问题,难以表明同意程度。因此,如果研究者采用5、7或者更多的等级划分量表,将会得出不同的研究结果。

莫泽和卡尔顿(Moser & Kalton,1989:359)回顾了对量表的传统担忧,认为:

采用等级量表首先要决定的是量表等级的数量:如果量表划分得太细微,受访者则无法对组合中的元素进行排列。这一点很重要,因为使用量表选择容易偏向中心区。比如,在5分量表中,分数倾向于2到4之间。因此如果均数为3.1,与量表中数3太接近,可能显示无统计意义,但是如果问卷总体均数为2.85,那么用t测试时分值3.1可能有统计意义。如果量表划分太粗略,则很难充分区分。通常采用5至7个刻度划分,但是有时候划分刻度更多。选择奇数抑或偶数取决于是否迫使受访者决定他们的态度取向;选用奇数则有中间数表示中间立场；但是用偶数则没有中间数，这样受访者就必须决定他们属于哪一方。在确定量表刻度的数量时还要考虑的一个因素是受访者往往避免两个极端位置，从而有效地缩小了选择范围。

还有两点需注意。第一，如果研究者正试图重复前人的研究成果，那么可能有必要重复前人的问卷，即使觉得没必要限制受访者的选择。这可能对于诸如采用 α 系数或其他类似测量比较数值或者确立信度来说非常重要。第二，奇数量表的"中间点"可能会导致强化中点倾向，受访者选择中间点表示事实上的"没有意见"，这与真正意义上的中点立场不同。证据证明，有些受访者清楚问题主题，评价它为"中立权重"，而有些受访者没有使用过该产品，他们选择中间点是因为没有其他的选择。但这两者之间有区别。因此 5 分量表上的 3 代表完全不同的事实，但在统计意义上解释是相同的。此外，如果某样本中"没有经验的"受访者占相当大一部分，这就会加强中间点的倾向。因此，需要向受访者清楚说明对于无法评论的选项，他们可以略去不答，抑或另外加上一栏以供受访者标明"都不是"。然而，即使采用这个方法也可能出现问题，因为它可能在要求表明态度的地方鼓励零回答。如果看法是基于所观察到的和所研究的情境的客观现实同等重要这一基础上获得的，那么这时明确态度就很重要。

需考虑的另一个方面是应该用什么样的描述符。根德尔等人(Gendall et al. 1991)在新西兰的一项研究中调查了这个主题。有趣的是该研究比较了采用 11 分量表获得的回复标记和采用无文字的概率量表获得的回答。样本为 1209 个家庭，采用 Juster 量表预测消费者购买力。对样本进行了为期 3 个月的跟踪调查后，研究者询问消费者在这段时间内购买的消费耐用品。研究者列出了十种消费耐用品供参考。在其中的七个案例中，"用标准的 Juster 量表得出的消费者购买预测错误率低于采用概率量表得出的结果"(Gendall et al. 1991:259)。根德尔(Gendall)等得出如下结论：

标准的 Juster 量表得出的购买预测结果准确率稍微高于概率量表，尽管还没有充分证据证明前者具有更好的预测能力。但是它获得的回答分布更均匀，与修改过的概率量表相比，采用标准量表获得的零回答的情况一直较低。此外，很显然至少有些受访者不是完全适应纯数字量表(Gendall et al. 1991:262)。

这些研究结果与加兰(Garland,1990)通过比较各种语义差异量表得出的结果一致，这些语言差异量表有些包含描述符，而有些则没有。加兰(Garland)得出这样的结论：

如果你的调查对象惯于数字思维，那么数字形式可能是最佳选择,如果你的调查对象惯于抽象思维，那么可以考虑无标志的语义差异量表；但是如果你调查的是普通大众,或者怀疑受访者对任务的理解能力,那么最好的办法是采用有标志的语义差异量表(1990:22)。

加兰(Garland)提到的语义差异量表的三种类型很容易区分。具体见表6-11。

表6-11 语义差异量表的三种类型

数字形容词	1	2	3	4	5	形容词
无标志形容词	( )	( )	( )	( )	( )	形容词
标志形容词	非常	有点	不是	有点	非常	
	( )	( )	( )	( )	( )	形容词

在许多情况下,显然可以把数字量表和有标志的量表结合使用,如表6-12所示,既有李克特式量表,也有语义差异量表。

表6-12 数字和有标志量表的组合——李克特量表和语义差异量表

```
李克特5分量表
    非常好          =5
    好              =4
    不好也不坏      =3
    不好            =2
    非常不好        =1
    不知道          =0
如果您无法作出评论,请选0
请评估以下服务      非常好  好  不好也不坏  不好  非常不好  不知道
(a)叫醒服务         1      2      3        4      5        0
(b)每日床上用品更换 1      2      3        4      5        0
语义差异量表
请划出您认为适合的等级。比如,您认为客房服务速度快,请圈1。
您怎样评价客房服务:
    非常  一点  不是  一点  非常


    快   1    2    3    4    5    慢
```

默认集问题

对默认集问题的探讨至少有 50 年的历史了。从 1951 年克伦巴赫(Cronbach)开始,实验者和检验设计者就意识到了调查对象可能会产生一种接受或拒绝的反应定式。默许是一种可能决定了问题的回答在一定程度上独立于句子内容的反应定式。实际上,对特定陈述的回答由许多因素决定,比如,陈述的内容、时机、备选项、检验模式、外部刺激以及并列选项。

所有反应定式中,默许因素可能是最难量化的,伯格(Berg,1967)用一系列的图形指出了其中的原因。在图 6-6 中,A 表示基于人格特质的同意,而 B 指基于信念或者知识的同意,D 指对受访者关于内容的"真实的"立场的歪曲,C 指基于内容的同意倾向抵消了基于人格特质的不同意倾向从而达到了很好的平衡。因此,这类受访者可能表现出较低的重复测试的信度。如果受访者的内容和回答形式不同,把两者归于一个数值是不合理的。

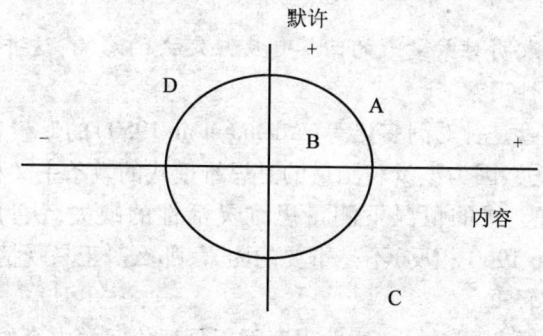

图 6-6 默许集问题

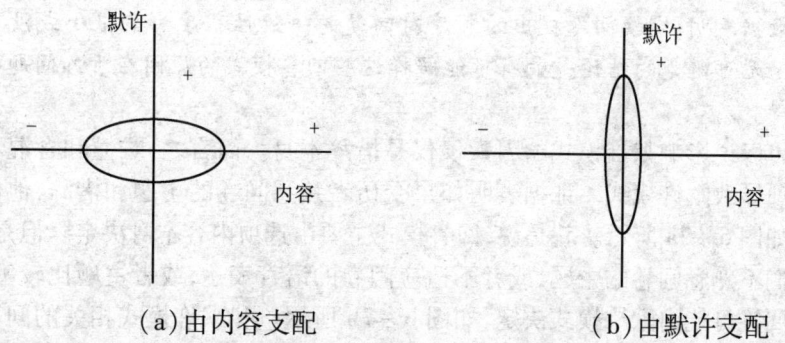

(a)由内容支配　　　　　　　　(b)由默许支配

图 6-7 内容支配或默许支配图解

库奇和赫尼斯顿（Couch & Heniston, 1960）指出他们称作的"同意者"（yea sayers）和"反对者"（nay sayers）之间确实存在人格差异——前者易冲动、情绪化、易于控制、喜欢刺激、性格外向；而反对者小心谨慎、理性、理智控制、拒绝刺激、性格内向。在关于教条主义调查的 F 量表中，他们发现"同意者"占数值方差的 14%。

评价默认重要性的一个方法是反向提问部分样本以进行比较。但是这种方法引发了三组问题。第一组是确立逻辑对立面。在许多情况下这很容易。比如，"我喜欢度假"能很容易地颠倒过来为"我不喜欢度假"。但是在许多例子中，仅简单地插入否定词"不"并不够。这就引发了第二组问题，即句法和语义困难——简言之，试图找出一个逻辑上对立的说法可能会产生更多复杂的问题。第三组问题，除了逻辑上对立，该问题还须"心理上的"对立。如果想评价更复杂的态度和情感，就越容易出现这个问题。

然而，有理由相信，与任何反应定式形式相比，问题内容的语言表达是决定回答的最重要的因素。比如，克里斯蒂等（Christie et al. 1956:155）是这样评论的：

尽管有证据表明对 F 量表的回答受反应定式的影响，这并不能证明反应定式是首要决定性因素。

这个发现尽管是针对阿多诺等（Adomo et al. 1950）的 F 量表得出的，但对态度问卷意义重大，因为该量表测量的是思维模式的教条主义和模式化程度。如果在质疑反应定式的情况下测量思维灵活性的缺失，认为默许（尽管和 Couch & Heniston 1960 相反）不是重要的因素，那么对于易受情绪影响的议题很可能更是无足轻重。

评估研究主题和原因的一致性程度而不是评价问卷内容的另一种简便方法是改变问卷中问题的顺序。但是伯格（Berg, 1967）指出：

数据表明，变换问题提出的顺序对回复的一致性程度影响很小或没有影响……无可避免的结论是最有可能解释这些回答模式的原因在于各问题的内容措辞。

可以说影响默许模式的因素仅仅是措辞本身。简言之，难懂和含混不清的选项导致默许模式。证据表明如果受访者熟悉问卷的主题和措辞，他们的回答如图 6-7a 所示。就是说，回答模式主要由选项内容本身决定。但是，如果他们不熟悉问卷的主题，或者不适应问卷的语言表达，或者主题比较敏感，那么回答可能由默许模式决定，如图 6-7b 所示。和默许模式相关的问题是语义量表上表示赞成的形容词的位置是否影响回答。霍姆斯（Holmes, 1974）以 240 名喝啤酒的人作为样本，比较了从左到右编排和从右到左编排的量表，指出明显存在量表偏向左边的倾向。弗里德曼(Friedman)等(1988)仔细研究了三种情况：

(1)表示同意的形容词放在页面的左边；

(2)表示同意的形容词一直放在页面的右边；

(3)位置混合使用。

研究样本为大学生，要求他们评价大学生活的特征。使用5分量表，在总平均数之间没有显著性差异，不过单个选项确实存在显著性差异。作者得出这样的结论：

随机混合使用右左和左右的量表能减少语义差异量表中10个选项间相互交错的关系的影响。另一方面，把所有表示赞成的描述符放在语义差异量表的左边会影响受访者转向左边寻求答案，即转向量表的表示赞同的形容词一边。把所有表示赞成的描述符放在语义差异量表的右边得出的结果一致性不如前者高。因而把所有表示赞同的描述符放在左边可能会产生偏向影响。为了使这种倾向性最小化，建议研究者使用"混合"量表(Friedman et. al. 1988:480)。

他们的报告中未包括完整的问卷，但是有10个选项应用了语义差异量表。为什么一直都采用左右或右左排版的量表呢？其中常见的理由是混合量表或许能产生逻辑上有效的结果，但它们也往往使受访者糊涂。如果这样，弗里德曼(Friedman)等人的研究似乎证伪了这个论点，除所使用的量表刻度好像有限外，所用的样本也不具有广泛代表性。可以证明的是一致性量表可避免受访者糊涂，但是信度可通过重复主题来评估。该方法的问题是可能使问卷过长。

小结

本章回顾了与问卷构建相关的问题。需再次强调的是问卷的生成不能脱离假设设立过程，也不能无视随后的数据分析方法。这是一个连贯的整体。比如，量表的等级或李克特式等类型量表的选择对适当的统计检测有重要的影响。如前所示，等级或李克特类型的量表对研究者选择测量态度方法也有很大的影响。因此，问卷设计不仅仅要讲究设定问题的技术方法(尽管也很重要)，但这只是更广泛的研究过程的一部分。

第七章 问卷调查的实施

引言

第六章讨论了调查问卷的构建。在收集数据之前,还有许多问题有待讨论。如研究人员应采取什么策略以保证尽可能高的问卷回收率,尤其当采用邮寄问卷时?如何选取样本?本章将重点讨论这些问题。

问卷回收率

有关市场营销的文献中有许多关于提高邮寄问卷回收率方法的文章。采用邮寄问卷调查有许多优点。一是通过利用基于邮编数据库的地理人口统计和消费心理特征图表,可以详细说明样本特征。二是邮寄问卷容易操作,而且可以快速地从大量样本中获取数据,省时高效。三是同时邮寄问卷也省力,单个研究人员就能轻松并迅速地获得一个大小和构成都适合的样本。四是邮寄问卷获取定量数据成本低。例如,包括印刷费和邮资在内每份问卷费用不超过 2 英镑,假设回收率为 20%,总花费每份也不会超过 10 英镑。而使用个人田野访谈调查方式,每个受访者一般最低花费 10 英镑。

但是如果样本回收率太低,样本不具有代表性,邮寄问卷的这些优点也就相抵消了。为了提高问卷回收率,研究者使用过很多方法。多米耶(Dommeyer,1989)发现"承诺以附函的形式邮寄调查结果并不能提高问卷回收率和回收速度,只会稍微减少受访者遗漏问卷答题数目"(1989:406)。他指出,该方法尽管对回收率没有影响,但要求回寄问卷结果的数量却增加了!在 1985 年的一项早期研究中,多米耶(Dommeyer)假设对问卷的感兴趣水平是回收率的一个决定性因素。他设计了一份"乏味的"和"有趣的"问卷,将其随机寄给一些大学生,结果发现在回收率上没有任何影响。

另一种方法是给予某种形式的金钱奖励。由于大多数研究者资金有限,关注通过这些奖励而得到的结果非常有趣。多米耶(Dommeyer,1988)比较了控制组(无金钱奖励)和 25 分硬币奖励、25 分支票奖励、25 分汇票奖励、承诺将邮资退还给受访者、承诺赢得抽奖机会等五种奖励方式的受访组(25 分为邮资费)。每种方式的问卷回收率分别是 37%、50%、37%、38%、33% 和 30%。莫舍(Mosher,1968,1979)认为硬币奖励回收率最高的原因在于当人们违反了内在正当行为规范时会产生愧疚感。

提高问卷回收率最常用的方法之一是提前告知受访者。墨菲(Murphy)等(1991)报告了他们的研究结果,他们通过两个案例,采用邮寄明信片①的方式提前通知潜在受访者,发现其中一个案例回收率由 10.67% 上升至 16.51%,另一个由 19.54% 上升至 27.60%——显著性值第一个为 $p = 0.07$,第二个为 $p = 0.046$。

关于对回收率的显著影响,他们指出"采用明信片的方式提前通知并没有明显提高回复速度,也没有明显影响回复的质量"(Murphy et. al. 1991:341)。

彼得森等(Peterson et al. 1989)评估了与受访者不同联系方式对回复率的影响。这些联系方式包括提前通知(通过明信片或信件)、跟踪调查(一次或两次,同样通过明信片或信件),以及直接发送问卷,调查结果见表 7-1。

表 7-1 不同联系方式对回复率的影响

联系方式	回复率(%)	回复成本($)
1	10.0	6.27
2	13.6	8.03
3	17.6	8.56
4	21.6	8.82

资料来源:Peterson 等(1989)

有人认为提前通知是一种粗鲁的方式,卡米恩斯(Kamins)称之为"得寸进尺"法(或门槛效应,Kamins,1989)。卡米恩斯(Kamins)如此描述此方法的基本原理:

"得寸进尺"法基于自我知觉论……和凯莱(Kelley)的贴现原则,指首先以小要求(寸)获得对方的同意,然后再引诱对方同意更大的请求……其观点是人们的自我归因受自我行为反省和行为发生的情景制约。因此,如果一个

---

① 邮寄明信片就是提前告知潜在受访者的方式之一,让受访者对采访者有一个印象,希望受访者能回复之后的问卷调查。

人同意完成一个小小的请求……他/她很可能形成一种自我认知,认为自己是愿意帮忙和顺从的(Kamins,1989:273)。

在他的研究中卡米恩斯(Kamins)观察了五种不同的条件,都是以邮寄方式,要求受访者自我完成调查问卷。

(1)恳求控制组——打电话直接问对方是否愿意完成问卷,问卷回复率为48.51%。

(2)简单"门槛效应"法——首先打电话要求受访者回答四个问题,然后询问他们是否愿意做一份问卷。最终的问卷回复率为52%。

(3)深入"门槛效应"法——大体与简单"门槛效应"法一样,只是还要求受访者给出答复的理由。问卷的回复率达到60.78%。

(4)标识性深入"门槛效应"法——过程与深入"门槛效应"法一样,但是在邮寄问卷时同时附上信函,写上:感谢您的帮助,您非常配合,乐于助人。希望更多的人也像您一样积极参与重要的研究工作(Kamins,1989:278)。在这种情况下,问卷回复率上升至71.57%。

卡米恩斯(Kamins)随后检验了他的假设,即这种方法在实际的问卷回复模式中可能会导致差异,他得出的结论是:

通过比较69份问卷,只发现一个重要性记录……显著性效果$p<0.005$……因此可以推断出提前联系的情况对受访者的实际回答没有产生显著影响,从而导致无显著性回复偏差(Kamins,1989:281)。

弗恩等(Fern et al.1986)检验了如下假设——得寸进尺法的问卷回复率至少受以下四个变量的影响:

(1)最初请求的重要性,问卷回复率随着请求重要性的提高而提高。

(2)如果最初的请求行为与同意执行的行为相反,那么问卷回复率上升。

(3)最初请求和随后请求之间的时延与问卷回复率成反比关系。

(4)如果每一个请求由不同的请求者发出,问卷回复率将下降。

弗恩等(Fern et al.1986:145)报告指出第一个假设没有得到证实,但是有证据证明其他的假设。从这个报告中可以得出什么结论呢?总的来说,提前通知的确能增加回复率,提前通知的性质也很重要。承诺投寄问卷结果对回复率几乎没有作用,小奖励作用有限。从资金和人力有限的研究者试图邮寄问卷的实际经验来看,通过信件或电话提前通知的能力也显然有限。但是,尽管作用有限,还是可以采用"得寸进尺"法。卡米恩斯(Kamins,1989)的研究结果表明附函内容对提高回复率很重要,然而他没有说明样本的属性是否因采用"得寸进尺"法而改变。尽管在他的研究中,卡米恩斯(Kamins)可以通过挑选受访者以与样本要求相符来控制样本属性,但这对一次性邮寄调查是行不通的。不过还有其他策略。一种是选用定向邮寄群体。瑞安(Ryan,1989)发现这对评估某一特定地理人口群体的态度有效,回复率达54%。另一种可用于学生研究项目的策略就是"得寸进尺"法,接近学生的父母——从而引起他们的共同兴趣,这是教育机构教育孩子的需要。然后可以根据分析邮编对照通过地理人口或其他途径获得的样本构架。如何保证样本的合适性将在本章后面讨论。

接近受访者

以上许多考虑适用于在街上或旅游景区接近受访者。采访者需要:

(1)礼貌友好。这要求使用诸如"打扰了"、"请"之类的敬语,采访者要面带微笑。这种方式更可能得到受访者的积极回应,作用类似于提前通知或"得寸进尺"法。

(2)选择合适的时机采访。一般来说,如果你想调查受访者对某地的态度,需在他们去过该地之后再询问他们。这指在人们离开时进行询问,但是这也有问题,因为有些人不想耽搁时间。可以在他们还在使用某些设施,仍未离开该地时进行提问。自助餐厅或机场休息室也是采访的好地方。

(3)确保隐私。

(4)明确自身身份。

受市场调研协会机构资助的调研工作应表明自身身份,学生也需确认自己的身份。当在购物中心、机场、旅游景区等诸如此类的私人场所工作时,还须得到所有者或所有者代表的允许。制订好计划并严格执行。

这些是常识性规则,但有助于提高回复率。如果时间和资金有限,研究者可考虑在最短的时间里尽可能多地把钱花在取样上,而不是把时间和钱用在跟踪调查上,这毫无疑问具有管理上的优势,但却可能出现不同组代表人数过多或不足的问题。

取样

样本是来自总体的代表组。总体可能是某国的全部居民,也可能是某旅游景区的全部游客。统计数据是样本中既定变量的综合描述。因此是总体内某一参数的估计值。例如,通过调查可能会发现美国探险主题公园的游客平均年龄为35岁,而参观该主题公园的所有游客的实际平均年龄可能是36岁。研究人员希望的理想情况是,样本的特性与总体的特性相一致。然而多数情况下研究人员可能并不了解总体的真实属性。因此样本与总体相符依赖于许多因素：

(1) 总体的界定；
(2) 样本单元的选择；
(3) 样本构架的选择；
(4) 样本设计的选择；
(5) 样本大小的选择；
(6) 操作程序的选择；
(7) 实际样本的选择。

总体的界定

抽样人群的性质依赖于研究主题的性质。早在第二章中提到过游泳池使用者的调查例子。提出的问题是游泳池经营者希望提高游泳池的使用水平。对于这个问题，要求调查使用者和非使用者。但是该问题可以采用不同的方式体现，如经营者可能希望增加游泳池区内的零售额。从这个角度看，总体应是当前的游泳池使用者，需评估他们的消费习惯以及阻碍额外消费的因素。

任何旅游地的游客都不尽相同，分类的方法有很多。有些可能是一日游者，来自于仅两小时路程的地方，而有些则来自较远的地方，甚至是国外游客。游客也可以根据年龄或是否带孩子等细分；简而言之，可以做许多排列组合。因此仔细界定研究问题变得十分重要。需研究哪部分人的态度或行为，为什么选择这一特殊群体？同样，了解该特殊人群是否拥有这一群体所独有的行为和态度特性也很重要——在什么情况下有必要进行适当的比较研究。要比较的目标群体是哪些？

很明显，有些领域的研究数据体现了总体属性。例如，如果想要调查英国人的度假活动，可以从英国人口统计局获得数据，显示出该人群的属性。也有区域性的、当地的甚至街区层次的数据。因此相对来说从这些数据中设计样本结构比较容易。但如果想评估游客对某个特定景点的看法，情况就不同了。可能需了解游客数量，而不是游客的构成。因此必须依靠代表该总体的抽样方法。现在将讨论抽样方法。

样本单元

样本单元是分析的单个单位。在旅游研究的绝大多数案例中指个体游客，但也不一定都这样。例如，有可能某项研究的样本单元是实际目的地或事件。例如，比较节日支出意味着节日成了样本单元。

样本构架

样本构架指实际样本中所使用的抽样单元列表。在实际中样本构架的大小受可用资源(资金和时间)限制。基什(Kish,1965)将与样本构架相关的问题分为三类：

1. 样本构架不完整

例如,基于人口普查的样本如果不随时更新就会随时间的流逝而变得不完整：可能建了新的住宅区,或市区重建；总体年龄可能变老。很显然如果不更新,人口普查也就变得不全面了,也就不能成为总体样本划分的依据了。

景区游客样本也同样会遇到不完整性问题。例如,某研究可能基于调查时仔细挑选的样本,但是旅游的季节性很强。因此又出现了一个问题,即旅游旺季的游客样本是否能够真正代表平季或淡季的游客情况。

2. 因素集

样本可能不是单个个体而是集合体。旅游研究易出现这类问题。例如,蒙哥马利和瑞安(Montgomery & Ryan,1994)在对贝克威尔小镇(Bakewell)居民的态度研究中写道：

样本很明显偏向年长的受访者……由此可得出三个结论。第一,贝克威尔小镇退休人员和老人占很高比例,该地的人口分布老年化。第二,由于问卷通常由家中年长的人填写,因此回复也体现出这种偏向。第三,如果问卷调查是在白天进行,很可能抽取的样本年龄层次更高,因为这个时间段老人更有可能待在家中。人口普查数据显示73%的"消费不积极者"为退休人员。

这表明了以家庭而非个体为基础抽取样本而导致的问题,即样本建立在家庭而不是个人的基础上。调查以家庭为单位分发和收集问卷。问卷由家中年长者填写不可避免,因此也就意味着未充分代表年轻成员。

向游客群体分发问卷也会发生同样的问题。在很多情况下游客以家庭为单位,问卷往往由该组的某位成员完成,也许由爸爸或妈妈填写。这份答卷多大程度上代表了该群体(游客组)的所有成员？回答在多大程度上显示了所有妻子、丈夫或其他群体类似成员的特征？如果存在差异有关系吗？

3. 无效外来因素

这通常发生在样本单元不符合原总体的情况。例如,调查可能包括大量某类游客,因为在调查当天遇上了一连串的旅游大巴游客。这就导致了样本构架与实际总体之间的差别。

样本构架属性产生的问题众所周知,尤其在政治民意测验中更是如此。最著名的例子当属1936年美国总统选举,选举前民意测验结果显示共和党候选人阿尔弗雷德·兰登(Alfred Landon)占有绝对优势,但最终却是民主党提名人富兰克林·德拉诺·罗斯福（Franklin Delano Roosevelt）获胜。Landon 2400万人的民意测验是基于电话通讯录或俱乐部成员名单，因而排除了没有电话，或者没参加俱乐部的穷人。然而占人口绝大优势的低收入者将选票投给了罗斯福（Roosevelt）。在1992年的大选举中，尽管民意测验显示尼尔·基诺克（Neil Kinnock）领导的工党一直处于领先地位，但是还是保守党重掌政权。出现这个错误的原因可能是民意测验基于英国全体选民样本，而非实际投票样本。毫无疑问，在政治民意测验中"不知道"将给民意调查分析者带来很多问题。1993年新西兰民意测验中国家党支持率一直为38%，而工党支持率一直为34%。在这次选举中两党几乎平分秋色，但是国家党以一席之优势获得了执政权力。然而竞选前"不知道"和"无可奉告"的比例曾高达25%。

旅游研究中像这样的错误不是很突出，也许是因为调查不受制于总体意愿的同一表述。然而任何不同意程度很高的调查都值得怀疑。所有研究人员都必须遵循的原则之一是核实受访者和非受访者之间不存在差别。邮寄问卷调查可以电话的方式进行追踪调查，也可以采用简化版的问卷，但要对两组进行比较以评估是否存在差别。

样本设计

样本设计是选择样本单元的方法。这些方法主要分为两种——概率和非概率。前者由于已知样本分布，可以计算出可能的误差。后者具有花费少、省时的优点，但结果不能有效推广。这两类都还可以进一步细分。

概率抽样基本原理

总体样本的频率分布一般具有如下三个特性：
（1）正态分布；
（2）二项分布；
（3）多项分布。

在多数情况下，尤其用比例或区间测量获取数据时，频率往往呈正态分布。因此，第六章中提到的李克特式量表或语义差异量表的数值往往（虽然不一直是）呈正态分布模式。正态分布的特点在于中心趋向和离散的特征，即样本值向中心和平均中数集中的程度。更确切地说，指样本值在算术平均值周围的集中程度。平均值指所有观测值之和除以观测值数量。

假设有一个五个人的总体。如果他们给住宿评分分别为4、2、4、3和3，则和为4+2+4+3+3，均值是(4+2+4+3+3)/5，也就是3.20。离散度测量用于衡量样本的变异量。从我们这个简单的例子可以看出，数值从2到4

不等。因此通过均值差可以计算出变化率。然而如果将这些差值相加,差异将相互抵消,因此也就不存在平方差问题,从而也就不存在正负值。平方差之和除以受访者数量减去 1 的差为样本方差,见表 7 - 2。

表 7 - 2 样本方差

受访者	得分	平均差	平方差
1	4	+0.8	0.64
2	2	-1.2	1.44
3	4	+0.8	0.64
4	3	-0.2	0.04
5	3	-0.2	0.04
和	16		2.80
平均值 3.2			
样本方差	2.80/4 = 0.45		

然而,通常测量离散采用的不是样本方差,而是方差的平方根。这可以大致看做是回复到与均差相同的单元。例如,如果研究者要计算受访者的平均年龄,方差实际上指"年龄的平方"。从上面说明的例子中也可以看出,均差平方的权重比离均值最远的分值的平方差大得多。在表 7 - 2 的最后一栏中,得分为 3 的受访者,其平方差只有 0.04,而得分为 2 的受访者,方差却是 1.44。样本分值越分散,方差和标准偏差值就越大;分数越集中,方差和标准偏差值就越小。表 7 - 2 中的实际标准偏差是 0.45^2(大约 0.678)。

上面的计算特意采用了简单的数值以说明整个过程。显然,在很多情况下总体数要大于 5。正如计算总体的均值、方差和标准偏差一样,显然也应计算出样本的均值、方差和标准偏差。如果样本能够代表总体,那么样本的均值与总体的均值应该相等,样本和总体的离散标准偏差也应相等。样本与总体之间的关系显而易见,详情见附录 7.1。同时要明确的是,如果清楚了样本与总体之间的关系属性,那么研究人员应能通过样本的结果来推断总体的行为特征。

度假态度研究中经常发生的一个问题是,由于通常来说人们度假都过得很愉快,采用李克特量表或语义差异量表的数值并不遵循正态分布,而是向顶端倾斜。例如,5 分量表中即使分值从 1 到 5 不等,均值不一定是 2.5,可能是 4.1。

在问卷使用名目或序数数据时,很可能出现二项或多项数值。名目数据指简单的分类或划分。例如,性别的分布不是正态分布,因为性别能分成男性或女性。名目数据只是标识性的,人们只能计算出这类数据的频率。性别为二项或两分式变量——不存在变异。而序数数据是变量排序、分级的结果。例如,关于度假的理想属性排列,频率体现的是属性出现次数的排序或分级。因此,序数数据表现为两种方式、二项分布或正态分布。严格讲,序数数据并不具有正态分布属性。戴维斯(Davis)和科森扎(Cosenza)总结认为:

> 序数量表最适合用在哪里呢?每一种用法都有支持者和反对者。我们认为如果使用分级排列,那么它们就属于序数数据性质,应该按序数数据处理。另一方面,在某些情况下,序数数据的复杂量表和指数有助于我们采用更通用更强大的参数统计方法。因此,我们赞同 Fred Kerlinger 的观点,"最好的方法似乎是使用排序的方法,尽管它们是区间测量,但是却避免了测量的总体不均衡性"(1988:148)。

一般来说,如果研究者有意使用分级方法,建议他们的研究设计采用具体的测量分级方法。

术语"参数"或"非参数"主要指是否存在正态分布。如果存在,那么经典假设检验有效(可用参数检验)。有关检验的内容将在下面几章中介绍。即如果数据可以分类,就可以计算出个体属于某组的概率。这是采用二项式检验的决定条件。最早使用该方法的是博彩这一休闲活动。采用二项式检验可以计算出球击中红色或黑色数字(或其他任何数字)的次数。

当试图从总体中建立样本时,二项分布概念非常重要,因为必须确保样本包含与总体中如性别、年龄或其他所需特征相同的比例。二项分布有如下四个特征:

(1)所要观察的对象选自抽出不放回的无限总体,或者抽出放回的有限总体。举例说明其中的区别,假设从10人为一总体中挑选3人作为样本。前者指随意挑选个体,所以选取的概率为1/10。然后再选择第二个,但此时选择的概率为1/9。第三人被挑中的概率为1/8——因此被挑中的概率是不断变化的。后者指某个体被挑选后须重新"放回到"总体中,被选中的概率始终是1/10。在多数情况下,出于实际因素考虑,往往采用前一种情况,即使从严格意义上来说,总体不可能是无限的。

(2)每一次观测结果都无外乎分成两类:成功与失败。

(3)正如(1)提到的,基于实践因素考虑,观察中成功的概率 p 是永恒不变的。因此失败的概率,$1-p$ 在所有的试验结果中也是永恒不变的。

(4)每一次观查结果的成功或失败与任意其他观测结果之间是相互独立

的。因此,如果总体中有60%的人去度假,那么总体中样本包含的数量度假概率必须为0.6,而不去度假的概率为0.4(1-0.6)。

检验样本的误差水平——置信度概念

上面的讲述可以得出许多推论。其中较为重要的一个可参照简单的随机抽取法阐释说明。假设想计算出18~30岁度假者的平均年龄。为简便起见,假定总体为4个年龄在18~30岁之间的度假者,年龄分别为18、22、26和28岁,因此总体的平均年龄为23.5。假设随意选择两个度假者作为一个样本。采用抽出不放回的方法随意抽取其中一个,那么可能性样本有很多,每一个样本都有各自的平均值,如表7-3所示。

表7-3 均值范围

样本年龄	均值
18和22	20
18和26	22
18和28	23
22和26	24
22和28	25
26和28	27
均值	23.5

可以看出,样本与总体的实际平均年龄相差很大,但是在这个例子中,所有样本的均值与总体的均值却是一致的。该样本均值表术语称为均值的抽样分布。需指出的是,尽管每一个样本都是从总体中随意抽取的,但是仍有误差。从任何一个随意抽样中可以估算出该样本变动的幅度有多大。分布在均值周围的是标准偏差——均值偏差总和的平方根。在以上的例子中,标准偏差计算公式为:$[(23.5-20)^2+(23.5-22)^2+(23.5-23)^2+(24-23.5)^2+(25-23.5)^2+(27-23.5)^2]$的平方根,即5.43。

这个数字称为均值的标准误差,是样本的标准偏差。在我们的例子中,标准误差是根据六个样本计算出来的;当然根据一个样本也有可能计算出这个标准误差。根据定义,正态分布具有如下几个特性:

68%的值落在均值内,分布在标准偏差值上或下。

95%的值落在均值内,分布在标准偏差×1.96的上或下。

99%的值落在均值内,分布在标准偏差×2.6的上或下。

因此,如果一个样本的均值是24.0,标准误差是5.4,那么有95%的置信度认为实际的总体均值介于19.6和29.4之间。许多统计学书籍包含通过计算机程序精确计算事件概率的内容。相关内容将在第九章进行讨论。

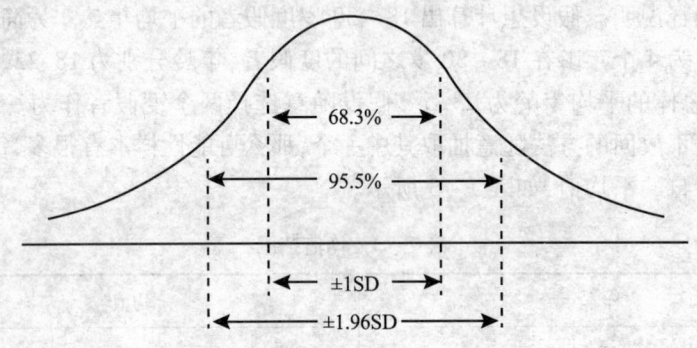

图7-1 正态分布曲线图

注:68.3%的案例在均值(±1的标准偏差)范围内;

95.5%的案例在均值(±1.96的标准偏差)范围内。

这一描述旨在简要介绍随机取样和置信度概念。许多介绍统计学的书以案例的方式更翔实地阐述了这些概念,而总体均值和/或标准偏差概念则不一定介绍。但最基本的前提是在任何总体的随意抽样中,样本均值在允许限度内与总体均值都相等。需指出的是随着样本的增大,样本均值将越接近总体均值,受制于标准误差的方差。

概率抽样

样本设计的重点在于确保样本尽可能地与总体相匹配,但也受一些条件限制。例如,为了确保获得足够大的样本以达到统计目的,研究者往往想在样本内夸大分组的代表性,这时就会有条件加以限制。下面介绍概率研究设计的主要类型。

随机抽样

随机抽样指总体中的任何一个个体被抽中的机会均等。具体过程为先对总体进行列表,然后将所需样本的大小 n 除总体(P),随机确定起点后再抽取列表上的每(P/n)个名字。也可以用另一种方法,即用随机数字生成器选择所要的受访者数量。如果采用前一种方法,那就是使用系统随机方法,如果总体按照某一特定属性排列,则会导致分层,与第二种方法相比,第一种方法变化性降低了。

这是旅游态度研究中的许多领域常用的一种方法。例如,著名的英国国际旅客调查(IPS)使用的就是这一方法,要求田野研究者抽取每第 n 个出入境旅客。重要的是所有田野研究者都必须采用这一方法。由于这第 n 个人可能并不非常支持该研究,所以造成偏离的可能性很大。但很显然,任何这种偏离意味着样本的随机性被曲解了。但是,也可能潜在受访者不愿提供信息;这种情况下,研究者必须把意图表达清楚。

分阶段随机抽样

该方法常用于选择具有某种属性的样本。假设想调查某旅游区游客不满意的原因,该研究需分两步:

(1)选取一个游客样本,测量游客的满意度。

(2)针对不满意程度高的游客,选取一个样本进行下一步的调查。

在总体样本中分阶段随机抽样法非常普遍。例如,可将一个国家分成若干个选举区。根据选举区名单随机抽取选举区,再从随机抽取的选举区中随机选取选区,然后从这些选区中随机选取投票者作为潜在受访者。这种方法的优点即在最小的范围内获得了足够大的样本。像这种基于邻近地域的多阶段抽样法通常指整群抽样。

分层抽样

该方法指将总体分成若干个互不重叠的组,称为层,然后从每一个分层中随机抽样。例如,如果有某旅游景区的游客类型和每一类型的游客数量等数据,那么可用此种分层抽样来表示这一情况。需考虑的一个因素是确保各不同组具有代表性,这样每组权重一样,以确保样本足够大,附录 7.1 简要介绍了该计算方法。

对于正计划调研并使用田野调查方法的研究者来说,分层抽样具有许多优点。例如,它可以使研究者仔细确定样本的特性,从而可以为田野访谈者制订日程表,要求他们采访如 25 岁以下女性 4 名,25 至 35 岁之间的女性 4 名,25 岁以下男性 4 名,25 至 35 岁之间的男性 4 名。分层抽样还有另外一个优点,它避免了简单或系统随机抽样下无法采访某些组代表的可能性;另外,还会导致变异性变小。

分层抽样是决定样本构成极为有效的方法,当然它确实要求掌握总体的详细信息。例如,如果要调查研究英国人的度假习惯,可以通过全国人口普查和其他如包括人口地理数据库等在内的一些渠道获得这些信息。由于这些数据库每年都更新,根据这些数据库生成样本成本低,所以下面将探讨这些数据库的使用方法。另一方面,由于不知道游客总体的特征,要获得某一景区的实际游客样本尤其困难。在这种情况下研究者也许要使用简单或系统随机抽样,但是严格来说,这些样本只代表数据搜集阶段的总体。旅游的季节性特征的确给研究带来很大困难。例如,在淡季,总体可能多为本地一日游游客;而在旺季,游客可能来自更远的地方。因此,为抽样出完整的能代表全年总体的样本,选择样本需跨越整年,并进行过程监控。

以英国旅游调查(UKTS)为例,尽管以全国为调查范围,调查仍是按月进行,因为季节不同,游客度假模式也各不相同。例如,学龄儿童一般和父母在放假期间度假;因此其他人度假可能有意避开这些时期。高收入人群每年可能不止度假一次;低收入者可能每年只度假一次甚至不度假。因此,按月抽样不仅可以避免年度调查遇到的回忆难的问题,还可以更详细准确地区分模式类型。

分层整群抽样

顾名思义,这种设计结合了分层抽样和整群抽样的特点。总的来说,它指从预先分层中随机抽取整体。采用这一方法所有的分层都通过随机整群抽样。

重复抽样

多次抽样或连续抽样。本质上,这种抽样法结合了两个或多个通过分层抽样和整群抽样获得的样本。这种抽样很复杂,是为了获得具有具体特性的样本。因此,从某种意义上讲,每一个样本设计都是根据研究项目需要而形成的一次性的设计。

非概率抽样

此外,还有非概率样本。下面将对其进行介绍。

判断样本。总体来说,这种样本以研究者主观认为具有代表性为基础,属于便利样本形式。当研究者希望调查如游客对某景区满意或不满意之间的区别,并要求每个样本大小相等时就可以采用这种抽样。该方法的缺点是无从知道抽样过程形成的误差。

滚雪球抽样。这种方法指在已知特性的基础上选择受访者,然后再请他们提供其他具有相同特征的受访者。

关键决策。隐藏在抽样过程背后的是一系列的关键决策,以及研究设计

将影响数据推断这一内在事实,即使非概率抽样也不能保证推断结果的准确性。这些关键决策包括:

(1)选择的总体是否与研究问题一致?

(2)样本构架是否准确代表总体?

(3)样本设计是否适合研究目的?

(4)如果选择了特定层次的精确性和置信度水平,样本设计是否能得出合乎规定特征的估算值?

(5)如果选用非概率样本设计,它是否提供了所需要的信息类型?

地理人口统计学在抽样中的应用

上文提到,与以个人为单位相比,以家庭为单位进行问卷调查具有很多缺点。这些缺点与配额调查导致的问题特征相同。玛希和斯卡博格(Marsh & Scarborough,1990)针对市场营销提出了9个假设:

配额抽样偏向易于接近的样本。

配额抽样偏离小家庭样本。

配额抽样偏向于有孩子的家庭样本。

随机抽样偏离从业人员。

与配额抽样相比,随机抽样更偏离男性。

配额抽样偏离社会地位低的个体样本。

配额抽样偏离从事制造业的工人。

配额抽样偏离收入极高和极低者。

配额抽样偏离教育程度较低的样本。

接下来玛希(Marsh)和斯卡博格(Scarborough)针对每一个假设提出了他们的研究发现,并得出结论认为,事实上情况比乍看上去更复杂。当然男性看上去似乎更难接触,但是以上许多假设并未找到证据支持。如果这些假设确实很重要,则需引起注意。他们写道:

我们的结论是,随机抽样与配额抽样有区别,但并不像以往文献中所预测的那样完全不同。我们的研究表明现有的文献并未全面描述配额抽样的性能,也许同样,其他方法论问题也需进一步审视(Marsh & Scarborough 1990:502)。

他们得出的结论认为,调研人员应该用调查来回答方法论问题,这一点很重要。对于任何研究,与样本构架相比,需重要考虑的是实际受访者的特征,以及度假者的社会经济背景比较。很显然,根据CCN市场营销部提供的地理人口数据,以及英国旅游调查(UKTS)报道中提到的由国家旅游者委员会进行的一项调查,度假市场明显倾向于高收入社会阶层。

对于总体中具有明显倾向的案例,贝克(Baker,1989)认为地理人口统计系统尽管不是普适的灵丹妙药,但作为非比例抽样工具具有显著的优势。他特别提到"如果抽样者能计算出对标准误差的可能影响,他可以在潜在受访者多的地方自由过分抽样"(1989:41)。从该著作的调查对象来看,还有一点值得注意,即他认为地理人口统计学对少数产品抽样大有裨益——这或许是度假产品市场研究者感兴趣的一个因素。斯莱特(Sleight)和莱文索尔(Levnthal,1989)也得出了相同的观点,认为"地理定位将是确定小型总体样本的有效工具"(1989:82)。

从实践角度看,使用地理人口统计学构建样本的优点在《商人读者调查》和《国家读者调查》中已经得到体现。柯尼施(Cornish,1989)指出 1986 年 A-CORN 首次用于完善甄别结果。1988 年开始使用 MOSAIC,因为事实证明它是更强大的甄别器(同上 1989:47)。

哈姆比(Humby,1989:55)进一步提供证据证明地理人口统计系统高效获取样本组的能力。例如,假设要通过随机抽样获得高收入的 A、B 两组样本,如果抽取总体的 10% 作样本,那么这 10% 就成目标组。他认为,如果采用 A-CORN,从总体 10% 的抽样中有可能选择目标市场的 26%,从总体 20% 的抽样中能达到这两个目标组的 44%。

值得注意的是,他指出,地理人口统计学遗漏了一个重要的变量——年龄,而这个变量将明显改善样本结构。他认为如果将年龄加入地理人口统计学数据,那么在总体 10% 的样本中,美国运通信用卡(American Express)持有者就可能从 30% 增加到 44%。提高精确性的中间环节是由 CAD 开发的 MONICA,但现在已经被更先进的技术所取代。现在许多市场调研公司像 BMRB 不仅能通过地理人口学,还通过消费心态学为产品购买者提供分析服务。BMRB 提供 ACORN 和 OUTLOOK 甄别类别服务,而 CCN 市场营销公司利用 CMT 有限公司的全国购物者调查数据,结合 MOSAIC 和 Persona 为顾客提供类别划分服务。Persona 是一种消费心态记录,用术语表述指基于传统消费学变量的一种消费者行为示意图。这些变量包括诸如行为、观念、价值观和人口统计学等数据。在和 CCN 公司职员的讨论中了解到,目前不建议仅依据 Persona 选择样本,但是结合 Persona 和 MOSAIC,以地理数据基础,能绘制出图形,这比仅仅依赖地理人口学数据的确先进很多。目前它主要用于旅游景点地区零售和金融服务评估。

样本大小

常见的问题是需多大样本。对于资金有限的项目尤其如此,学生做的项目通常面临这样的问题。但对于许多利润率较低的旅游景点运营商也同样会遇到这样的问题,他们非常在意科研成本。从某个方面来说,样本越大越好,但重要的是不仅是样本的数量,还有样本的构成,仅样本大小并不能保证代表性。

旅游研究中调查通常分为以下两类——已知调查总体的大小和方差以及未知调查总体的大小和方差。

对于已知的有限总体,样本大小的计算公式为:

$$n = \frac{Ns^2}{\frac{\{N-1\}B^2}{z^2} + s^2}$$

其中 n = 样本大小;

N = 总体大小;

s = 标准离差或估算值;

B = 可允许误差;

z = 基于理想信度的 z 值。

英国每年有达 1 亿的游客参加包价游,假设我们要调查英国的包价游游客,方差和标准离差未知,但是根据切比雪夫(Tchebysheff)定理,标准离差等于全距除以四,可以计算出估算值。因此,如果估计绝大多数度假者人均花费通常在 200 至 2000 英镑,那么全距值为 1800 英镑,标准离差就是 450 英镑(1 800/4)。一般来说,市场研究在信度的 ±2.5% 范围内进行。由于 95% 的情况都在标准离差均值 ±1.96 范围内,z 值通常为 1.96。如果标准离差的估算基准是游客支出,那么可允许误差也应建立在支出的基础上,大概是 15 英镑。这包括评估支出时可能存在的问题。多数情况将取决于数据获取方式。如果数据源自收入账户和现金流分析,那么可允许误差可能较小。如果数据源自初步实验研究,那么可允许误差通常会大些。

因此,如果有 1 亿人参加了团队旅游,那么理想的样本大小为:

$$n = \frac{10\,000\,000(450)^2}{\frac{(10\,000\,000 - 1)15^2}{(1.96)^2} + 450^2}$$

$n = 3\,456$

如果不知道方差和标准离差,样本大小计算公式为:

$$n = \frac{NPq}{\frac{(N-1)B^2}{z^2} + Pq}$$

其中 n = 样本大小；

N = 总体大小；

P = 总体比例或估算值；

$q = 1 - P$；

B = 可允许误差；

z = 基于理想信度的 z 值。

显然,该公式要求确定采用何种总体比例。如果没有先验倾向,P 值通常采用 0.5,但是尽管该比例是建立在实验研究的基础上,大多数情况下研究者都另有想法。例如,假设通过实验研究发现 90% 的度假者对他们的旅行感到满意,那么对游客的调查就可以使用 $P = 0.9$。按惯例,可允许误差通常为 3%,但这必须根据总体比例的偏离特征和原始数据的其他方面仔细评估。正如上面所阐释的,按惯例 z 为 1.96。因此在这种情况下,样本大小为:

$$n = \frac{10\,000\,000(0.9)(0.1)}{\frac{(10\,000\,000 - 1)(0.03)^2}{(1.96)^2} + (0.9)(0.1)}$$

$$= 3\,838$$

如果不知道总体大小,样本大小可由如下公式计算得出:

$$n = \frac{z^2 s^2}{B^2}$$

其中 z = 基于理想信度的 z 值；

s = 标准离差；

B = 可允许误差。

因此,如果不知道团队度假者的数量,根据前面给出的信度为 95%,$z = 1.96$, $s = 450$, $B = 15$,可算出:

$$n = \frac{(1.96)^2 (450)^2}{15^2} = 3\,456$$

如果没有估算方差,但估计 90% 的度假者表示满意,那么在没有其他信息的情况下,仍有可能利用如下公式计算出所需的样本大小:

$$n = \frac{z^2 Pq}{B^2}$$

其中 n = 样本大小；

P = 总体比例或估算值；

$q = 1 - P$；

$B =$ 可允许误差；

$z =$ 基于理想信度的 z 值。

因此，按照常用的 95% 信度水平，$z = 1.96$，误差率为 ±3%，假设 90% 的度假者表示满意，那么：

$$n = \frac{(1.96)^2 (0.9)(0.1)}{(0.03)^2}$$

计算出了样本大小，需要对不回复问卷进行评估。不回复问卷也非常重要，因为它是形成样本偏差的来源。不回复比率的计算方法很简单，公式如下：

$$R = 1 - \frac{(n-r)}{n}$$

其中 $R =$ 回复率；

$n =$ 原样本大小；

$r =$ 回复者数量。

因此，如果寄出 3000 份问卷，收回 1100 份，那么回复率就是 1 - (3000 - 1100)/3000 = 0.37，而不回复率就是 0.63 或 63%。不回复偏差的严重程度取决于不回复群的总体均值与回复群总体均值之间的差异程度。莫泽和卡尔顿(Moser & Kalton, 1989)认为不回复引起的偏差是无限样本(u 1)均值和简单随机抽样(u)的均值估算之间的差，它源自于每一群体中回复和不回复的比率。他们指出：

当不回复比例越大时，它的（不回复）偏差影响也更大。第二，……不回复偏差的严重性取决于不回复层的总体均值与回复层的总体均值之间的相异程度(Moser & Kalton1989:167 - 168)。

他们以电影爱好者调查为例。在一次 1000 人的简单随机调查中，如果有 800 人作出了回复，那么不回复者就占总人数的 20%。从样本中我们可以发现电影爱好者平均每周去电影院一次。但是如果不回复者是由于更频繁地去电影院，从而在田野研究人员上门调查时，他们不在家，这该怎么办？如果这 200 个不回复者每周去电影院两次，那么去电影院的实际人均次数为 800×1 + 200×2（也就是 1 200 次），这样去电影院的平均次数就不是每周一次，而是每周 1.2 次。因此在此次研究中样本偏差为 0.2。他们得出结论认为必须获取不回复者的信息。

不回复和再次采访

前面已经讲过对于研究者来说,详细说明他们如何获取样本是很重要的。在分层抽样的案例中,必须给出具体的采访对象数量。涉及家庭采访的研究该如何获取样本呢？举例说明出现以下情况时,研究人员可以停止联系采访对象：

(1)成功采访了16周岁或以上年龄的合格对象；

(2)地址不合格而作废(例如,某商业场所)；

(3)地址找不到而作废；

(4)根据地址在打过至少四次电话后仍联系不到人,采访者必须保证其中至少有两次电话是在晚上或周六周日打过去的；

(5)记录显示符合条件的人拒绝接受采访。

以上指南引自1986年《威尔士人口调查》(Welsh Inter Censal Survey),但却十分通用,本作者在研究当地居民对旅游的态度时多次采用。必须教会采访者在联系不上受访者时该怎么做。在以地理人口数据库为基础的样本中,可以教采访者采访邻居,这样能保证样本的效度。这一过程也会引发一系列潜在问题。其中一个就是是否存在采访的最佳时间？斯怀尔斯·亨里斯和德雷克(Swires-Hennessy & Drake)在数据收集中发现了田野采访人员工作的固定模式,在分析了采访人员记录的采访日期和时间结果后,得出结论认为"成功采访的最高概率发生在17:00~22:00点之间"(1992:72)。

在市场研究或旅游研究文献中几乎未引起关注的问题是重复采访受访者的影响。但是为什么要再次采访受访者？在许多情况下,可能是因为纵向研究属性要求重复采访。在短时间内重复采访也可能是保证数据可靠性的一种方法。这种研究存在很多问题。如果发现受访者的回答在短时间内有区别,这该怎样解释呢？部分是由于受访者的学习曲线效应吗？或是因为没有回想起来吗？……在这种情况下又是什么时候记忆出错了呢——第一次还是第二次采访？与评估性问题截然不同的事实性问题之间是否存在差异？另一方面,比较新旧两组受访者的回复也有一些优点,尤其当研究者试图快速从某一特定环境收到回复。现在英国商业公司越来越感兴趣的领域是少数民族市场。总体来说,很少有关于这一群体的度假模式学术研究。但按照常理,这一群体中肯定存在着重要的旅行模式。但以此为目的而接近这一群体可能会产生一个问题,需要研究者采访几组特定的受访对象。哈罗(Halo,1992)曾做过类似研究,并撰文报道了研究发现。他的研究涉及一系列耐用消费品和日

第七章 问卷调查的实施

用杂货,还包括圣诞节活动。他指出:

在事实性问题或行为问题上没有显著性差异。在意识性问题上的差异可能是他们更希望在再次采访中有所帮助。他们更积极、更认真,因此总的来说得到了更多的回复。

在我看来,这对研究过程产生了积极的作用。那些回答问题更认真的受访者能提供更有价值、更敏感细腻的研究发现,尤其对于开放性问题(Hahlo 1992:108 - 109)。

他的观点再次引出了研究设计的本质、研究目的及作用等问题。"更认真"的样本具有代表性吗?对于某种意义上具有代表性的样本来说,就回复的质量而言,数据丰富性和内在一致性哪个更重要?

至此,本书的第二章和第三章讨论了在分析数据时需采用哪种理论框架。作为后面几章的引论,本章具有承上启下的作用,因此有必要先概述问卷设计中需使用的各种统计技术的作用。这并不是说统计技术应决定问卷问题的性质和模式——远不是这个意思——而是说如果从获取数据的角度认为提问的方式非常重要,那么同样也必须考虑数据分析的形式。

例如,根据采用多属性分析、联合测量或其他诸如多元测量等方法的不同,问卷设计差别很大。若在问卷设计早期阶段没有考虑这个因素,就很可能会设计出一系列不相关的问题,从而导致分析缺乏丰富性和多样性。

有关这类问题在第五章已经讨论过了,回归分析的部分问题也可以参考此章。研究者问卷设计时必须考虑的下一个问题是他们是否试图从假设预测诸如度假满意度问题。研究人员能做的一件事就是评估研究设计中各因素之间的相关性。虽然在回归分析一章中将详细讨论,但这里也适宜稍加评论,因为它影响到抽样和研究实施。的确,后面的章节将证明,在评估数据是否能证明存在潜在因子和因子群时应使用相关矩阵系数,这是初步筛选的一部分。这一相关系数也可用于评估因变量和自变量线性相关的案例中记录结果的预测近似度。回归分析只是将过程又推进了一步,因为它根据自变量的值(例如,年龄、期望、旅行经历或其他认为能决定满意度的变量)预测因变量(例如,度假满意度)。的确,可以根据因子分析所确定的因子群的值测量出满意度。

在线性关系中,因变量 y 和自变量 x 之间的关系可以表示为 $y = bx + a$。假设采用 x 和 y 的散布图的最佳适配的最小二乘直线,直线斜率 b 就可以根据公式 $b = r(s_1/s_2)$ 计算出来,其中 s_1 和 s_2 分别为 y 和 x 的标准离差,并与两个变量相关。a 为截距(即当 x 为零时 y 的值),其值 $= y - bx$,如以上公式所示。

使用这种方法既可以预测出因变量的值,也可以用预测值与实际值之间的差异衡量假设关系的效度。但是,如果出于以上任一目的而使用回归模型,研究者必须注意预测误差的根源及其测量方法。最小二乘估值采用误差平方(因为误差的平方消除了标识,即不管误差是积极的还是消极的)。但是因为研究通常对因变量(预测变量)误差感兴趣,所以计算的往往是 y 变量的误差标准离差。计算公式为 se s. $\sqrt{(1-r)}$。但是由于误差的标准离差是所有数据的平均误差,往往不能很好地估算某特殊分值组。例如,如果一个样本划分成高、中、低三类满意度得分者,就不适合采用平均标准误差。假设各组变化相同称为同方差假设,也可以用标准分而非原始分测量误差。

会出现误差通常与以下三类问题有关:样本偏差、样本误差和测量误差。样本误差是样本统计量偏离总体统计量,这种偏离源于样本与总体的机差。当实际测量与预计测量之间有差异时,就会产生测量误差,测量误差可能源于错误的研究,或这里所讨论的问卷设计。如果测量有系统性的错误,那么测量将缺乏效度。如果测量出现不规律的错误,那么测量结果不可靠。

测量误差直接影响到相关性。自变量和因变量的误差与相关性成正比。例如,假设选用一个大样本,并精确测量了各变量,结果发现相关性为 0.60。这种情况下测量误差接近于零。相关性可用于预测,置信度很高。另一方面,假设只使用一个项目测量态度。莱文和亨特(Levine & Hunter,1983)指出在这种情况下,"通常测量误差研究信度为 0.50,或更低"(1983:338)。在这种情况下相关性 0.60 将降至一半,即变为 0.30。莱文(Levine)和亨特(Hunter)进一步指出如果由于测量误差、样本误差影响到相关性降低,那么"结果会很糟糕"(1983:339)。通过增大样本和改进测量方法可以完善结果。

通过实际测量和理想测量之间的相关性,可以测量出信度,信度通常被界定为真实分值与实测分值之间相关性的平方。社会科学研究中一个明显的问题是缺乏对"真实"分值的了解。因此信度检验经常被更准确地描述为内部一致性分值。可以使用各种不同的技术进行检验,这将在后面章节中论述相关统计检验时进行介绍。其中一种检验叫克伦巴赫(Cronbach Alpha)系数。

小结

尽管定量研究具有内在客观性,但通过回顾以上问题和概念表明现实非常复杂。样本属性是需重要考虑的因素,但结果的效度和信度更大程度上依赖于问卷中的实际措辞。值得重申的是,统计推论的效度不仅基于经科学证实的概率关系,还基于问题表述技巧。

的确,问卷设计、组织和实施的许多方面,都是经实践磨炼出来的一个技巧问题。正如例子中所看到的,研究者不仅要决定问卷设计、措辞、版面设计、开放性问题或封闭性问题,或是否使用提示语帮助受访者回忆,还要知道如何应对不回复者,是否需要继续追踪调查——事实上如我们所见,这是一组相关且复杂的问题。只有根据研究目的、支撑研究所需的信息及研究假设才能作出判断。这似乎要求明确研究目的,但如果这种明确意味着方法的不灵活,无法对受访者的回答作出回应,那么明确目的就变成一种障碍。

还有必要重申的是,尽管许多统计学教材都详细介绍了样本设计问题,有一种观点认为拙劣的问卷设计所出现的错误要多于拙劣的样本构成所出现的错误。但对于忽视样本属性这一问题却已达成共识。抽样方法非常重要,研究者应尽可能特别关注导出样本的总体的属性。

附录7.1

分层抽样——样本计算

该过程包括:

其中 N = 总体大小

n = 样本大小

L = 分层数量

N_i = 第 i 层的总体大小

n_i = 第 i 层的样本大小

σ_i = 第 i 层的总体标准离差

W_i = 第 i 层的权重

(a) 定义分层数量 L。

(b) 估计每一分层 N 中样本单元的数量,分层数量从 1 到 L。

(c) 决定总体 N 中的样本单元数量,其中 $N = \sum_{i=1}^{L} N_i$

(d) 估算每一分层中相关特征测量的方差。可以使用诸如切比雪夫定理 (Tchebysheff's theorem) 的经验法则。

(e) 指出分层 $\sum_{i=1}^{L} w_i = 1.00$ 中的分配权重 w_i

权重的配置可以与分层大小比例得当,也可为便于分析(例如,确定适于检验的样本)或选择的权重与变异性和分层大小成比例时,权重的配置与分层大小不成比例。

(f) 通过为正态分布选择合适的 z 值(信度),决定合适的信度。

(g) 决定可允许的水平程度

(h) 用下面等式中的 B 值估算总体估量值的方差:

均值　　　　　　　　　比例

$$Z\sqrt{\sigma_x^2} = B \qquad\qquad Z\sqrt{\sigma_y^2} = B$$

$$\sigma_y = \frac{B^2}{z^2} = D \qquad\qquad \sigma_y = \frac{B^2}{z^2} = D$$

(i) 计算样本大小 n,用于在可允许水平范围内估算事先由 B 指定的总体估值。

对于均值来说　　　　　　　　　对于比例来说

$$n = \frac{\sum_{i=1}^{L}\frac{N_i^2\sigma_i^2}{w_i}}{N^2 D + \sum_{i=1}^{L} N_i\sigma_i^2} \qquad\qquad n = \frac{\sum_{i=1}^{L}\frac{N_i 2 p_i q_i}{w_i}}{N^2 D + \sum_{i=1}^{L} N_i p_i q_i}$$

(j) 在分配过程基础上计算 $n_1, n_2 \cdots n_L$。

切比雪夫定理(Tchebysheff's Theorem)

切比雪夫定理认为对于任意一组均值为 x,标准离差为 s 的样本测量,样本中位于 $x \pm 2s$ 和 $x \pm 3s$ 的区间内的观察值总数量比例如下:

$x \pm 2s$:至少 75%

$x \pm 3s$:至少 89%

总体标准离差的近似值可由下面的公式推算:标准离差幅度/4。

因此,如果度假者在旅游目的地的消费水平为 £4.00 至 £34,那么可以通过(£34 – £4)/4 计算出标准离差,等于 £7.50。

第八章　数据编码和描述性统计

引言

接下来几章将通过统计软件包社会科学统计包(SPSS)举例说明数据统计及解释。该程序自 20 世纪 70 年代投入使用,尽管当时研究者们主要通过电传打字机终端或向主机操作员提供穿孔卡以进入该程序,但其发展很完善。然而,自 20 世纪 80 年代以来,SPSS 软件可用于台式电脑,之后可用于 Windows 操作系统,从而使其能利用下拉式菜单,而这成为 SPSS 程序的特色。但是,对于该程序的早期版本,任何会使用语法指令的人都可以轻易进入。随着时间的推移和不同版本的更替,通过使用下拉式菜单和嵌入式选项,有越来越多的统计操作方式可供选择,以至没必要再去学习语法"语言"了。现在利用菜单已成为使用该程序的一种默认方式,研究者们(包括本作者)似乎难以想起过去操作 SPSS 的首选方法是使用语法命令。例如,韦斯特(West,1991:204)指出:"由于菜单系统非常复杂,我所认识的人中几乎没人使用。"但像其他软件包一样,SPSS 也在不断升级,今天支持使用语法指令的原因主要集中在以下两个方面。第一,有些研究人员喜欢"控制"软件包,以确保该程序生成出他们想要的统计数据,而其操作方法就是使用语法语言命令软件包。第二,尽管新的软件包版本不断涌现,越来越多的程序可供使用,但是有些更为先进的程序还是无法通过菜单获得。现在本书作者已不再教学生语法语言,只有采用现有菜单中没有的先进技术时才去看一下这些说明书。

尽管所有期刊文章都表明 SPSS 是目前使用最为普遍的软件,但它并不是旅游研究人员从事态度和满意度研究所使用的唯一软件包。有些研究者仍使用 MINITAB,该软件最初在 20 世纪 80 年代很受欢迎,因为与 SPSS 的早期版本相比,MINITAB 使用起来对用户稍微友好一点。该软件最初由宾夕法尼亚大学开发,用于辅助统计学教学。该软件在出现问题时用户只需键入"帮助"字样,就可以回到基本帮助指令界面。第三种仍在使用并在学生尤其是北美洲的学生中流行的软件包是 NCSS(Number Cruncher Statistical System),由统计学教授杰瑞辛兹(Jerry Hintze)创建。杰瑞辛兹(Jerry Hintze)想让学生轻松掌握功能强大的统计程序。NCSS不仅功能强大,而且与SPSS和MINITAB相比价格较为便宜。但是现在SPSS和MINITAB两家公司开发了学生版本,该版本几乎复制了NCSS整个软件包中的所有命令,不过在性能上还有些缺陷。此外,对于非营利性研究和研究生可以折扣价买到SPSS正式版本。这三种软件的详细资料可在他们各自官网上找到:

SPSS 官网　　http://www.spss.com
Minitab 官网　www.minitab.com
NCSS 官网　　www.ncss.com

当然,还有很多其他程序。如Statgraphics、SAS和MYSTAT各有各的优点。像许多计算机软件一样,用户需根据其可支配资金自行决定需要什么。很多例子告诉我们,熟悉某软件可以提高使用效率,甚至可能对它情有独钟。许多用户通过多键组合能利用这些"怪癖"加快程序使用速度。在大多数情况下,这些程序生成相同类型的统计检验表,但在电脑绘图性能和数据显示方式上可能有些差异。现在几乎所有的软件包数据输入都采用电子制表软件,或是从诸如Excel或基于文档版本(DOS)等电子表格中输入数据。本书作者倾向于下文即将介绍的方法,即在Excel中备好数据,然后用SPSS将其输入电子表格。也可以从SPSS中输出数据然后将其输入Excel电子表格中,这就需要使用Excel图形处理软件。该软件在某些方面比2006年版的SPSS好。SPSS最近一些版本的另一个主要特征是能将从SPSS输出的表格剪切并粘贴到Word文档,不过这通常需要对表格作一些小的调整。下面将介绍这些技术。

数据整理与输入

(一)基本准备工作

调查问卷设计并发放之后,将会收到成百上千份回复,接下来的问题就是准备输入数据。每个研究项目都有自己的特殊性,因此数据输入没有统一的适当方法,但相对来说,有些方法较好。此外,有些问题可以通过细心设计问卷版面和问题属性而得以避免。大多数计算机程序要求数据矩阵,矩阵每列代表已编码的问题答案,每行代表各受访者对这些问题的回答。因此对初学者来说,数据输入的基本步骤是什么?这将对问卷设计有何影响?对于数据输入,明智的做法是按照以下步骤进行:

1. 检查每一份回复,确保问卷填写完整

有时受访者可能没有注意到问卷为双面印刷,因此可能只在单面作了回答;有些受访者不想填写类似年龄、收入等类似个人信息;有些受访者或许略去了感觉难以回答的问题。

这些问题可通过采用一些方法降到最低。例如,标出问卷页码将有所帮助,尤其是在问卷末尾或在附加信中加以说明,请受访者确定他们全部填写完了八页问卷(如果问卷实际长度为八页)。同样,承诺保密也是有效的措施。如果没有要求受访者填写真实姓名或住址(例如,追踪调查),在附加信中承诺保密回复,并表明不会询问受访者的姓名或住址,将有所帮助。做完这些,接下来就要思考如何保证有效样本的代表性。承诺保密,然后给问卷或回邮信封编码。编码时最糟糕的情况就是允许确认受访者身份,这一般被认为是不道德的,最多假设受访者不知道会发生这种情况;很多时候这是一种无效假设,并会影响回收率或回复的性质。

根据回复的数量以及问卷完成的程度,研究者必须决定以下几个问题:

(1) 对未完成的问卷如何处理(保留还是丢掉);

(2) 如果保留,如何处理不完整的数据。

以上问题的回答取决于研究的特征及遗漏的性质。如果遗漏的是问卷中的重要部分,那么可能最好是丢掉这份问卷,但是如果受访者只是拒绝提供个人信息,那么该问卷通常可以保留下来用于后续分析。

2. 按先后顺序或其他对研究者有意义的顺序给问卷编号

建议输入电脑的第一个编码是受访者的序号。这就意味着以后核查时,研究者可以迅速找出原始问卷,并返回去根据原始形式修改输入的数据。核查数据时不能不参考原始数据而随意猜测编码的数据值。这也表明问卷需按一定顺序保存,以便以后容易找到。将原始数据堆放在地上容易散落从而弄乱顺序,因此最好将它们保存在盒子或档案盒中。不管怎样,务必保留原始问卷——在数据输入电脑前不应丢掉问卷,否则除了不能重新更正错误的数据输入外,还不能了解定性回答的准确措辞,必要的时候也不能证明整个研究实施得当。根据保密立法和研究者所在国的数据保护法律规定,可能还要求将数据记录保存在计算机上一段时间以供信息提供者提问有关数据问题。

3. 决定如何对遗漏的数据编码

许多计算机程序只允许在表格中输入数字信息用于统计分析,因此务必细心,以便能找到缺失的数值。这是因为频率统计要确保研究结果必须基于足够的回复量。在态度研究过程中,研究者也必须考虑如何处理缺失值——没有回答某个问题这一事实本身是否也是一个重要信息?以表8–1中的问题为例。

表 8-1　允许不回答

您认为导游服务如何？						
很差					很好	不作答
1	2	3	4	5		0

在表 8-1 的例子中，如果受访者选择 0，计算时这份问卷就可以忽略，因为受访者感觉无法作出判断，也许他们没有使用过导游服务。再看表 8-2 中 Fishbein 的提问方法。

表 8-2　务必作答

导游服务对您的重要性如何？				
不重要				非常重要
1	2	3	4	5

在这种情况下，受访者可能不予回答。该问题问的是受访者的感受。不回答表明不重要吗？如果编码为 0，这个 0 要纳入平均值的计算中去吗？一般来说，未回复的问卷不纳入统计是较为"安全的"，因为研究者随意猜测受访者回答问卷时的思维状态是很危险的；但每个研究者必须根据回复模式、数据需要、处理方法（例如，是否配对比较）以及其他任何信息考虑这一问题。

4. 核查回答的一致性

输入数据时研究者可能会意识到受访者的回答模式不一致。例如，受访者可能一方面对度假的社会需求打高分，但另一方面在回答"与朋友共处的重要性"问题时打低分。很多时候由于积极作用或消极作用的问题混在一起，或者问卷版面设计不好，量表刻度分值所表示的含义相反（例如，问卷一部分数值 5 代表肯定最高分，而另一部分却代表否定最高分），就会出现不一致性。这些问题第六章已经讨论过了。然而，为避免这类问题，最好遵循一致性原则。一致性不会给信息提供者带来过多困难。实现一致性并有助于受访者答题的方法如下：

（1）确保量表刻度、长度相等，即向受访者提供量表范围时始终如一地使用 5 分、7 分、9 分或 11 分分值的量表。

（2）确保分值方向上的一致性。例如，如果 7 代表肯定回答的最高数值，需保证在整个问卷中都是如此。

（3）如果问卷题目前面对量表性质进行了说明，但问卷题目多于一页，就有必要在新的页面顶端再次说明量表性质。

（4）保持每页版面设计整洁、简单，避免外观杂乱无章。

可在编码和输入数据之前，或分批时，或在后续的数据输入时检查问卷这些问题，这取决于问卷的数量和复杂程度；但不管什么时候检查都必须保持前后一致。下一步需要做的是问卷问题编码。这也是李克特式量表或语义区分量表的优点所在。在某种意义上，受访者实际上已经通过圈或勾出合适的答案为研究人员做了编码工作。如果给出了一些选项，最好只要简单地按从1到最大值的顺序编码（见表8-3）。

表8-3　基本数据——需编码

请根据自己的实际情况在对应的方框内划"√"		
性别	男性	□
	女性	□
年龄	<16	□
	16~25	□
	26~35	□
	36~45	□
	46~65	□
	66~75	□
	≥75	□

因此对于性别，男性编码为1，女性编码为2。年龄编码从1到7。设计问卷时最好在问卷左边或右边的空白处留出一定空间以输入编码。如果根据数据输入电脑的顺序给空白处编号就更有益。这样做有两点好处。第一，如果需要核实问卷上的某个问题，这样更容易找到信息。第二，如果研究者决定不使用变量标识，采用这种编号只需查阅任何一份问卷就可以轻松地确定某特定问题的选项。这样，电脑输入数据时变量一就是该份问卷的编号，因此问题一实际上就是第二列。如果通过组合数据产生了新的变量，则需按照适当的顺序对其进行编号。例如，假设一份问卷有40个变量，与性别和年龄相关的问题是：

（1）欣赏自然美；

（2）再次确认家庭关系的重要性。

或许以上两点都是该问题的预期回答，但如果编码设计只允许一个编码，该如何编码这一回答呢？或者是否需再列出一类将前面提到的两个选项结合起来？如果这样，该如何处理"度假最精彩的部分"的频率统计？一种解决方法就是给该问题分配多个编码空间。因此，如果上面提到的问题是问卷的第32个题目，在编码框架中应留出两列用于编码这两种答案。对于开放型问题研究者应决定需留出多大的空间，但这不可避免会失去一些信息。另一方面，根据受访者的编号确认受访者，很容易从原始问卷中检索到这些信息，也很容易查到受访者充分地回答了开放型问题，因为为该题目预留的编码空间已经写满了。

（二）数据输入

对问题编号之后，下一步就是将数据输入电脑。为方便举例，假设有一份如表8-3所示的关于性别和年龄的社会人口统计数据，其中代码"1"和"2"分别表示男性和女性，代码"1"到"7"代表前面建议的不同年龄群。假设研究者希望获得受访者对酒店服务的反应，问卷包含如图8-1所示的红色字体。

对上次入住酒店服务的评价

回想一下您上次住过的酒店，如果您能记得酒店的设施，请使用下面的数值表示您对酒店的满意程度。

非常满意	7
很满意	6
满意	5
既满意也不满意	4
不满意	3
很不满意	2
非常不满意	1
未提供某设施/某设施不合适/没有使用/不记得	0

例如，如果您住的酒店未提供夜总会娱乐设施　请圈 0

酒店提供夜总会娱乐设施　　⓪　1　2　3　4　5　6　7

您对所住酒店的满意程度	0 1 2 3 4 5 6 7
浴室设施（吹风机、剃须刀、电源插座、洗发水等用品）	0 1 2 3 4 5 6 7
免费报纸	0 1 2 3 4 5 6 7
适宜家庭欢聚的餐厅	0 1 2 3 4 5 6 7
早餐品种范围	0 1 2 3 4 5 6 7

图8-1　酒店服务评估部分问卷

为方便举例，假设有10个受访者。记住，需识别每一份完整的问卷，以防数据输入出错时需再次查阅。每位受访者有七条信息——问卷编号、四个题目的得分、受访者的性别及年龄。

现在可以将数据输入电子表格。本例中采用Excel。第一行输入变量名称。2006年版的SPSS有一个缺点,即用于变量名称的特征数量不能超过8个(这一局限性可追溯到40多年前使用穿孔带和穿孔卡输入数据时期)。输完数据后电子表格如图8-2所示。

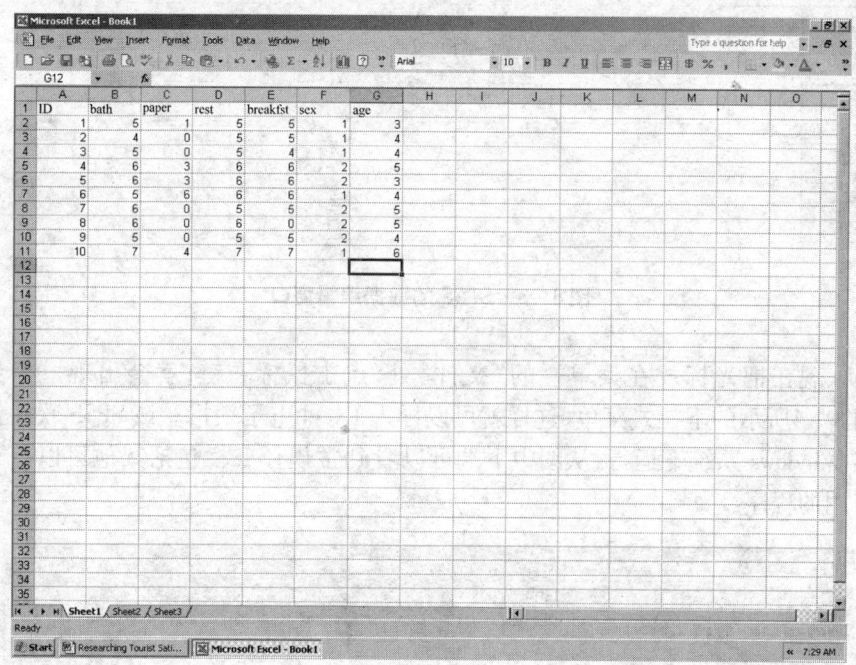

图8-2 Excel电子数据表格

录入数据使用类似Excel的电子表格具有很多优点,包括:

(1)能使用电子表格附带的电脑绘图工具绘制图表,该工具优于统计包附带的绘图工具;

(2)更易于软件统计包之间的转换。例如,学生在大学可能使用SPSS,而在家用电脑上可能使用另一个程序。采用电子表格可以避免两个统计包由于存储数据方式不同而造成的不兼容问题;

(3)如果数据量大,为保证不出现错误,在输入数据时,电子表格可以将变量名称剪切并粘贴到插入行中,这是电子表格的一个优点。在将电子表格输入统计包之前,可以删除包含变量名称的行(顶行除外)。

一旦数据输入完成,下一步就是将数据转至SPSS,并完成变量标识。

需做的第一件事是关闭Excel文档。要输入数据只需进入本身是电子表格格式的数据编辑窗口,从而打开SPSS,如图8-3所示。

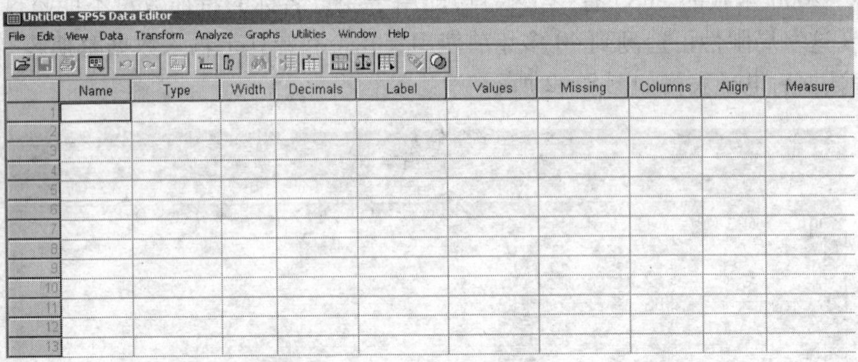

图 8-3　SPSS 的数据编辑窗口

现在把光标放在菜单栏的"文件"处,点击鼠标右键,就会出现一个如图 8-4 所示的下拉式菜单,这样就可以导入 Excel 电子表格。该 SPSS 软件包在 Windows 系统下运行,从图中下端可以看到常规任务栏包括其他可以打开使用的程序。

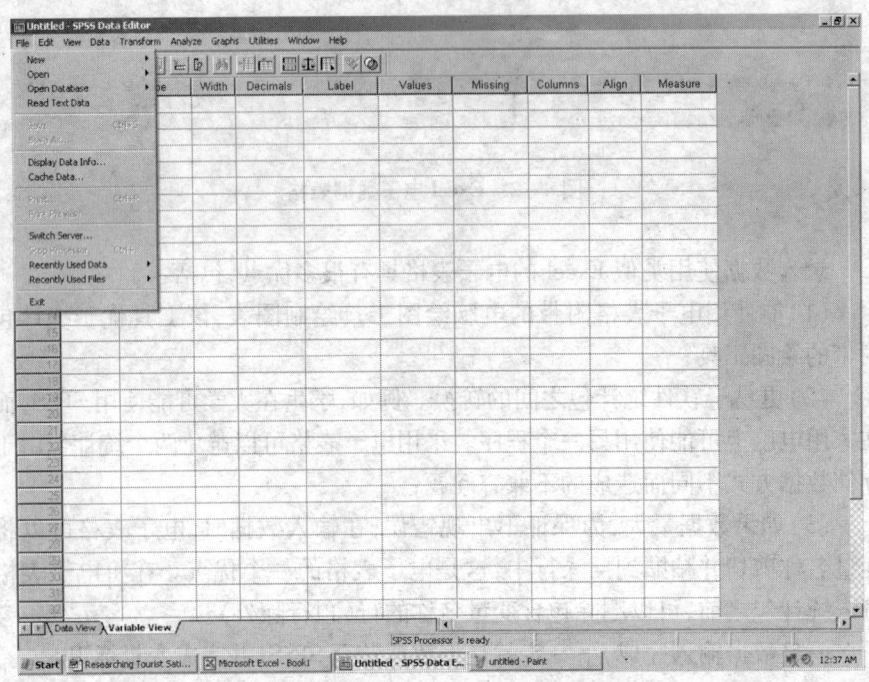

图 8-4　准备输入数据集

接下来开始做以下工作:

(1)将光标放在"打开"命令上,点击鼠标右键;

(2)这时就会弹出一个如图8-5所示的常规浏览窗口。由于SPSS已默认设定为查找SPSS数据文档,所以必须选择"文件类型"菜单上的向下指示箭头。找到如图8-5所示的Excel文件后,点击鼠标右键,将会弹出一个包含保存了研究数据的文件夹的文件列表。将光标放在文件名上双击鼠标打开文件。

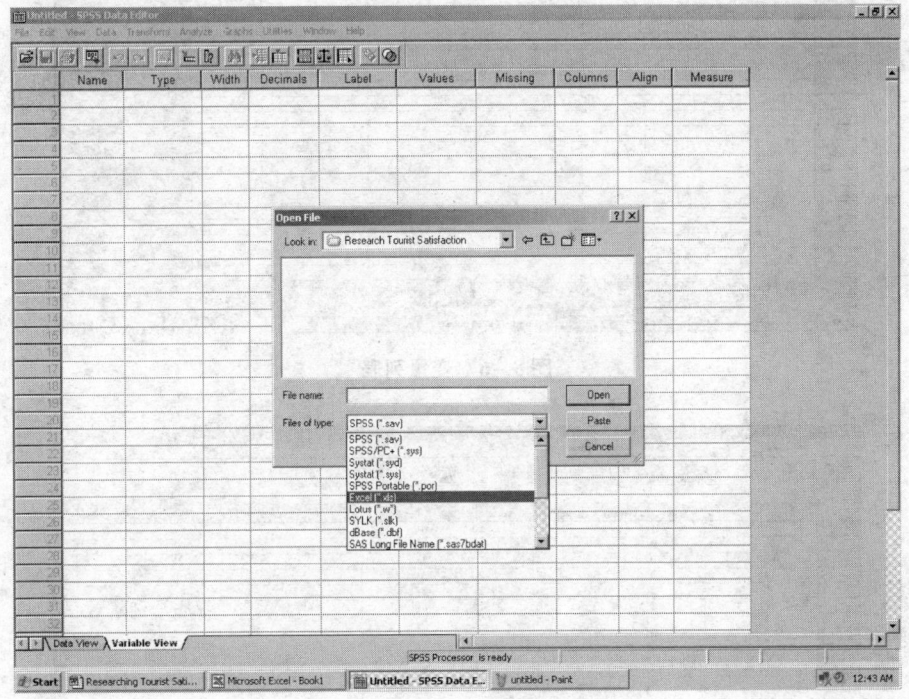

图8-5 查找Excel数据文件

完成这些之后,将发现SPSS打开了变量列表,如图8-6所示。在该页下端任务栏左上方有两个标签,一个标有"数据视图",另一个标有"变量视图"。如果点击"数据视图",将会出现输入在电子表格中的数据,如图8-7所示。

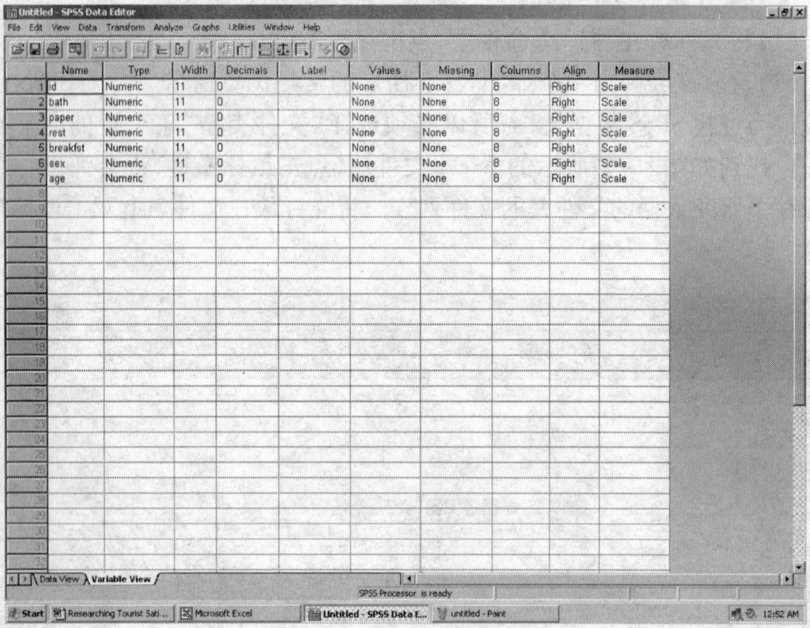

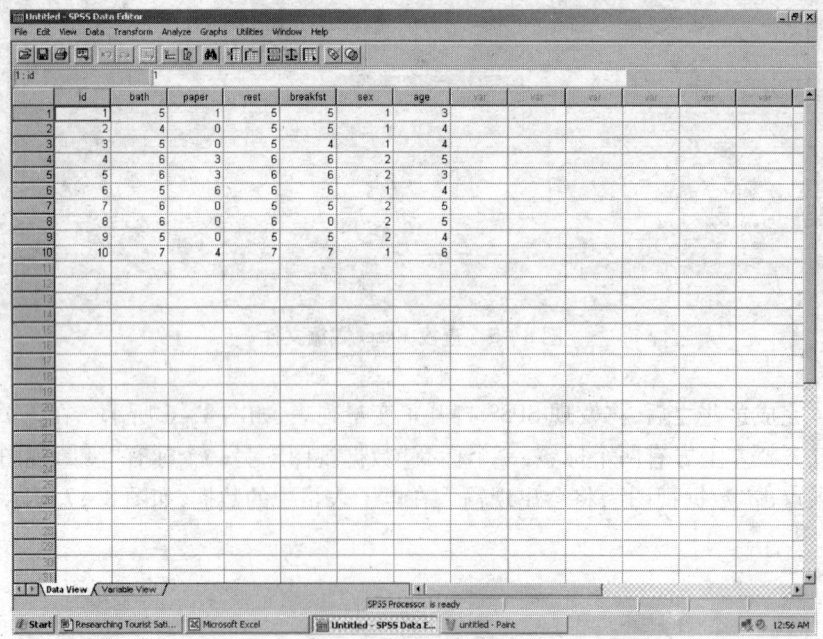

图 8-6 变量列表

图 8-7 数据视图

下一步就是完成数据结构，首先需返回到 SPSS 的变量视图页面。使用 SPSS 输出全部变量名称列表非常有用。由于 SPSS 程序基于 Windows 系统，所以可以从原始问卷直接将变量名称剪切并粘贴至数据编辑窗口中的“标签”栏。但是对于至少第 12 版之前的版本，不能在一个数据块的不同字段间剪切并粘贴，必须按顺序分别输入变量标签。不过这也比重新输入整个原始问卷要快。完成这一步后，数据编辑窗口如图 8－8 所示。

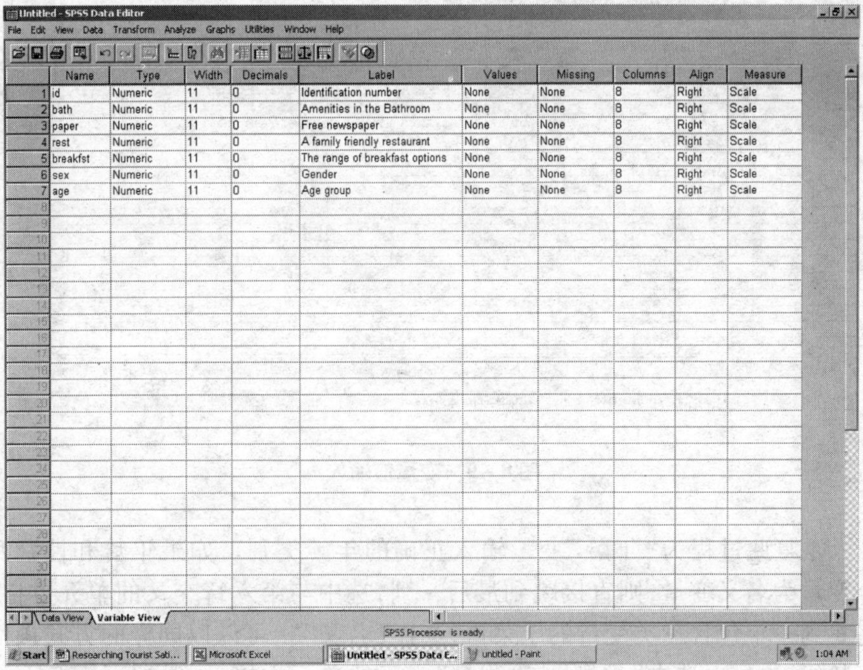

	Name	Type	Width	Decimals	Label	Values	Missing	Columns	Align	Measure
1	id	Numeric	11	0	Identification number	None	None	8	Right	Scale
2	bath	Numeric	11	0	Amenities in the Bathroom	None	None	8	Right	Scale
3	paper	Numeric	11	0	Free newspaper	None	None	8	Right	Scale
4	rest	Numeric	11	0	A family friendly restaurant	None	None	8	Right	Scale
5	breakfst	Numeric	11	0	The range of breakfast options	None	None	8	Right	Scale
6	sex	Numeric	11	0	Gender	None	None	8	Right	Scale
7	age	Numeric	11	0	Age group	None	None	8	Right	Scale

图 8－8 变量标签列表

性别和年龄变量包含不同的名义变量或类别变量值，可以在 SPSS 中修正数据编辑窗口以体现这个特征，并确保表格输出时，所有的标签和值都显示在表格中。这需将光标移到表示“性别”变量的第六行与标为“值”的列相交的方格上，如图 8－9 所示。点击鼠标右键，弹出一个子菜单。在子菜单中输入数值“1”，然后在标有“值标签”的方框中输入“男性”。这样方框“添加”变亮，用鼠标点击一下，并继续输入“女性”的代码。完成这一步后点击“OK”方框，这些描述性信息就输入 SPSS 程序中了。

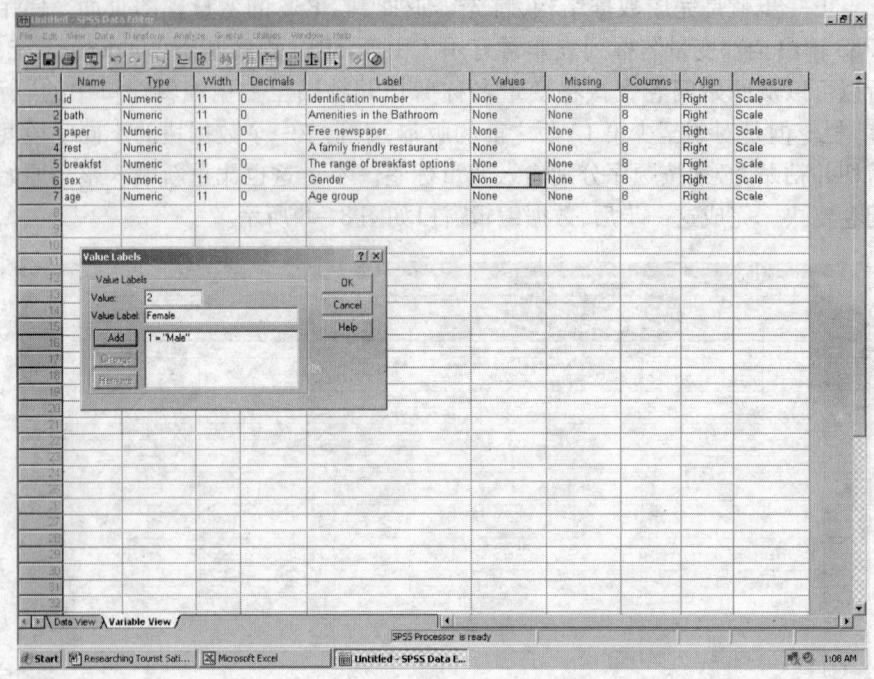

图8-9　变量值输入

　　重复此过程为"年龄"变量输入正确的年龄类别。如果年龄和性别两个变量为名义变量，则直接跳到最后一列，选中与第六行交叉的单元方格，将看到一个包含三类变量的子菜单，选择"名义"。可以以同样的方式操作年龄组，也可以选中"性别"与"测量"交叉的单元方格，同时按下键盘上的Ctrl+C和Ctrl+V键，将选项剪切并粘贴到"年龄组"与"测量"交叉的方格中。可以在不同的单元格区间使用剪切和粘贴。现在数据编辑窗口如图8-10所示。

　　在SPSS数据编辑窗口中标为"缺失"的列也可以采用这种剪切和粘贴选项功能。该列用于插入编码为缺失数据的数值，因此不在统计范围内。将光标放在标为"缺失"的列下面的方格上，点击阴影区域，将会弹出一个子菜单，要求输入三个可代表缺失值的编码以供选择，如图8-11所示。

第八章 数据编码和描述性统计

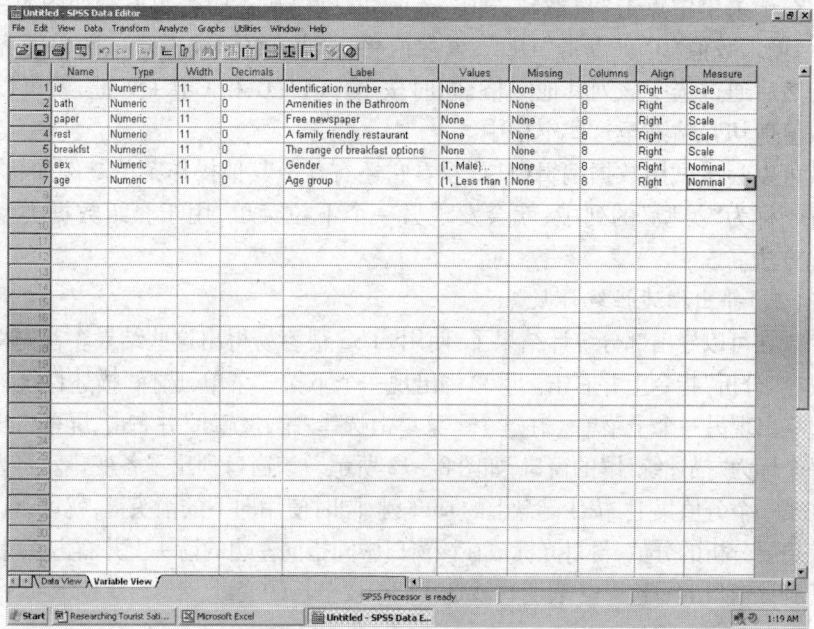

图 8-10 创建名义数据

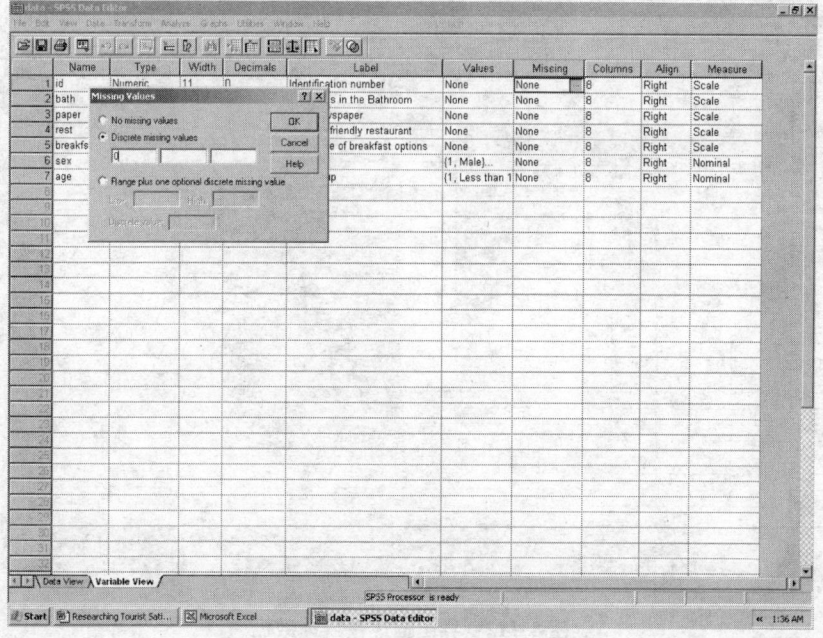

图 8-11 输入编码代表缺失的数据

— 175 —

在子菜单中点击"离散缺失值"选项,就可以输入所需数值。如图8-11所示,输入数值"0"。点击"OK",该数值将出现在数据编辑窗口的单元方框中。然后通过选中该列其他空格,同时按下Ctrl+C和Ctrl+V键,就可以将该数值剪切并粘贴至这些空格中。

可以尝试试用数据编辑窗口,看看它还有什么其他操作菜单。例如,将光标置于标为"类型"的列中,就会发现另一个下拉菜单,用于介绍数据类型和标记方法。

(三)导出描述性统计数据

现在可以导出部分统计结果了,使用SPSS很容易得出这些结果。首先将光标放在"分析"指令上并右击。屏幕将出现一个下拉式菜单,选择"描述性统计",右边将出现另一个子菜单。在这个子菜单上选择"描述统计"并右击,屏幕将出现另一个标为"描述统计"的窗口,如图8-12所示。该窗口列出了各变量。将光标放在第一个分值集上,按住键盘上的shift键,同时使用向下的箭头键,就可以选中所有想要分析的分值,再将光标放在该窗口中间指向左边的箭头并右击,就将列表转到该窗口的右边——表明这就是我们想要分析的变量。

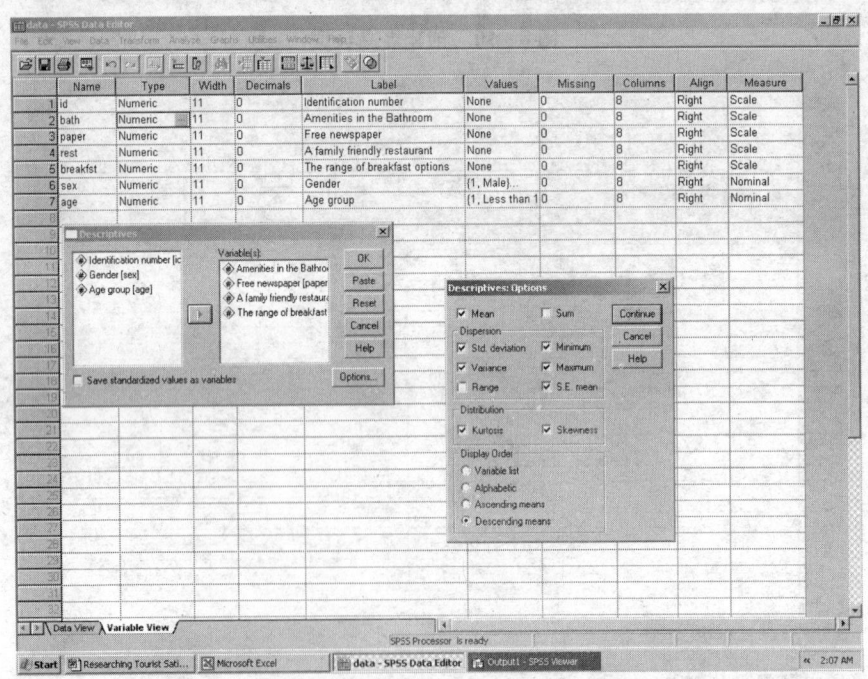

图8-12 导出描述性统计数据

需指出的是在该窗口底端右下角有一个标有"选项"的按钮。点击这个按钮将会出现图8-12中右边所示的另一个菜单,标题为"描述统计:选项"(注意:可以用鼠标像平常一样在屏幕上拖动这些菜单)。在图8-12中,很多选项已被勾出。值得注意的是选项"降序方式",该指令将创建一个表格将数据从高到低排序,其中最高均值放在表格的首位,然后是第二个最大值,以此类推。勾出想要的选项后,点击"继续"按钮,窗口将关闭。现在在第一个子菜单窗口中点击"OK"关闭此窗口,之后SPSS将在输出窗口显示统计结果。可以直接将统计结果剪切并粘贴到Word文档中。图8-13演示了这一类似过程,但它是用于分析频率。在这个案例中,为了得到所需的选项,需在已确定要分析的变量窗口中勾出选项"统计"。表8-4显示了统计结果。这也表明SPSS可以通过不同的方法得到同样的结果,因为这些统计结果也可以通过"描述统计"子菜单获得。很多软件都是这样,用户需自行决定采用最有利于自己的方式获得数据。

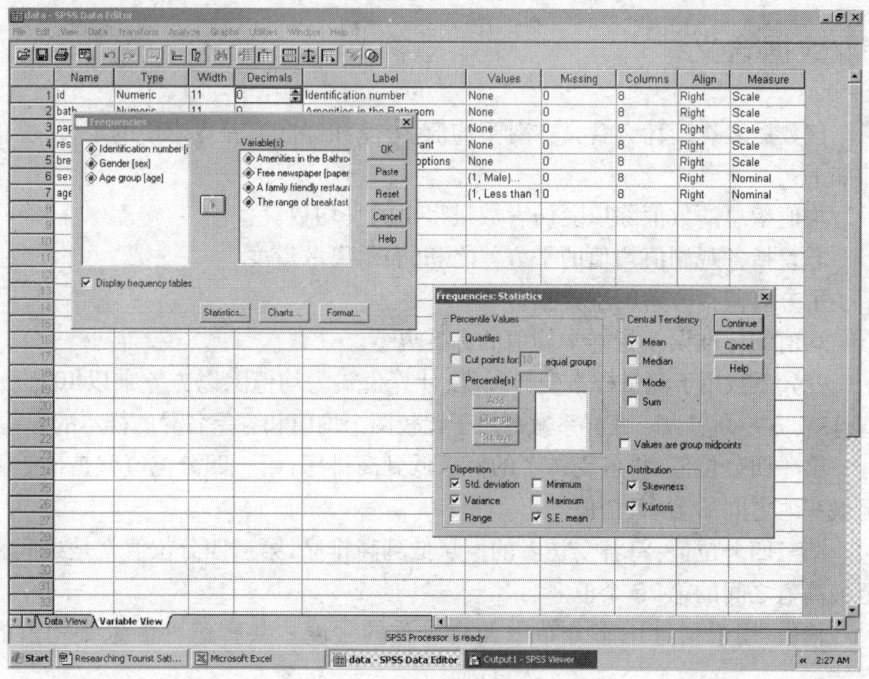

图8-13 频率分析

表 8-4 频率统计结果输出

数量		浴室设施	免费报纸	适合家庭欢聚的餐厅	早餐品种范围
数量	有效	10	5	10	9
	缺失	0	5	0	1
均值		5.500	3.400	5.600	5.440
均值的标准误差		0.269	0.812	0.221	0.294
标准离差		0.850	1.817	0.699	0.882
变量		0.722	3.300	0.489	0.778
偏斜		0.000	0.267	0.780	0.214
偏斜的标准误差		0.687	0.913	0.687	0.717
峰态		0.107	1.074	-0.146	0.144
峰态的标准误差		1.334	2.000	1.334	1.400

数据含义

该数据表达了什么含义？对于均值、方差和标准离差等术语的定义，现总结如下：

均值指总的数值除以受访者数量得出的平均数。

方差指各观测值均值的平方差之和，表示离散量度。

平方离差指方差的平方根。

均值的标准误差指样本均值的标准离差。

变异系数用于测量样本变异程度，计算公式为均值除以方差乘以100。分值越高，方差则越大。变异系数可用于比较两个均值和方差各异的样本的方差。

第一四分位值：将各受访者的值从低到高排序，第一四分位值就是最低值至最高值之间的第25个值。

第三四分位值：将各受访者的值从低到高排序，第三四分位值就是最低值至最高值之间的第75个值。

偏斜：用于测量正态分布中偏离对称的程度。共有三种测量平均值的方法：

(1) 上文描述的均值计算方法；

(2) 众数，指数据中出现频率最高的值，可以通过频率计算而得；

(3) 中位数，即四分位值的"一半"（也就是将受访者的值从低到高排列，位于最低值与最高值之间的中间值）。

在正态分布中,这三个值是相同的。但是如果没有出现这一现象,表明该样本是偏斜的。因此,偏斜的计算公式为:

(均值－众数)/标准离差,或

(均值－中位数)/标准离差

偏斜值通常在－3 至＋3 之间浮动,偏离 0 值越远,偏斜度越大,偏斜值表明偏斜度指向左边还是右边。一般说来,适中的倾斜度值在－1 到＋1 之间。

数据转换

计算出均值后,研究人员或许想采用新的变量用于统计分析。例如,根据上文的例子,研究者可能想从满意度排名中分析"总体满意度",这就需要加入个人满意度分值。

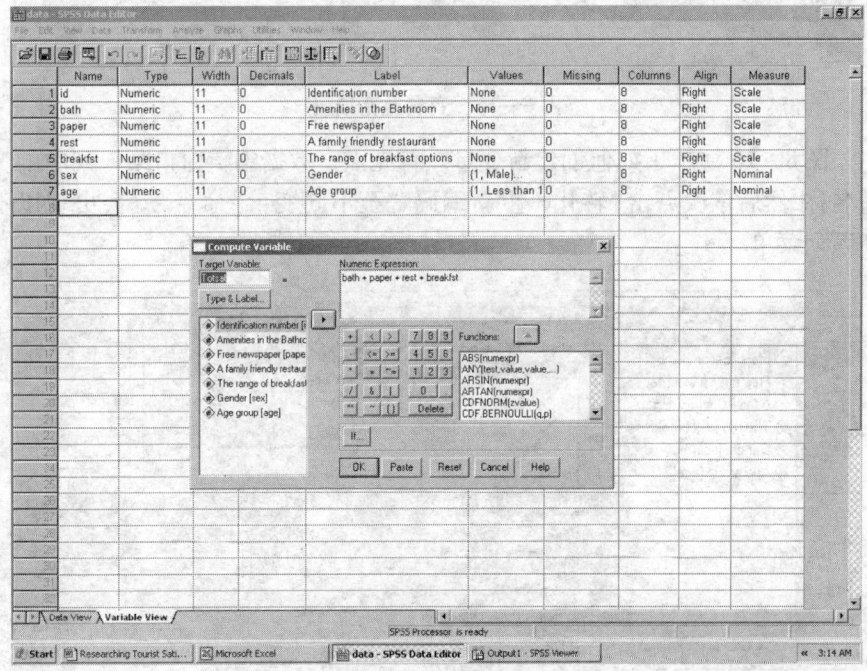

图 8－14　变量转化

要创建新变量,点击 SPSS 任务栏中的"转化"命令,将出现一个下拉式菜单,图 8－14 显示了"计算"项所需的一些选项。所要创建的新变量为'Totsat',表示"总体满意度"。通过"类型 & 标签"选项按钮,输入"总体满意度"的全称。选中第一个项,变量创建完毕。然后点击向右指示的箭头,再点击

"+"符号,每项依次重复此过程。

另一个有用的选项是"重新编码"命令。可用于修改变量,并以修改后的模式或新变量保存。例如,假设要把李克特式分值分为三类,低(1至3分)、中(4和5分)和高(6和7分)。在 SPSS 中,通过对变量重新编码就可以完成这一步骤。图8-15显示了在任务栏中执行"转化"命令后出现的菜单。

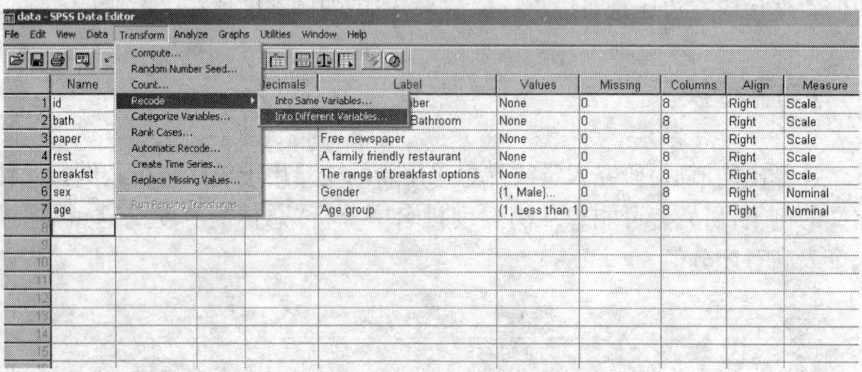

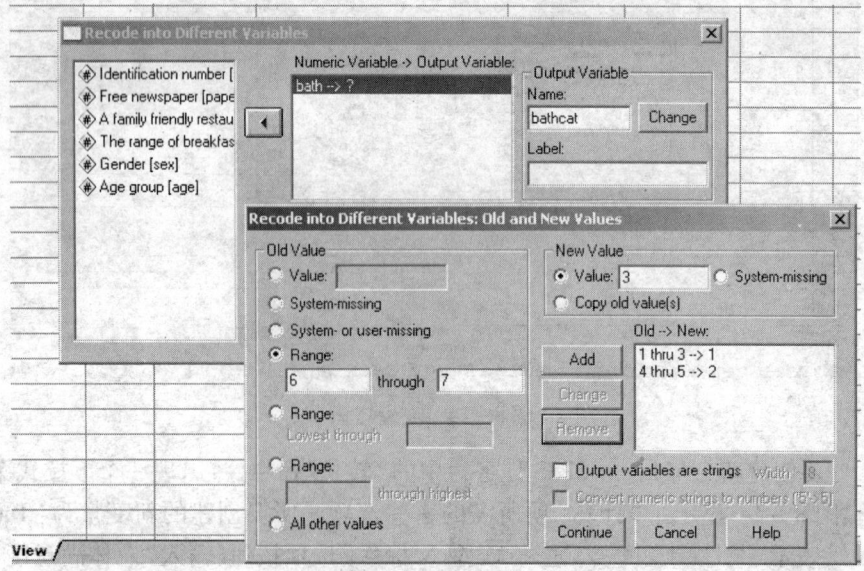

图8-15 变量重新编码

图8-16演示了如何创建新变量。首先点击数据编辑窗口第一列中的变量名称,然后依次点击"转化—重新编码—至不同变量"命令,就会出现以下一系列菜单。

图8-16 创建新变量

数据重新编码时,首先选中变量"浴室",将其移至标为"变量编号→变量输出"的第二个空白处。通过勾选"范围"选项按钮,输入如图 8-15 所示的最小值和最大值,值的范围就被重新设置并显示在标为"旧→新"的空白框里。这样新值就会添加到右上角标为"新值"的方框,"添加"命令被激活。要继续输入这些修改,点击"继续"按钮。这时就可以为变量"浴室"输入标签,点击"改变"、"OK"按钮后,整个程序就被激活。如果想简化该步骤,由于所有变量重新编码方法相同,可以同时选中多个变量并将其移至"变量编号→变量输出"方框中,一次性更换所有变量编码。但是变量名称和标签必须分开罗列。这些步骤全部完成后,SPSS 将自动将新变量添加到变量列表的最后,如图 8-17 编辑数据窗口所示。可以通过在主数据编辑窗口标为"数值"的列中输入"1 = 低"、"2 = 中等"、"3 = 高",为三种类型的数值标上标签。屏幕将如图 8-17 所示。记住可以从"浴室/值"单元格中剪切并粘贴数值标签至下面的其他单元格中,以免去为其他新建变量重新输入数值之苦。

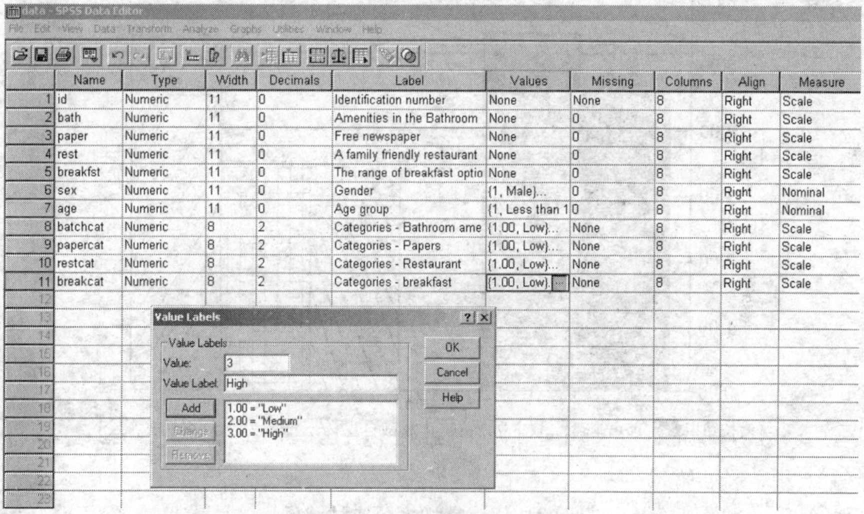

图 8-17 数据重新编码分类

最后,需如前所述为新变量设置缺失代码。

结果呈现

统计出所有数值的均值和标准离差后,下一步就是展现结果。最简单也是最好的形式就是用表格体现,但这也需遵循一些原则:

(1)仅在正文中说明重要内容时再现表格。

(2) 文本需参考再现的表格。

(3) 如果表格仅包含一两项相关内容,宜在文中直接描述,而将表格作为附录内容。

表格具有再现实际结果的优势。现在倾向于使用制图软件生成均值柱状图,但是这些图表有一些缺陷。以诸如柱状图强调均值意味着作者忽略标准离差,而这对于理解结果非常有用。此外,柱状图使用的刻度通常不利于读者理解。例如,如果使用5分制量表,量表仅标出整数,读者不禁怀疑实际分值是3.6、3.7还是3.8。如果分值集中在一起,平均差和标准离差都非常重要,但是这些无法通过柱状图体现。

因此,研究人员想使用除表格以外的其他方式向读者展示研究结果时要谨慎,必须确保展示真实的信息。如果研究者很想使用图表而非表格,克服这一缺点的方法之一是将图表和数据结合起来,如图8-18所示。

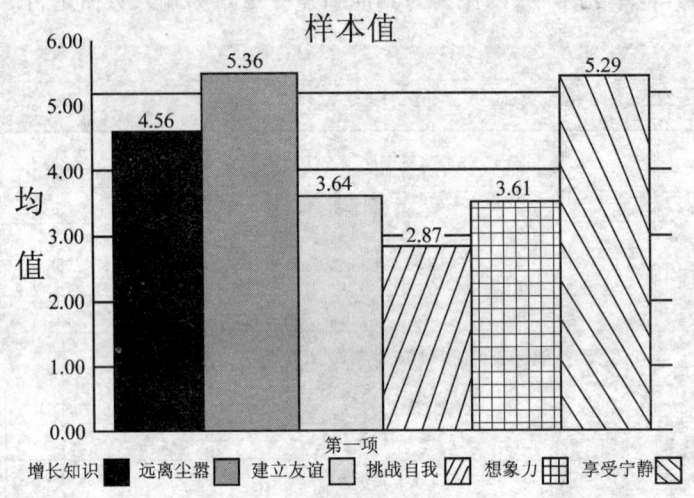

图8-18 某样本分值柱状图

类似例子如研究者使用特殊方法测量态度。弗希伯恩(Fishbein)的态度测量法有其自身优势,它能区分场所属性和态度形成的重要性。可以看出弗希伯恩(Fishbein)的样本问卷包括两个部分——一是对于度假,人们认为什么因素重要;二是他们的行为能在多大程度上与度假相关。问卷两组问题的调查结果可以画成一个简单的矩阵图(如图8-19所示)。度假的两个属性都很重要,并都在度假中出现,其中最重要的位于该矩阵图的右上角。显然在这个例子中,图8-19清晰地再现了研究结果,而这用简单的表格则无法体现。

第八章 数据编码和描述性统计

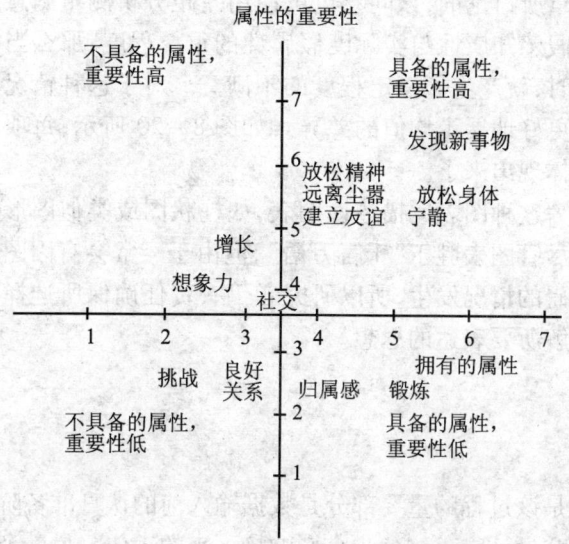

图 8-19 各属性重要性示意图

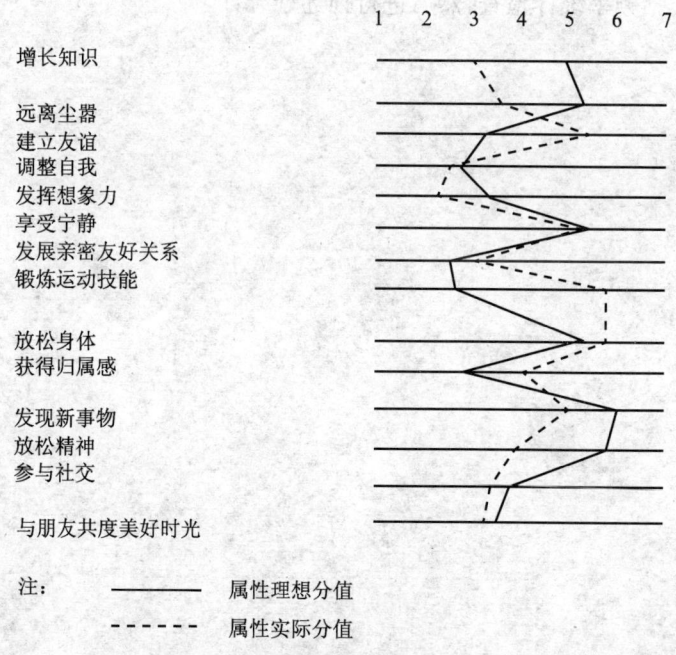

图 8-20

正如第二章所讨论的,该问卷也可使用差距分析测量满意度。如果满意度指理想的度假感知属性与实际度假属性的重叠程度,那么当实际体验与理想体验有差距时,就产生了一定程度的不满意。对于这种情况,与表格相比,简单的图表能更好地展示均值的差异。如图 8-20 所示,每项的均值通过五分量表清楚地体现出来了。

有观点认为这种图表比描述性图表,如柱状图或类似图形更有助于展现分析的性质。尽管图表胜于"千言万语",但由于经常会有因图表过于简单化而造成理解障碍的情况发生,所以研究者仍有责任确保所选择的图表能使人们更全面地理解所要表达的思想。

小结

需指出的是该过程的重要部分是数据输入前的认真准备阶段。准备工作始于问卷问题和设计——这一步会影响接下来的工作。另一个重要的步骤是检查输入数据的准确性——必须承认这是一项艰苦而烦琐的工作,但却非常重要。否则所有的前期准备和结论描述都将无效。接着是初步检查结果及其准确性,包括频率统计检查,然后进行描述性统计。

第九章 均值的重要性

引言

在下列情况下,研究者计算出均值后,想分析它的显著性:

(1)调查问卷各项不存在比较平均数,研究者计算出问卷各项的均值;

(2)当需要比较相同受访者的平均值,如受访者预期和实际假日体验之间的分值差异时;

(3)当需要比较不同受访组问卷项目分值,如男性和女性差异,或不同年龄组之间的差异时。

这就很容易阐明该问题的实质。假设对于问卷中"在运动中运用身体技能"这一项,男性分值2.8,女性分值2.4,差异显著吗?如果是正态分布,该项比较主要包括两种检验形式——T检验和方差分析。抽样的特征之一是,即使总体不呈正态分布趋势,任何源自抽样样本的均值模式往往具有正态分布的特征。T检验主要用于比较两个样本的平均值和标准误差。

统计软件会进行统计并提供T检验的显著程度。这些检测以T型分布为基础,源于总体样本已知的行为分布。F值是比较子群均值的一种手段,通常用于两组以上的均值比较。非统计员领会检验含义的最好方法就是观察在什么情况下使用这些检验方法,以及软件得出的检验结果说明了什么。

结果解释

在下文的检验中,关键字眼是与检验统计相关的概率。它表示事件偶然发生的可能性。一般来说,研究者希望概率低于0.05。这表示在100次中只偶然发生5次。由于发生的概率很低,结果当然非常重要,换种方式说,研究者有95%的信心认为有了重要的发现。概率水平大致可表述如下:

$p < 0.1$ 会按照预定的方向发展,但不显著

$p < 0.05$ 显著

$p < 0.01$　比较显著(100次中偶然发生不到1次)

$p < 0.001$　非常显著(1000次中偶然发生不到1次)

当然,就像人们中彩票或赌球一样——确实存在1000次中1次的现象。

无对比数据时均值的重要性

通常会发现一份调查问卷包含许多题目,能计算出各项的均值,却不存在比较数据。以表9-1中的问题为例,对于这份列表,研究者可能想表明均值的显著性。该怎么做呢?无论选择哪种方法,必须选择一个假定的平均值用于比较。一种方法认为选择7分量表的中点3.5作为假定平均值,因此如要检验均值为4.36的"增长知识"项的显著性,需比较4.36和3.5。

表9-1　样表问卷

以下因素与人们的度假原因和度假收获有关。假设您可以自由选择度假地和度假类型,请评价下列因素对您的重要性,并在相应的数字上画圈。
量表　　　非常重要　　7
6
重要　　　　5
4
比较重要　　3
2
不重要　　　1
不知道　　　0
动机——通过度假我想
增长知识　　　　　　　　　1 2 3 4 5 6 7 0
逃避繁忙的日常生活　　　　1 2 3 4 5 6 7 0
结交朋友　　　　　　　　　1 2 3 4 5 6 7 0
挑战自我　　　　　　　　　1 2 3 4 5 6 7 0
发挥想象力　　　　　　　　1 2 3 4 5 6 7 0
享受宁静的环境　　　　　　1 2 3 4 5 6 7 0
发展亲密的朋友关系　　　　1 2 3 4 5 6 7 0
在运动中运用身体技能　　　1 2 3 4 5 6 7 0
放松身体　　　　　　　　　1 2 3 4 5 6 7 0
寻求归属感　　　　　　　　1 2 3 4 5 6 7 0
发现新的地方和事物　　　　1 2 3 4 5 6 7 0
放松精神　　　　　　　　　1 2 3 4 5 6 7 0
和他人相处　　　　　　　　1 2 3 4 5 6 7 0
与朋友们分享美好时光　　　1 2 3 4 5 6 7 0

如图9–1所示,若要在SPSS中进行这种检验,首先要在数据编辑窗口顶端的任务栏中点击"分析"命令,然后选择"均值比较"命令,再在右侧弹出的菜单中点击"单样本T检验"键。

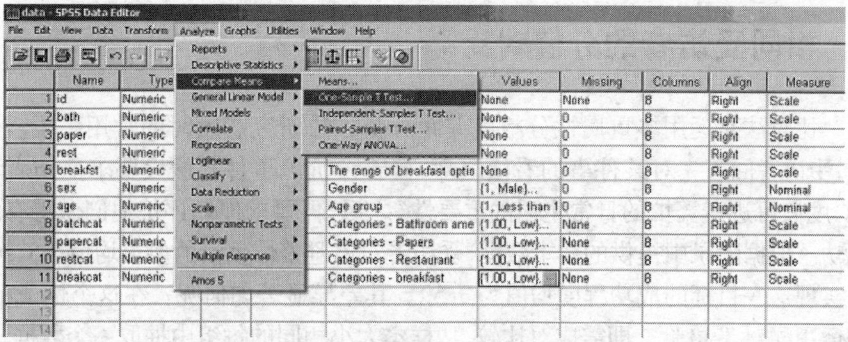

图9–1 单样本T检验选择

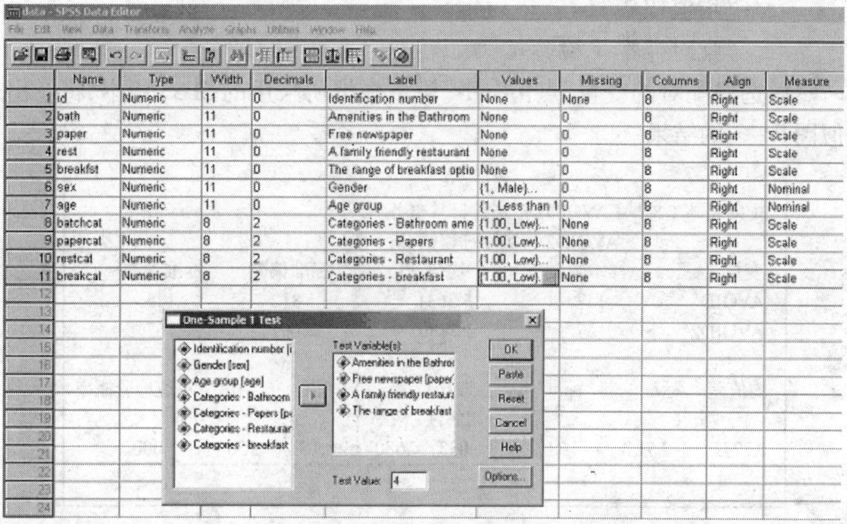

图9–2 单样本T检验变量选择

完成这一步后,研究者可能想要检验均值比较量表中值的差异显著性。选中变量在"单样本T检验"窗口右边的"检验值"方框中输入7分量表的中值"4",然后点击"OK"键,结果就计算出来了。显示的结果包括T检验统计、自由度、结果的统计显著性以及实际均值与中值的差异。最终显示结果有95%的可信度(参见之前关于概率的讨论)。

这些步骤只是初步的显著性检验。由于在这些例子中,隐藏在假定均值背后的假设逻辑联系非常脆弱,所以统计结果信度很低。但是如果假定均值来自于另一个相关性研究,这个统计过程效度将更高。

相同受访者的分值对比

比较法是运用多重属性分析或差距分析方法研究态度时的常用手段。例如,受访者回答完对某件事的看法之后,接着评价该事件。假设要求受访者评价"度假可逃避繁忙的日常生活的重要性"之后,再要求他们评价他们做得有多成功。根据附录中提供的样本数据,受访者对逃避繁忙生活的要求均值为5.36,而实现这一目标的成功程度均值为3.59。其差异显著如何呢?在这个例子中,需运用配对T检验。即需成对比较,从样本大小相同的每组中抽取一个数据。

按如下顺序执行命令进行配对T检验:

"分析";

"均值比较";

"配对样本T检验"。

然后选择配对的变量,点击"OK"键。根据所采用的SPSS版本,将会出现类似图9-3的结果。

```
配对样本T检验:AVOID  指逃避日常事务
              AVOID2 指实际逃避情况
变量     样本数量    均值      标准偏差    标准误差
AVOID     157       5.3631    1.812      .145
AVOID2    157       3.5880    2.091      .167

均值差   标准偏差  标准误差 | 双边检验      T值    自由度  双边检验概率
                          | 相关性  概率
1.7771   2.721     .217   | .033   .680     8.18   156      .000
```

图9-3 配对样本T检验比较结果输出

这些结果意味着什么?图9-3表示有157位受访者回答了这两个问题。第一个问题的均值为5.36,第二个为3.58。该图表同时给出了标准离差和标准误差(第五章已介绍)。两个均值之差为1.7771,标准离差为2.72,标准误差0.217,由此得出差异的分散度。两个问题的相关性为0.033,表示不显著($p = 0.68$)。相关系数是衡量两个问题相互关联程度的指数,数值范围从+1到-1。+1表示两者高度正相关。-1表示两者高度负相关,即一个数值增加多少,另一个则相应下降多少。因此,当数值近于0就表示两者几乎不相关,在本样本中表示为逃避繁忙的日常生活而度假这一动机与实际的度假体验几乎不相关。如前所述,T统计用来检验差异,数值越高,表示差异越显著。但是实际的显著性已算出并通过概率表示,本例为0.000,表示差异显著。在T检验中,自由度(df)等于样本大小减去1。本例中研究者最终得出的结论很可能就是"动机和体验均值(分别为5.36和3.58)差异显著($t=8.18, p=0.000, df=156$)"。这一结论向读者展示了所有相关信息。

需要指出的是,在这个例子中配对时省略了缺失情况。统计软件进行配对T检验时,通常只在有配对数据的前提下才进行比较。如选择了缺失数值的指令,就能足以克服这一问题。因为SPSS软件的默认情况是存在缺失项时,系统将自动删除配对。

两组间对比

研究中通常需比较两组的均值,其中最常见的是男性、女性在同一变量上的分值比较。SPSS为这一比较提供了简便的方法,该方法与之前讨论过的方法类似。程序如下:

  从任务栏中选择"分析"命令;
  在下拉菜单中选择"均值比较";
  选择"独立样本T检验"。

然后选中需要分析的变量,并将之输入右边的窗口,如图9-4所示。

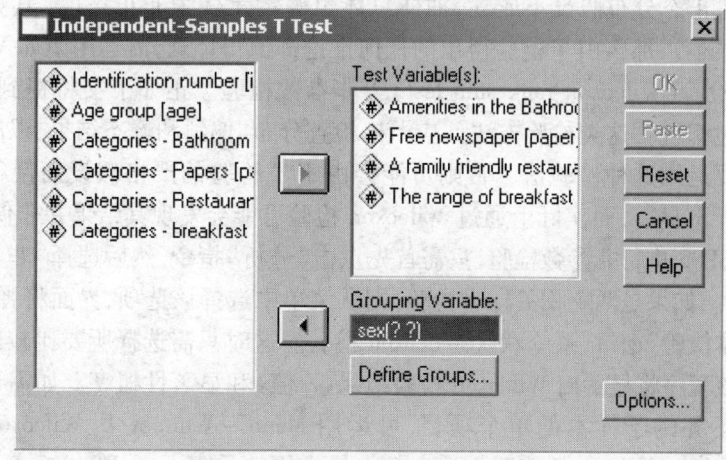

图9-4 SPSS程序下的两组比较

现需将决定变量(图9-4中的"性别"变量)移至标为"分组变量"的空格中。该程序要求确定小组。点击下方的"确定小组",然后输入变量"1"和"2"用于表示"男性"和"女性",再点击"继续"键,"确定小组"窗口关闭,回到图9-4显示的界面,最后点击"OK"键,界面显示出两张表。第一张表为子样本"男性"和"女性"各变量的均值。第二张表为两组均值差异显著性相关详细信息。需要指出的是这里进行了两次T检验,第一次假设两个子样本方差相同,第二次假设两个子样本方差不相同。表格前两列表示方差相同的Levene检验,该检验不以正态分布假设为基础。如前所述,T检验不仅测量均值,而且还会显示分布模式,但是通常假定两种分布都趋向于正态分布。如果其中一个或两个组都不存在正态分布,表示两个子样本方差不相同,那么只需选择表格中第二个T检验的统计数据。必须说明的是,在许多实际情况中,这两组统计数据的差别都不大,很少存在一组数据具有统计意义而另一组不具有统计意义的情况。需要注意的是,许多统计包对于是否合并数据允许多种选择,但不管选择哪种,研究者必须意识到T检验基于如下重要假设:

(1)总体和从中抽取的样本的频率分布都接近正态模式。
(2)两个总体的方差相等。
(3)随机样本是从两个总体中独立抽取的。

但是,贝伦森(Berenson)和莱文(Levine)指出:

T检验不会严格"遵守"正态分布假设,对少许偏离正态分布不敏感。只要样本不是很小,偏离正态分布也不会对检验结果造成严重影响(1992:415)。

如果正态分布假设不成立,抽样总体也确定无疑为非正态(尤其如果样本总体很小),那么由T检验得出的任何推论都值得怀疑,需运用诸如Wilcoxon秩和检验(Wilcoxon rank sum test)等非参数检验。正如下文将提到的,许多软件包都包括这类检验方法。应严格检查分布、偏斜和峰态结果,以决定是否有必要运用这种检验法。否则可能会由于T检验的严格假设而使得样本均值差异不显著,而实际上通过Wilcoxon检验可能会发现其结果并非偶然。

用SPSS进行非参数检验,只需首先点击"分析"指令,然后选择"非参数检验"选项。如果是两个相关样本检验,则从菜单中选择该选项,界面将弹出"两相关样本检验"窗口,系统默认Wilcoxon检验。这时只需选择所要比较的项目即可。该程序将显示出Wilcoxon检验结果(Z值)和显著性概率。如需比较两个方差不齐的子样本的单个项目,可运用Mann-Whitney U、Wilcoxon W和Kolomogorov-Smirnoz Z检验方法。其中最常用的是Mann-Whitney U。有关各检验方法之间的具体区别,可以在SPSS"帮助"菜单中通过输入各检验方法名称查询。它们的主要区别在于分值分布的处理。程序默认的检验方法为 Mann–Whitney U 检验,步骤类似于独立两样本 T 检验,首先选择待检验项目,然后将该变量确定为决定变量,并将其输入至标为"分组变量"的空格中,然后屏幕将提示输入两个数值标签,将样本一分为二。程序将显示分值和概率显著性分值。

此外,根据不同版本,SPSS 还有三种方差齐性检验方法,包括 Cochran C 检验、Bartlett–Box 和最大/最小方差比。其中最大/最小方差比应近似 1,以不拒绝方差相等的假设,而前两种检验法以概率水平体现。假设这些值没有达到 $p<0.05$ 的水平,方差相同假设仍然成立。但是,对于这些检验方法,值得提醒的是:

许多检验方法由于受数据特征而不是方差特征的影响,不是非常有效……即使方差不同,而所有各组样本大小相同,也不必惊讶,因为方差分析检验(简称 ANOVA)在这种情况下对方差不同并不特别敏感(Norusis 1990a:B–29)。

如果不能先前列出的假设,就必须运用非参数检验法。

两个以上小组比较

当对总体中多个子样本均值进行比较时,就很可能必须用到上述检验方法。顺便指出,F 值和 T 检验的假设前提相同。以附录中的调查问卷为例,对于不同的年龄组,研究者或许想要查看不同年龄受访者度假动机的差异。应该怎样进行这一研究呢?本例中有 6 个不同的年龄组,需运用方差分析检验(ANOVA)。该检验方法操作简单。

SPSS 软件提供了一系列检验方法,进行下列研究时,可区分三个或以上样本分布的差异:(1)各分组的均值;(2)包含频率在内的三个或以上变量的矩阵。前者显然操作更简单,而且在很多情况下,也更容易满足研究者的要求。

要想得出分析结果,同样要在 SPSS 数据编辑窗口顶端的任务栏中选择"分析"指令,在下拉菜单中选择"均值比较",然后选择"单因素方差分析"即可。和之前一样,在弹出的窗口左边会出现一个变量清单,选择所需的项,然后通过点击窗口中间指向右的箭头按键,将所选项添加到右边的方框中。这样就选择了一个各分组的项,如年龄,然后如图 9–5 所示,将其输入标为"因素"的方格中。除了通过参考概率来检验均值是否差异显著外,如果还想进行其他检验,点击"选项"按键,屏幕将弹出标为"单因素方差分析:选项"菜单,如图 9–5 所示。选择"描述统计"选项,接着点击"继续"键,再点击"OK"

键,屏幕将会显示各年龄组的均值、总样本的均值和各子样本的统计数据如标准偏差。

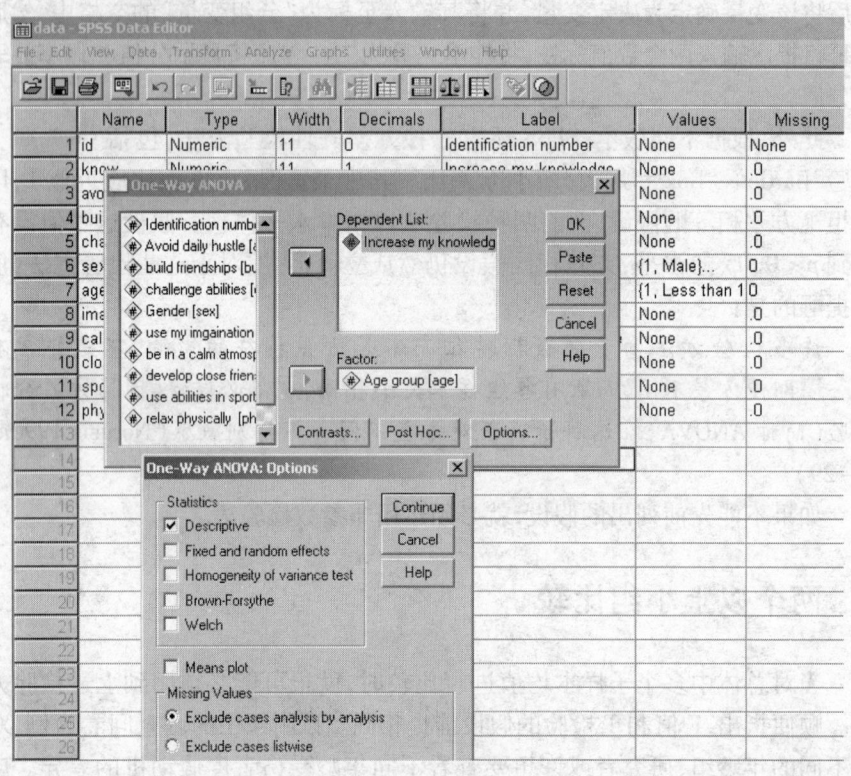

图9-5 方差分析

第二张表中给出的F值与T检验类似,也是用于测量各分组的均值差异。分值越高,越有可能差异显著。该表最后标为"Sig"的列为概率,用于表示差异显著性概率。

表9-2 单因素ANOVA分析增长知识

	离均差平方和(SS)	自由度(DF)	均方差	F值	P值(sig.)
组间	73 189.393	5	14 637.8787	3.8124	0.0021
组内	2 480 339.3	646	3 839.5346		
总体	2 553 528.7	651			

表9-2中的结果显示 $F=3.8124,p=0.002$，表示不同年龄组之间存在显著差异。需注意的是，数据3.8124来自组间均方差14 637.8787除以组内均方差3 839.5346。根据受访者的回复，结果显示了两种方差——各年龄组内部的变异性和各年龄组之间的变异性。组内离均差平方和测量的是小组内部情况，等于方差乘以各年龄组受访者数量之和。总和为2 480 339.373，而DF等于组内离均差平方和除以样本大小得出的均值。同样，组间离均差平方和等于各年龄组均值与总样本均值差的平方乘以各年龄组数量之和。所以数据14 637.8787等于离均差平方和除以自由度（DF）。自由度表示被检验的组数，如果样本大小不指受访者人数而是指进行比较的组数，自由度就等同于该样本大小。

研究者或许希望确定组间哪里存在差异，这可用SPSS软件中的多种检验方法。图9-6显示了可用的检验方法种类及其使用方法。如之前所述，研究者可能想要获得各年龄组的描述性均值统计数据，只要在标为"事后分析"的选项按钮空格内画勾（√），界面将弹出标为"单因素方差分析：事后分析多重比较"的窗口，如图9-6所示。图中显示选择了两种检验，但是通常研究者会根据实际数据集性质选择，或假设方差相同（选择Scheffé检验），或者假设方差不相同。Scheffé检验结果（或其他检验）将样本分成不同的年龄组，然后比较各组均值。具有统计意义的差异将用星号标志。表9-3展示了部分结果。该表显示18岁以下的受访者分值与46~55岁、56~65岁的分值差异显著，通过F值表现出的这些差异大多源于组间显著差异。

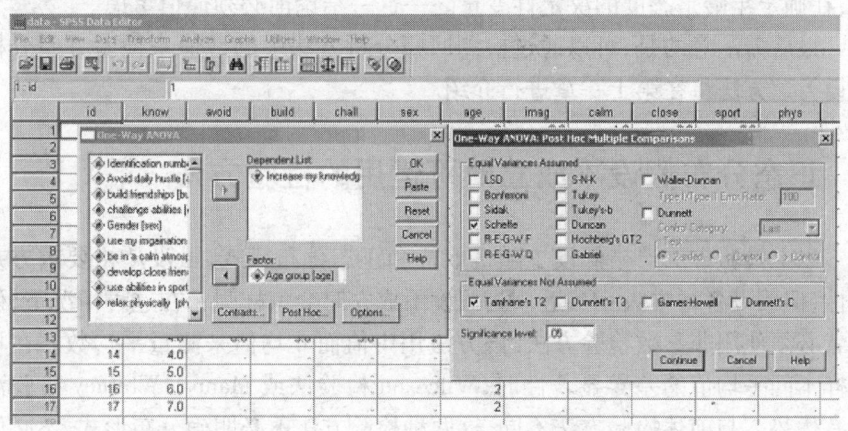

图9-6 ANOVA下的各种差异检验法

表9-3 不同年龄的 Scheffé 检验结果(部分)

(I)年龄	(J)年龄	均差(I-J)	标准误差(Std. Error)	Sig.	95%置信区间	
					下界	上界
<18	19-25岁	-.2831	.14018	.770	-.8094	.2432
	26-35岁	-.3753	.11281	.136	-.7989	.0482
	36-45岁	-.3992	.11190	.080	-.8193	.0210
	46-55岁	-.4673(*)	.10772	.009	-.8717	-.0629
	56-65岁	-.4503(*)	.11472	.031	-.8810	-.0196
	65-74岁	-.3001	.15624	.815	-.8867	.2865
	≥75岁	-.4087	.23972	.893	-1.3087	.4913

注：*均差显著水平为.05.

根据 SPSS 版本的不同,可以通过最大/最小方差差异、Cochrans C 检验和 Bartlett-Box F 检验等方法测量方差齐性。例如,如果最大方差/最小方差严重偏离数值1,或者通过其他检验方法得出概率值等于或接近0,这表示有可能拒绝了其中一个比率原假设。这是提醒研究者计算出来的均差可能不能完全证明年龄是态度的决定因素之一这一假设。研究者还须考虑每组人数是否是产生该问题的原因,并决定如何处理结果。如果各年龄组样本大小相差很大,在确定年龄是态度的决定性变量之一这一结论前必须谨慎考虑。

最后需注意的是,可以通过检测回归分析方法中的残值来检验方差分析假设。该方法将在第十一章进行介绍。

正态分布假设不成立时可运用的检验方法

以上检验方法严格假设了随机取样和正态分布模式,虽没严格要求方差齐性,但假设各样本大小接近。当假设不成立时会怎样呢? 在这种情况下,研究者必须使用非参数检验方法,该方法用中值而非均值来测量平均数。在检验样本间平均值的差异显著性时,Wilcoxon 检验法或 Mann-Whitney 检验法另有优势。与前述检验方法不同,这两种检验方法不必明确分布形式,不必假设区间数据。因此,顺序量表采用这些检验方法非常有效。其主要假设前提是所有数据必须源自随机抽样。

必须再次强调的是 T 检验和 ANOVA 检验方法对数据要求更严格,因为这两种方法利用的数据信息要多很多,从而能提供更多关于分布离散的信息。但是,非参数检验方法除了能够分析等级数据之外,还可以在非正态分布状态下,或由于样本不等而产生问题时,对数据进行检验。因此,对任何研究者来说都是重要的必备武器。

以上介绍了 Mann – Whitney 和 Wilcoxon 非参数检验法。需要指出的是这两种方法中 Mann – Whitney 检验法更常用,因为它不是配对样本检验,即它可用于检验不同大小的子样本。除此之外,SPSS 软件还提供其他检验方法,下面将简要介绍这些方法。

1. Wald – Wolfowitz Runs 检验法

该方法用于检验仅由两个数字组成的数字序列的随机性。举例来说,如果一份调查问卷要求受访者答题时在两个选项中进行选择,这种方法通过拒绝随机抽样这一零假设来检验受访者回答的一致性。

2. The Kolmogorov – Smirnov 检验法

这种检验方法通过比较数字序列和从既定分布类型(如正态分布、均衡分布或泊松分布)中推断出来的序列,来检验该数字序列的随机程度。

3. Friedman 检验法

在分析等级数据和比较两个或两个以上样本时,这种检验方法非常重要。该方法需计算出平均秩,并进行比较。因此,如果要求受访者按吸引力对城市进行等级排列,该方法将生成包含概率的检验统计数据,以表示分级是否显著。

4. Kendall's Tau 系数

以上参数检验方法表明可以计算出两组回答之间的相关系数。当两回复组为非参数时,Kendall's Tau 系数统计过程与上述检验方法类似。Spearman 等级相关统计过程也与之类似。如前所述,如果数据是秩次排列而不是(区间)等级,这两种方法都能够使用。

5. Kruskal – Wallis 检验法

另一种重要的非参数数据检验方法是非参数模拟参数单因素方差分析。如以上方差分析所述,所有调查对象按各组分成了不同等级,通过秩次得出总和。零假设假设各组分布状态相同,通过测量偏离情况得出 Kruskal – Wallis 统计数值(H)。

小结

本章讨论了有关均值的内容,可以运用下列方法评估均值的显著性:比较均值与假设均值;比较同组受访者的分值;比较不同受访组的分值。需指出的是,这些比较都基于特定条件。但是当这些假设条件不成立时,还可以选择另一系列检验方法,称为非参数检验方法。本章还介绍了非参数检验方法的另外一些优点,其中最显著的优点是它们能处理调查问卷中等级排列得出的回复。这意味着如果认为有些陈述更重要,研究者可不需拘泥于基于排列等级的问题。这类秩次如等级排列一样可进行显著性检验。

第十章 分类数据分析

引言

第九章介绍了通过等级量表获得的数据。本章将讨论用于分类或名义数据的技术方法。这些数据源自通过等级或秩次得出的分类,也可运用分类法将不同种类的数据以发生的频率为基础制成交叉表格以获得这些数据。举例来说,这些数据可能包括和 X、Y 旅游运营商预订了 x、y 饭店的顾客数量。没有进行量表分级,数据分布如表 10-1 所示。需指出,像卡方这种用于分析此类数据的检验方法只限于此类信息。另一个常见的例子是,受访者以"是"或"不是"形式回答问卷时就同时对数据进行了分类。或者,如下文将要展示的,研究者可能想要研究从剩余样本"孤立"出来的"极端"受访组的反应,以便更仔细地研究假设因变量和自变量之间的关系。

表 10-1 度假者的旅游运营商和饭店分类表

旅游运营商	饭店		合计
	x	y	
X	125	115	240
Y	87	212	299
合计	212	327	

单因素和双因素表格

这里所要讨论的问题性质很容易阐明清楚。假设旅游运营商提供的报告显示,研究发现 30% 的顾客感到非常满意,50% 的顾客感到满意,20% 的顾客不满意。现在假设有 100 位受访者回答了另一份调查问卷,结果表明,25% 感到非常满意,50% 感到满意,25% 感到不满意。后者数据可以通过单因素表格显示出来,如表 10-2 所示。现在问题出现了,第二次的数据与旅游运营商提供的数据不一致吗?

表 10-2 度假者单因素分类统计表

类别数量			
非常满意	满意	不满意	合计
25	50	25	100

现在考虑另一种情况。假设另有一个由 100 位受访者组成的样本,他们与两位不同的旅游运营商预订了旅游,但是选择在相同的目的地度假。现要求这 100 位受访者对各自的食宿进行评价。现通过双因素表格显示研究结果,如表 10-3 所示。

这种表格也称为列联表。在这个表格中,受访者对食宿的满意程度取决于(或者依附于)他们对所选择的旅游运营商的态度。或者,换言之,表格构建以样本分类为前提,也就是说,受访者是否满意是基于他们选择的旅游企业以及他们对食宿的满意程度。该数据与相关性分析类似。所要回答的问题也类似——数据分布状态是否表明这两组变量相关?需检验的零假设认为食宿的满意度与对旅游运营商的态度不存在任何关系,这两个变量是独立的。

表 10-3 度假者分类双因素统计表

食宿满意程度	"阳光旅游"旅游运营商	"地中海旅游"旅游运营商	合计
满意	35	30	65
不满意	5	30	35
合计	40	60	100

卡方检验法

表 10-2 也面临同样的问题。该样本分布是否独立于旅游运营商提供的数据?要回答这个问题,需将实际观测到的分布状态与预期的分布状态进行比较。因此,在表 10-2 中,将实际观测到的数据分布 25:50:25 与预期的分布 30:50:20 进行比较。但接下来明显的问题是如何计算预期分布?这可根据行和列合计的总数比值计算得出。在表 10-3 中,如果旅游运营商与饭店满意度不相关,那么可以预期两个公司度假者满意的比值为 40:60,同样,两个公司度假者满意和不满意的比例将是 65:35。通过下列公式可以计算出预

期的观测值。

$$\frac{行与列总数之积}{样本总数}$$

所以，　　$(65 \times 40)/100 = 26.0$

$(65 \times 60)/100 = 39.0$

$(35 \times 40)/100 = 14.0$

$(35 \times 60)/100 = 21.0$

表 10-4 显示了预期的频率分布。

表 10-4　度假者预期频率分布

对食宿的满意程度	"阳光旅游"	"地中海旅游"	合计
满意	26	39	65
不满意	14	21	35
合计	40	60	100

接下来的过程类似于计算正态分布方差时的确定均值离差。将实际观测频率值与预期频率值的差平方，除以对应的预期频率值。然后将所得的结果相加就能得到卡方统计值。

结合以上例子，卡方值 = $(35-26)^2/26 + (39-30)^2/39 + (14-5)^2/14 + (30-21)^2/21 = 14.833$。接下来需要考虑的是用自由度表示样本大小。正如 ANOVA，需考虑的是分组的数目。事实上，自由度概念非常复杂，指如要计算出最后一个数值，则需知道选项的数目。在通常的列联表中，自由度数目等于行数减去1乘以列数减去1的值，即 $(R-1) \times (C-1)$。如在本例中有2行和2列，因此自由度为1，即 $(2-1) \times (2-1) = 1$。此方法的理论依据是如果结果显示65位顾客感到满意，并且已知样本按40:60的比率分属两个公司，通过以上信息可以计算出表示满意的顾客的预期数目。

假设卡方统计值(通常写成 X^2)为14.83，自由度为1，参考基于已知的分布属性的概率表，可以计算出显著性水平小于0.001，表明零假设被拒绝，所选的旅游公司和对度假食宿的满意度之间存在着显著相关。

卡方计算

在 SPSS 程序下计算卡方，需使用交叉分析指令。参考附录中的数据，假设研究者想要研究性别与度假满意度之间的关系。第八章中介绍过新变量总满意度(TOTSAT)的计算方法,指"对食宿的满意度、享受、向朋友推荐此次度假的可能性"等问题的分值之和。通过统计表示非常满意的度假者人数(在总满意度量表中分值 >18)和表示非常不满意的度假者人数(在总满意度量表中分值 <12)可以构建出一个简单的双因素表格(在本例中没有将总数除以 3 得出总满意度均值以采用 7 分量表,因为这样得出的结果不是整数,虽然这并不是不能克服的事情但也很麻烦)。度假满意度评级的一个共同特点是评价通常过高,这样对于表示不满意的度假者导致的问题是如果以 7 分量表上最低的两分为标准,这通常意味着样本量太小而无法进行有意义的比较。解决方法是看分布的标准离差,并且将大于均值和标准离差之和的分值定义为高分值,将小于均值和标准离差之差的分值定义为低分值。这种方法的问题是它假设的是正态分布。如果数值偏向分布幅度的高分值末端,这也意味着低分值样本很小。因此,除这些方法之外,还可以将低于第一四分位数的数值与高于第三四分位数的数值进行比较。按照定义,每个类别中都应包括样本的 25%,但是这样做的缺点是断点的选择显得有些随意。在四分位标志数值上可能有许多集群,而且如果将这些四分位数值用于计算,样本中超过 50% 都将被计算在内。

另一个实用的方法是接受随意设置断点线,只要这些数值至少能够逻辑推理出高分值和低分值,可根据因此而形成的各分组的大小评估不同值的作用。如图 10 – 1 所示,选择的标准非常随意,只是为了显示操作步骤以及如SPSS 软件包生成的结果类型。

所进行的步骤可通过如图 10 – 1 所示的菜单显示。

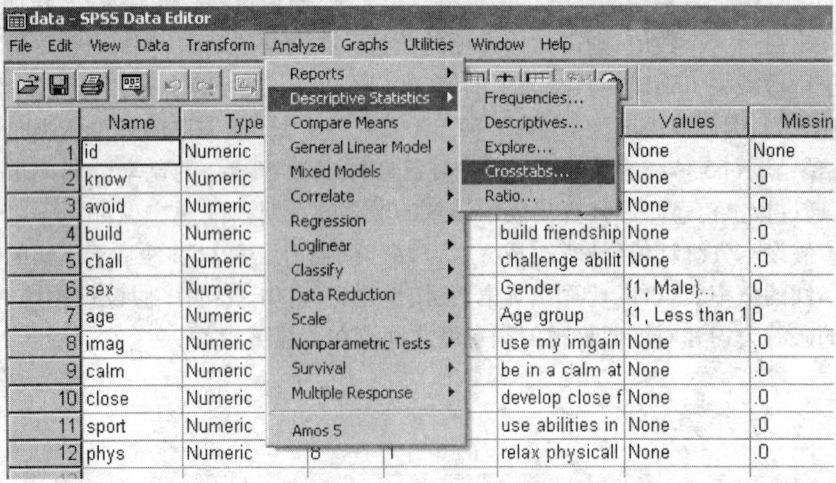

图 10 – 1　进入 SPSS 软件的交叉制表指令

如前所述,可以选中所需变量并将其拖入菜单中各列和行窗口中。如图 10-2 所示,通过选择"统计"选项进入各种不同的统计检验方法。下面将介绍一些常用的检验方法。"单元格"选项可通过如下三种方式比较实际数值和期望值的差异:各行比较,各列比较,或行列间比较。

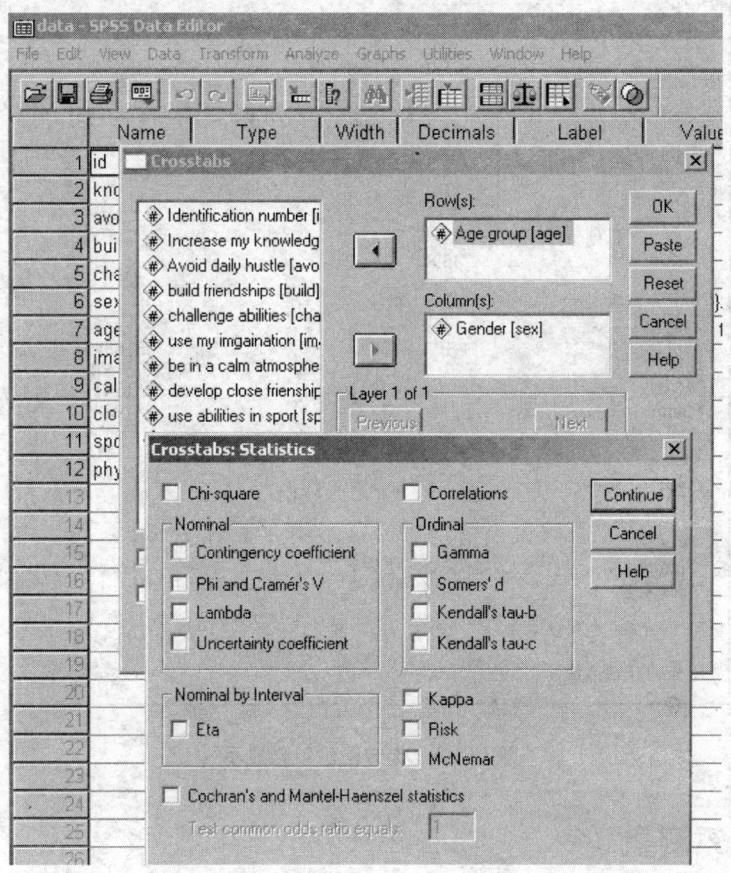

图 10-2 "交叉制表"指令下的统计选项

图 10-3 显示了研究结果输出的类型。值得注意的是除了皮尔森(Pearson)的卡方统计方法,图中还报告了许多其他显著性检验方法。部分方法将在下面介绍,SPSS 程序的"帮助"功能也提供了一些相关检验信息。

```
不同性别的总满意度
                 总满意度           第1页
       计算
       行百分比
       列百分比                    总行数
       总百分比    1.00    2.00
性别
 男    1.00       6      14      20
                 30.0    70.0    29.9
                 25.0    32.6
                 9.0     20.9

 女    2.00      18      29      47
                 38.3    61.7    70.1
                 75.0    67.4
                 26.9    43.3

       总列数    24      43      67
                 35.8    64.2    100.0

卡方检验         数值    Df      Sig.
卡方             .42020  1       .51684
连续校正值       .13677  1       .71151
概似比           .42711  1       .51341
Mantel-Heenszel 检验
 线性相关        .41393  1       .51998

                                 近似值
统计             数值    ASE1    T-值    Sig.
Phi              .07919          .51684  *1
Cramer's V       .07919          .51684  *1
列联系数         .07895          .51684  *1
*1 Pearson 卡方概率

缺失的观察值数量：90
```

图 10-3　卡方检验结果显示

关系测量

可以看出，统计结果为一份列联表，不仅有观测到的频率，还有各单元在行、列和总体样本中所占的百分比。如需统计期望频率，可以通过选择"单元格"指令下的子命令"期望值"（单元格期望值）得出。列联表下方显示了检验结果，首先是卡方检验结果。通常说的卡方检验实际指的就是皮尔森（Pearson）卡方检验。以上介绍的就是这一检验方法。本质上来说，这种方法用于测量交叉表格中变量之间的独立程度。图 10-3 显示 X^2 的显著性水平为 0.516，因此不能拒绝"不同性别之间，度假体验的满意等级没有区别"这一零假设。但是如果 $p < 0.05$ 表示什么意思呢？这将表示各变量之间不独立，但是，像皮尔森

(Pearson)相关系数一样,不能得出因果关系的必然结论。在本例中,性别不可能成为度假满意度的决定因素,但是在其他情况下更难评估因果关系。例如,假设两个变量的分类基于社会活动和导游评价,结果显示似乎较少的社会活动与更高的导游服务评价有关。这是否意味着,不太活跃的旅游者比社交能力较强的旅游者利用导游服务要多一些? 或者是否导游发现可能应付要求低的度假者要更容易些? 也很有可能提出其他一些假设。简言之,在本例中卡方检验拒绝了变量之间不相互独立的零假设,但是并没有评估这种关系的性质。

接下来的统计是连续性校正,只有 2×2 列联表才能进行连续性校正统计,它等于期望频率与实际频率之正差减去 0.5,负差加上 0.5,然后平方。与求二项式概率的常态近似值过程相似。列联表具有多项试验的属性,与二项式概率属于同类检验。因此,曼特尔(Mantel,1974)认为可运用耶茨连续性校正(Yates correction)。

需指出该概率比接近于 Pearson 卡方检验,对于大样本来说,这两个检验结果非常相似。概率比适用于小样本,可视作是经调整以适应小样本的 X^2。当单元格少于 5 个受访者时,也适宜用这种方法。

关联性测量

前面提到卡方检验可以测量相关性,但不能测量因果关系的水平。事实上因果关系水平依赖于研究者提出的理论构建,但是有些检验方法可能有助于解释结果。这些方法称为关联性测量(注意不是相关性测量),有助于辅助理解交叉表格中包含的数据。但是,在考虑这些检验方法时,不应孤立地单个看待,因为他们测量的对象不同,所以低分值意味着该数据没有按所采用的检验方法的方式相关(用其他方法进行检验时,这些数据可能仍然相关)。总之,没有任何一种检验方法适合所有情况。这些检验方法包括:

1. Mantel-Haenszel 统计法

这种统计法类似于 Pearson 相关系数,事实上该方法源自于 Pearson 相关系数,计算公式为相关系数乘以受访者数量减去 1 之后的平方。它的前提是数据不能为名目数据[①],所以当单元中为名目数据时,不能用 Mantel – Haenszel 统计法。举例说明,如果 M – U = 0.41,(p = 0.52),可以看出关联性差。

同样需注意的是表格给出了三种检验结果,近似值为 0.079,这三种检验

---

① 名目数据是一种类别数据,其中数据分类顺序是随机的。如可将受访者种族分为:1 = 白种;2 = 黑人;3 = 其他。这就是名目数据。赋予的数值是随机的。

法分别是 Φ 系数、Cramer's V 和列联系数。所有这些检验的结果值从 0 到 1 不等,显示了关联强度,当值趋向 0 表示没有关联,分值接近 1 表明关联程度很强。在本例中,这些数值证明了卡方统计值低、不显著,意味着性别不是影响度假满意度的决定变量。各数值的潜在前提是每个数值都通过最小化样本大小和矩阵中单元格数量的影响来阐明卡方值的意义。事实上每种检验都以 Pearson 卡方为基础,但复杂性水平各异。

2. Φ 系数

Φ 系数等于 Pearson 卡方除以样本大小,然后将所得商数平方根。但是在某些情况下可得出容易让人误解的数值 1,所以 Pearson 建议使用列联系数。

3. 列联系数

列联系数等于 Pearson 卡方除以卡方与样本大小之和,然后取商数之平方根。根据定义列联系数数值在 0 到 1 之间,但需注意的是难以达到上限值。因此建议使用 Cramer's V。

4. Cramer's V

Cramer's V 等于 Pearson 卡方除以样本大小与行数或列数(取两者中的较小值)减 1 之积,再取所得值的平方根。Cramer's V 得出数值可以达到上限值 1。

还有其他一系列检验方法,它们都以按比例减小的误差为基础。其中常见的是 Goodman 和 Kruskal 的 λ 检验方法。本质上来说,这是一个误差程度的比率,用于根据单个变量信息预测该变量的值,当追加一个变量时,可用同样的误差测量法进行预测。以表 10-5 中的数据为例。该表显示了游客对通过不同旅游运营商预定的饭店评定的等级,单元格中的数字表示饭店被评为最佳饭店的次数。在这个矩阵中,"The Mansion"饭店被评为最佳饭店的次数最多,有 42.86% 的游客选择了该饭店。因此错误归类估算值为 $p(1) = 1 - 0.428 = 0.572$。

表 10-5 被旅行社顾客评为"最佳"饭店的次数及其比率

数量 总百分比(%) 旅行社 饭店	格兰德饭店 (The Grand)	洛依皇家饭店 (The Royal)	曼莎豪华饭店 (The Mansion)	总计
阳光旅行社 (Sun Tours)	18 12.88	13 9.29	20 14.28	51 36.43
曼德假日旅游社	17	14	25	56

第十章 分类数据分析

续表

数量 总百分比(%) 旅行社	格兰德饭店 (The Grand)	洛依皇家饭店 (The Royal)	曼莎豪华饭店 (The Mansion)	总计
(Med Hols)	12.14	10.00	17.86	40.00
太平洋集团旅游社 (Pacific Group)	12 8.57	6 4.28	15 10.71	33 23.56
总计	47 33.57	33 23.57	60 42.86	140

接下来计算出每个旅游运营商顾客群评价饭店频率最高的结果分类,那么误差概率等于表格中其他单元格中的数值之和。[即 $p(2) = 0.1286 + 0.0929 + 0.1214 + 0.1000 + 0.0857 + 0.0428 = 0.5714$]。这样,使用 Goodman 和 Kruskal 的 λ 检验计算结果如下:

$$\frac{p(1)-p(2)}{p(1)} = \frac{0.572 - 0.5714}{0.572} = -0.0008$$

这表示引入变量"旅游运营商的客户"后,误差率仅仅降低了 0.0008(也就是表示误差率几乎没有降低)。因此可以得出结论:饭店等级评定与给饭店介绍顾客的旅游运营商之间不相关。λ 值通常在 0 到 1 之间,数值 0 表示在预测因变量中自变量没有帮助,数值 1 表示自变量能很好地预测因变量的类别。但是值得注意的是,即使 $λ = 0$,采用其他关联法,检验结果可能相关。因为 Goodman 和 Kruskal 的 λ 检验法仅通过降低误差这一特殊方式测量变量之间的关联性。

显然,卡方统计及其衍生物如 Cramer's V 都是很重要的检验方法。因此,有必要注意辛西奇(Sincich)提出的忠告:

由于使用广泛,卡方检验也是被滥用得最多的统计方法之一。使用者在使用前,必须确定所进行的试验符合多项实验属性。另外,当估算的概率分布很难接近卡方统计值的抽样分布时,应避免使用卡方检验方法。一般来说,如果估算期望的单元格数最少为 5,意味着可用卡方分布决定近似临界值以确定否定域(Sincich 1992:1003)。

甚至在采用列联检验以克服单元格数少于 5 产生的问题时,该忠告仍非常有效。辛西奇(Sincich)指出使用卡方检验必须满足如下条件:

(1)应有 n 次同样的试验;

(2) 每次试验有 k 种可能结果；
(3) 每次试验出现 k 种可能结果的概率相同,且概率总和为 1；
(4) 各试验相互独立。

最后一点非常重要,它意味着任何独立变量代表都不能影响其他任何受访者。因此,在上文提到的顾客对饭店评级的例子中,任何度假者都不会影响其他度假者对饭店的评定。研究者需在研究设计范围内确定满足这一条件的程度。

分级对数线性模型

接下来的论述仅仅是让研究者意识到还可以进一步做什么分析。因此下文将介绍一些议题可运用分级对数线性模型进行初步分析。但在有所收获的同时,读者应意识到还可有更多的收获。另外,如果研究者没有进行过任何关于这类更高级统计方法的培训,建议在使用这些检验方法前先遵从前人的建议和意见。

我们目前所看到的矩阵图都比较直观,但也可能采用很复杂的形式。例如,以第四章卡佐利(Yiannakis)和吉布森(Gibson)的研究为例,假设已经基于动机对旅游者进行了分类。将旅游者分为阳光爱好者、社交爱好者、寻求刺激者或大众型旅游者等几类。可能要求他们说出对一系列旅游景点的满意度。简单地说,要求旅游者说出对海洋、山脉和城市的看法。如表 10-6 所示,简单的数据表示也可变得相当复杂。那么,如何分析这类矩阵以确定性格分类和旅游景点的性质对满意度的影响？可以采用不同的方法。辛兹(Hintze)在《NCSS 使用指南》中认为,经犹他州大学进行的研究表明,对于评级数据,运用源自因子模型的 F 检验得出的结果与使用一般线性模型得出的结果同样精确。的确,除了如表10-6所示的"满意度"变量被分成了两种(满意或不满意两类)之外,所分析的问题与回归分析类似。可用的一种分析方法是运用分级对数线性模型。在这种情况下,因变量为单元格中的实际频率数——其他变量为独立的决定性变量。但是,如果学生或研究者使用的统计软件允许他们分析这一多维矩阵,他们就不应该回避这种问题。不过建议他们必要的时候向人请教以确保正确界定该问题,并合理解释研究结果。不管怎样,研究者可能会感到些许欣慰,因为研究结果包括以上论述过的卡方和 λ 统计检验。

表10-6 不同游客类型对旅游景点的满意度分布

		满意	不满意
阳光爱好者			
	海洋	42	8
	山脉	38	12
	城市	10	15
社交爱好者			
	海洋	22	10
	山脉	9	18
	城市	35	5
寻求刺激者			
	海洋	15	6
	山脉	20	4
	城市	8	15
大众型旅游者			
	海洋	15	3
	山脉	12	4
	城市	8	2

在表10-6中,每个单元格中的案例数目可以看成是旅游者类型、景色、满意度和这些变量之间交互作用的函数。即如上所述,因变量为单元格中的数量。要获得线性模型,需采用单元格自然对数而非实际数量。

简单来说,第一个单元格中的值为42(对数62325),那么第一个单元格的对数线性模型为:

$\log(42) = \mu +$ 类型/阳光爱好者 + 景色/海洋 + 满意/是 + 阳光爱好者/海洋/满意

其中 μ 表示表格单元格中所有频数对数的平均值,λ 参数表示行和列上的变量值特定组合后基数值(μ)增加或减少。所以"类型/阳光爱好者"指阳光爱好者而不是其他类别旅游者的影响;"景色/海洋"指海景产生的影响;"满意/是"指满意的影响;而"阳光爱好者/海洋/满意"指这些变量之间的交互影响。如此一来,该模型与较常见的卡方检验非常相似,因为接下来也可以比较实际观测频率值和期望频率值。在SPSS中输入指令:"对数线性 满意

(1,2)类型(1,4)景色(1,3)/设计 满意 类型 景色",即可得出预期频数值、实际观测频数值和残差[不饱和模型(假设二者没有交互影响)中预期频率数值和实际频率值之差]。而如要获得完全饱和模型(假设二者相互影响),使用指令"对数线性满意(1,2)类型(1,4)景色(1,3)/设计=满意×类型×景色",然后使用子命令"输出=估算"即生成卡方统计量和关联概率。另外,可以更全面描述每个变量对模型的影响以使分析更完善。为此可以计算出局部卡方值和实际的显著性水平,此外可以建立"逐步分析"模型,从而可以观测从等式中移除变量对卡方统计产生的影响。这样从而形成了检验单个变量重要性的方法。如果采用这些步骤,也有助于分析残值,许多统计包有这些功能。如后面第十一章所述,残值应呈正态分布。

小结

本章主要介绍了单元格中的分类数据,分类数据指选择不同选项的次数。所研究的问题与前面章节讨论的类似,即变量之间的关系性质是什么?各变量之间可能存在何种程度的从属关系?此类统计通常选择卡方检验,但需指出的是,和其他检验方法一样,只有满足了一定条件,采用卡方检验才有效。另外,还必须注意的是这种检验方法不但可以检验变量之间是否存在关系,还能确定最重要的因素,检验各变量对模型的影响。

第十一章 相关分析和多元回归分析

引言

第六章提到了相关系数,本章将重申相关系数的作用,并简要评述相关性,然后还将介绍多元回归分析。

相关系数

相关性数值范围在 −1 和 +1 之间。+1 表示两个变量完全正相关,即两者同时增加或减少。0 表示两个变量完全不相关,−1 表示二者完全负相关。所谓完全负相关指当一个变量数值增加时,另一个变量的数值会同比例减少。最常用的系数是 Pearson 相关系数,用于检验变量之间的线性关系。线性假设通常能充分检验数据,但研究者最好首先核实是否确实存在线性关系。幸运的是,确定方法很简单,只需勾绘出两个变量的曲线图。前面提到,至少过去大家都认为,与专门的制图数据包或电子制表软件相比,统计软件的制图功能要相对弱一些。需要注意的是这种评论越来越站不住脚了,但只用过该软件早期版本的研究员会发现,该软件具有确定能否运用线性假设的功能。诺西斯(Norusis)强调了绘制散点图的重要性,他指出:

结合散点图来检测相关系数是非常重要的,因为同样的系数可能源自完全不同的潜在关系……相关系数只能用于概括线性关联的强度(1990a:B−17)。

因此,尽管变量 x 和 y 看起来明显高度相关,呈 U 形关系的变量的相关系数将接近 0。绘制出该图表也非常重要,因为相关性计算对离群值非常敏感,散点图能迅速识别是否存在离群值。

相关系数计算

在 SPSS 统计软件中,可通过依次点击"分析"、"相关"和"双变量"指令,然后将所需变量拖入打开的窗口中,点击"OK"键就可以计算出相关系数。系统将默认生成 Pearson 相关系数,结果以矩阵形式表示,其中包括相关系数、系数的显著性以及统计中使用的受访者对数数量。统计结果以矩阵形式表现是因为 SPSS 软件能同时对许多变量进行两两相关检验。这对较大数据群非常有利,相关内容将在第十二章介绍。

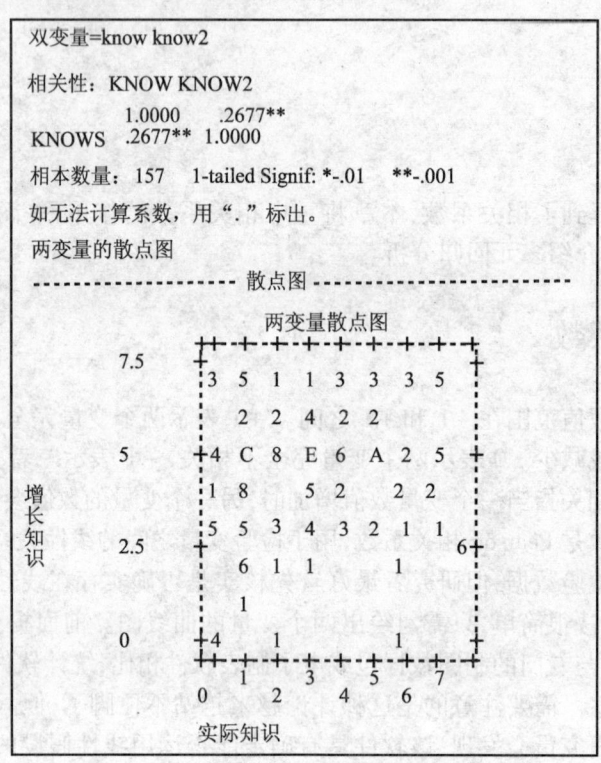

图 11-1　双变量的相关系数计算结果

图 11-1 使用的数据见附录,显示了"KNOW"和"KNOW2"两个变量之间的相互关系。二者的相关系数为 0.268,表示相关性很低。该数据散点图没有表现出清晰的模式,这进一步说明变量间相关性低。另外,图中的数字和字母表示该图中观察分组的数量。对于大的样本,字母用于表示 10 个以上的分组。

单侧或双侧检验

显著性检验可以是单侧或双侧。需注意的是,与先前的显著性检验不同,这里的概率值是单侧检验。之前使用的双侧检验基于正态分布,并且按照惯例,当置信水平达到95%时才能进行该检验。剩下的5%位于正态分布的两极端,即其中2.5%的案例数值小于均值与标准离差1.96之差,而另2.5%的数值大于均值与标准离差1.96之和。因此采用双侧检验表明对立假设没有明确指出偏离零假设。在线性关系情况下,一般可以提前运用关联的方向,因此可以使用单侧检验。但是如果什么情况都不清楚,则可以使用双侧概率。

缺失数据说明

研究者可能不得不考虑到缺失数据的概率,因此根据所使用的软件规定,可能要求使用缺失数据命令。之前的章节提到有必要检查数据的性质以确保是否适合采用参数检验。Pearson相关系数检测同样需考虑这点,如果违反了二元正态假设,就得选择其他检验方法。换句话说,对于要采用的检验方法,x和y都必须呈正态分布。如之前所述,这可以通过查看数据的频数分布检测。同样,缺失的数值可以成为潜在的问题,研究者需确定这些数值是随机分布的。如果一个缺失数值在一定程度上是另一个变量的函数,这也可能导致检验无效。举例说明,研究者研究度假支出与收入之间的关系时就可能出现这种情况。受访者也许会保留变量信息,低收入调查群可能更倾向于这样做。这就需要小心解释剩余的数据信息,因为系数(r)可能高估或低估了相关性。SPSS允许研究者使用某些指令来选择包含或排除带缺失数值的个案。建议在研究缺失值的随机性时两种方法都用。

非参数检验

韦斯特(West,1991)建议在某些特定条件下使用另外两种检验方法。第一种情况是当变量数值越高,另一个变量的分值也越高,但这种关系是非线性的(即单调性)。这时应使用Spearman的r系数或等级相关系数。在SPSS中,和进行相关标准系数检验操作一样,研究者选择"分析"、"相关"和"双变量"指令组合。接着只要将所需变量拖入打开的窗口中,然后点击"OK"键确定。但如要进行非参数检验,就不要选择Pearson,而选择Spearman检验。另一点需指出的是,如果样本小于30,研究者需参考Spearman的r系数以评估统计的显著性;但是如果样本超过30,就可以使用表格中的概率显著性。还有另外一种方法,即使用"交叉制表"指令,然后选择"相关分析",接着点击"统计"选项。在打开的窗口右上角将看到统计结果。

除此以外,还有其他非参数检验方法,其中常用的方法为肯德尔(Kendall)的 tau b 检验。该方法用于由于变量取值有限而呈单调性关系的情况。例如,研究者可以将度假者分类为"不满意者"、"满意者"和"非常满意者"。因此,该数据属名义性质,但是研究者可能希望评估旅游支出水平与满意程度之间的关系——其中旅游支出金额可能从 1 美元到几百美元不等,并且支出也可能不呈正态分布。在这种情况下,可用肯德尔(Kendall)的 tau b 检验方法评估变量间的关系。

决定系数

相关系数用于衡量两个变量 x 和 y 之间线性(直线)关系的强度。根据线性模型的斜度(β_1),可以推断出自变量 x 是否能预测因变量 y。这种检测方法称为决定系数检验方法。该方法也基于均值离差。假设想根据游客收入预测旅游者的旅游支出情况。如果没有相关收入信息,也没有任何相关旅游支出频率分布信息,那么唯一可以作出的相关支出($\breve{y}$)预测是游客旅游支出等于平均支出水平(均值)。预测误差平方和(SS_{yy})为:

$$\Sigma(实际支出值 y - 预测支出值 y)^2 = \Sigma(y - \breve{y})^2$$

这一平方和数值是均值支出作为预测实际支出的指标。如果现在用收入数据预测游客支出,预测值的平方和就是实际支出和预测支出之差的总和(误差的平方和,简称 SSE)。决定系数计算公式为:

$$R^2 = (SS_{yy} - SSE)/SS_{yy}$$

决定系数测量由自变量决定的变化率。假设旅游者收入和支出相关性值(r^2)为 0.61,表示 61% 的旅游者支出变化由收入决定,39% 由本模型未考虑的其他因素决定。

多元回归分析——假设

回归分析力图进一步阐释一个以上变量时因变量与自变量之间的关系。以附录中的数据为例,假设研究者想要检验度假满意度是体验的函数这一假设。体验指标可以是年龄和以往旅游次数。度假满意度和体验关系的表现形式为:

$$满意度 = f(年龄, 次数) [使用变量名称]$$

还可以写成:

$$满意度 = \beta_0 + \beta_1 年龄 + \beta_2 次数 + e_i$$

其中 β 为未知的回归系数,e_i 代表均值为 0 时正态分布的独立随机变量。多元回归模型假设如下:

（1）多元回归模型中,对于自变量的任何数值组合,因变量都呈正态分布。

（2）x 所有数值围绕回归线的变化始终如一。这表示不管 x 值高或低,x 和 y 变化程度一致,术语称为方差齐性。否则,就需要运用加权最小二乘法或数据转换方法。

（3）模型存在误差独立性,即残差（y 的观测值与预计值之差）与 x 的每一个数值不相关。研究者可检验残差是否正态分布。

统计分析软件包有许多强大的分析工具,研究者可通过指令组合进行回归分析。如果需要进行复杂的分析,建议阅读合适的指南。其中最常见的特征是逐步分析的形式,从等式中一次或引进一个自变量,或去除一个自变量。研究者可通过这种方法记录每个自变量对决定系数的影响,从而显示自变量的相对重要性。另外,软件包也提供曲线回归分析方法。同样还有许多检验方法通过确定决定变量的真正独立性来检验数据的有效性。

结果的获取及解释

首先从基础开始介绍。最简单的回归分析是预期变量之间存在线性关系。图 11-2 显示了进行该操作需在菜单中依次选择的命令——即"分析"、"回归"和"线性"指令。其次以附录提供的数据集为例,我们可能会认为总体的满意度由旅游者的年龄和其过去的游览次数决定。因此,在随后出现的线性回归窗口中,将总体满意度定为因变量,另外两个变量定为是自变量。点击"OK"键,结果如图 11-2 所示。事实上,SPSS 会生成三组结果。

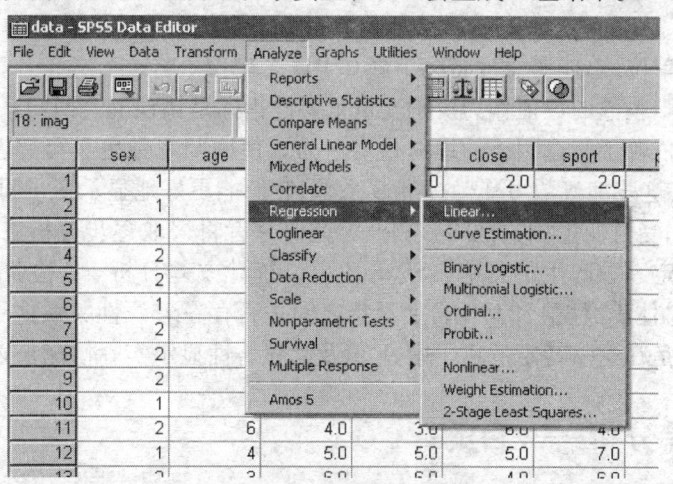

图 11-2 线性回归分析

第一组提供了一个以下格式的模型概要：

模型	R	R^2	调整后的 R^2	标准误差估值
1	0.10917	0.01192	-0.00389	3.67169

这个模型显示决定系数很低（$R^2=0.0119$），说明总体满意度不是由年龄或者过去的体验（以往旅游次数）决定。第三组结果显示了实际等式，展示如下：

模型		非标准系数		标准系数	t	Sig.
		B	标准误差	Beta		
1	（常数）	15.118967	.961954		15.717	0.000
	次数	-0.102290	.292387	-0.031107	-0.350	0.7270
	年龄	0.241768	.961954	0.105031	1.181	0.2397

（因变量：满意度）

即总满意度 = 15.12 + 0.241 × 年龄 - 0.102 × 次数。与总满意度变量的潜在值（最大值为21）相比，常数数值高意味着预测存在这种关系的可能性小。

该等式中各组成部分的解释如下：

15.12 为截距 ß（指图中直线穿过纵轴时的交点）的值，表示当其他两个变量为0时旅游者的满意度水平。

0.241 × 年龄表示对于任何体验水平，年龄每增加1个单位（年龄分组），总体满意度将会增加0.241个单位。

（-0.102）× 次数表示对于任何年龄组，当旅游者对某景点的游览次数每增加1单位，总体满意度将会下降0.102个单位。

将回归系数的数值作为辨别变量重要性指标是错误的。回归系数的实际数值非常依赖于所选因子的绝对量度。为了使回归系数更具可比性，要计算加权数β，这些加权数可作为标准β系数，它们能更好地显示变量间的相对重要性，但仍受自变量相关性的影响。为此研究者将采取逐步分析法评估任何因子对决定系数产生的影响。SPSS还可以统计方差分析。F检验用于检验因变量（总体满意度）和其他自变量集之间是否存在着线性关系这一零假设。需注意的是在这一特定的例子中，F值及其显著性显示实际情况未必如此。

残差分析——目的

接下来的一组指令旨在确定残差值，图11-3显示了SPSS软件生成的残差结果,可以看出通过逐个案例给出了总体满意度的实际值、预计值和残差,这一简单的图表明了标准残差的位置。在图11-3中可以发现,有些案例在计算总体满意度时由于有缺失数据,没有给出实际值,但是每个案例都给出了预计值。

```
缺失数据标准残差值散点图
*指所选的数据    M指缺失数据
         -3.0    0.0    3.0         *PRED    RESID
Case #    o------.------o          15.2584   -3.2584
                 .            12.00 15.2956    .7044
                 .            16.00 16.0581   -9.0581
                 .             7.00 15.1562
                 .                  15.5002
                 .            13.00 15.5002   -2.5002
                 .                  15.5002
                 .                  15.2584   -7.2584
                 .             8.00 15.5002
                 .                  15.5002   1.4998
                 .            17.00 15.1933
Case #    o------.------o          *PRED    RESID
         -3.0    0.0    3.0
```

图11-3　残差图表

在分析多元回归结果的有效性时,残差的作用非常重要。SPSS可以如图11-3所示绘制残差图表,同时显示出每个区间的实际残差数(N)和预期残差数(Exp N)。该图还显示了离群值,因此需更仔细研究。图11-3显示了数据的一致性,如F检验所预期的,残差的分布没有形成正态(钟形)分布。因此,结果表明不仅实际数值和预期相差甚远,该模型本身也缺乏详细说明,不能假定变量间存在线性关系。

研究者必须仔细确定所研究的残差的性质。假设要评估标准残差,如果标准残差随y变量预测值的不同水平而变化,那么这表明可能出现曲线效果和/或需转换数据。如图11-4所示。

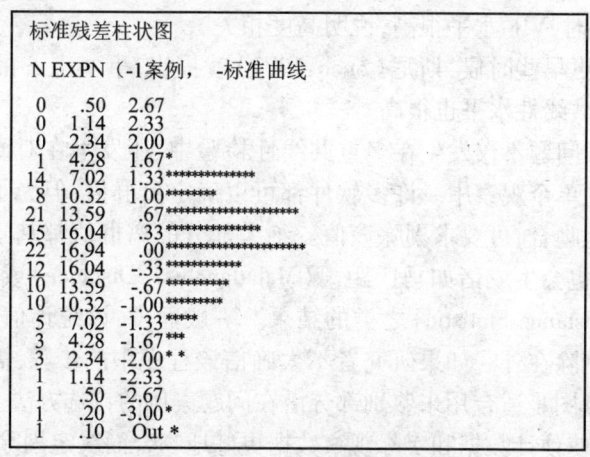

图11-4　残差柱状图

多重共线性

需指出的是,多元回归其中一个重要的假设是各变量相互独立。而多重共线性用于各变量密切相关、相互影响的情况,因此,研究者需仔细考虑这些关系的实质。例如,如要试图根据经济数据,为游客流建模,则经常会使用如收入、储蓄、通货膨胀率、度假价格、汇率等诸如此类变量。这些变量紧密相连。如果说度假支出费用来自可自由支配收入——储蓄也如此。替代效应发生在收入有限的情况下。但研究者可利用多元回归来检测这种关系。因此,有必要评估建模中使用的变量之间的关系性质。第一种检测多重共线性是否可行的有用方法是建立矩阵显示各自变量之间的相关系数。如果高度相关,研究者必须重新审视他们采用的方法。这意味着各自变量之间会相互影响,因此很难评估随后它们对因变量产生的影响。

多重共线性检验和离群值影响

用来检验多重共线性回归方程的常用方法是计算方差膨胀因子(VIF)。MINITAB 软件包中的子命令 VIF 可以统计出该值。在 SPSS 软件中,子指令 TOL(容忍值的简称)以 STA = TOL 形式附于语法窗口下(详细信息参见 SPSS 软件的"帮助"功能)。可以通过该命令算出该值,马夸恩特 Marquandt(1980)解释如下:

VIF = 1 时,解释变量不相关;

VIF > 10 时,VIF 水平很高,说明高度相关。

但是,在更早些时候,斯尼(Snee,1973)就提出,事实上 S 的 VIF 水平过高,表明多重共线性水平也很高。

多元回归问题不仅发生在多重共线性检验中,还发生在对回复模式产生重大的影响的单个观察中。许多软件都可以确定离群值,但为了使实际值和预计值更好地吻合,可要求剔除该值。绝大部分的离群值都基于与均值的差距,因此软件包会生成诸如马氏距离(Mahalanobis' Distance)或 Cook 距离统计(Cook's Distance Statistic)之类的结果。一般而言,该统计值越高,该数据越有可能被剔除在外。如果研究者不太确信该程序中的步骤,需再次强调原始数据的散点图是适合用来鉴别部分潜在问题案例的首选方法。应进一步强调,如果为了使预计数据和实际观察数据更好地吻合而决定剔除任一观察值,都需仔细研究该问题案例。如果因为回复不一致,或者某些数值与其他数值相差很大,属特殊事件,那么研究者可放心地剔除这一数值。然而,从理论上来说,如果可能的话,剔除的值需另外调查研究。

逐步回归分析

需指出的是,大多理论建构追求的是最简单的解释,即将复杂的事物简化成抽象概念,从而用少数几个关键因素解释不同的结果。在多元回归分析时,计算机软件通过逐步方法提供了帮助。逐步回归法可以一次增加一个变量,或者从总体模型中逐步剔除变量。然后研究者查看这些变化对决定系数产生的影响。如果变量的剔除(或增加)对系数产生明显的变化,可以说该变量就是影响因子——否则,就需将该变量从模型中剔除出去。

在 SPSS 软件中,执行逐步回归命令操作如下:如图 11-5 所示,在"回归"窗口中选择"线性回归"选项,然后在"方法"选项中选择"逐步回归"。

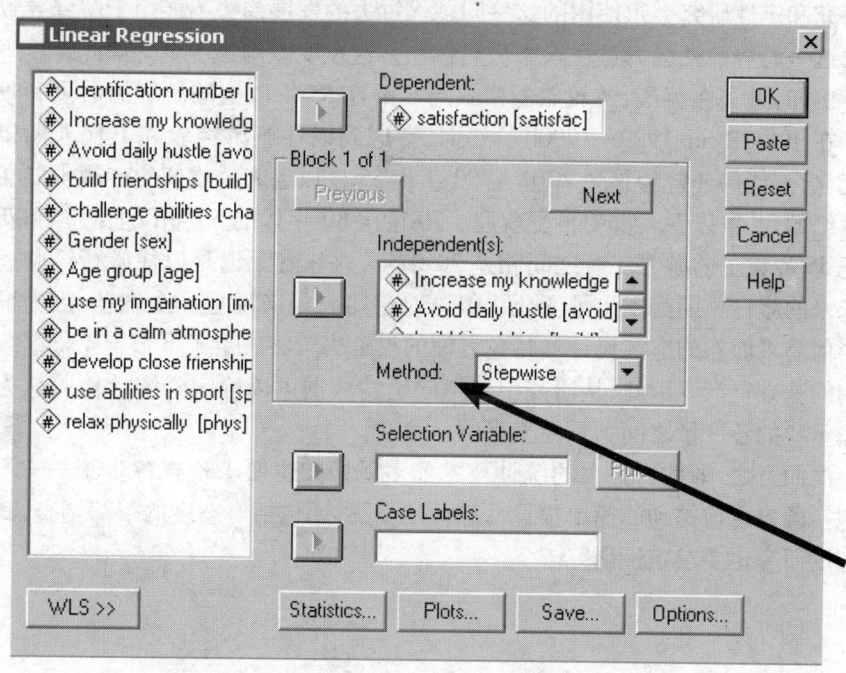

图 11-5　SPSS 程序下逐步回归法操作步骤

小结

对研究者来说，无论是它本身所提供的信息，还是为进一步统计检验进行核查，Pearson 相关系数都是一个非常有用的统计数值。该系数表明两个变量之间的相关程度。当研究者需检测三个或更多变量之间的关系时，该数值非常重要。需指出的是多元回归分析的要求之一是各变量相互独立，因此第一步就是绘制相关矩阵图，通过较低的 r 数值表明变量的独立程度。

进行多元回归分析前的另一有用的步骤是简单地绘出变量频率分布图，以寻找正态分布。此外，研究者还可绘制变量间的散点图，说明变量间是否存在线性关系。如果线性关系不存在，很有可能需通过对数转换数据。

如果进行多元回归分析的必要条件都已经具备，那么就可以采用这一强大的方法根据过去的发展趋势对未来进行有效预测。这再次用实例说明了定量研究和定性研究交织使用的这一问题。过去的发展趋势不能用于解释导致过去这一趋势的社会力量在未来仍然存在。这在度假例子中更是如此。

例如，过去在英国，游轮旅游模式与年龄在 55 岁以上的游客的数量和收入存在相关（Ryan，1989—1990）。然而，考虑到以往旅游经验和下代人期望的变化，不能保证曾经很受 20 世纪 80 年代 55 岁以上人群欢迎的产品也能在新世纪的 55 岁以上人群中再受欢迎。20 世纪 80 年代的 55 岁以上游客和新世纪 55 岁以上的游客二者之间相差 20 多年，意味着无论是以往旅行经验还是未来的旅行预期都发生了变化。但这对游船公司来说是一个难题，因为根据当前需求而作的巡游设计和特色方面的投资决策将决定了下个十年仍继续使用的基础资产。因此，从研究中获得的定性数据可以确定经统计检验认为过去重要的各变量之间关系在未来的一致性。

简而言之，即使再强大的统计技术如多元回归也要求检查各步骤——不仅包括源自之前提到的简单描述性统计的步骤，还包括对态度的跟踪调查，其中态度研究也要求定性研究。

第十二章 因子分析和聚类分析

引言

本章讨论前有必要重申前言中的提醒。严格来说,附录中的数据不足以支持本章所讲的检验方法。因此,阅读本章时必须牢记这点,应将重点放在检验方法的性质而不是具体统计结果上。

然而,一般认为从既定的样本中可明显地看出检验的目的。本章回顾了三种检验方法:主成分分析、因子分析和聚类分析。这三种检验的重点在于使研究者能确定众多回答中是否存在基础群,从而能减少解释变量的数量。图12-1说明了该任务的性质。假设有一系列关于度假态度的问题。第一行代表单个问题。检验过程包括将相关联的问题分组以构成新变量,该变量与所有单个问题关联性高。

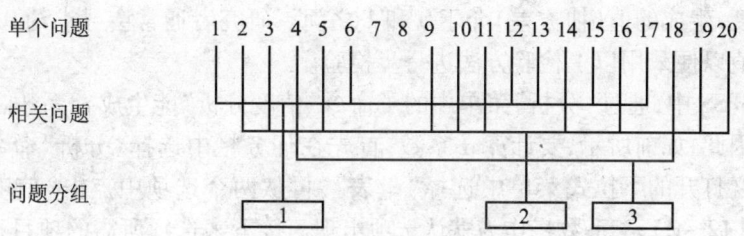

图12-1 聚类或基础群的推导过程

这种统计要求大量重复过程,计算机出现之前,通常不可能进行大量数据集统计。大约1988年以来,功能更加强大的台式电脑问世,这种电脑拥有数学处理芯片,价格在2000美元以下。这使得旅游与市场营销期刊中使用统计技术的研究报告大量增加。此外,不断增加的低成本计算工具也促进了市场研究中主要商业名称与地址聚类的发展。例如,英国诺丁汉CCN系统研发了以Persona命名的生活方式分类,该分类源自300万份CMT全国购物者调查。许多国家的国家旅游局也利用这些先进技术帮助分配有限的促销基金,以确保每一英镑或美元的广告费用有更高的回报率。例如,美国旅游局和加拿大旅游管理部门曾致力于绘制北美洲旅游客源国消费者消费心理数据图,另外如第四章所述,新西兰旅游局也进行了此类研究。

计算机技术功能强大,非常有助于理解并进行旅游分类。其中一个例子就是第四章提到的卡佐利(Yiannakis)与吉布森(Gibson,1992)的研究,但需强调这只是许多类似研究中的一例。如果能接触这些技术,有必要了解该方法所包含的步骤、对数据的要求以及如何阐释结果等问题。

前期步骤

使用这些检验前首先至少要完成两个重要的步骤。第一,研究者需检验待使用的量表的信度。第二,需检验各项之间是否相关。

Cronbach 的阿尔法(α)系数

信度是量表内部一致性问题。检验信度的一种方法是将样本一分为二,比较两组分值的相关性。通常这需随机分组。第二种方法就是使用 Cronbach α 系数。该方法的优势在于能通过测量不同分组方法的相关性来测量信度。幸运的是许多统计软件包都含有这项检验技术。但是,需指出的是该检验方法假设数据由区间尺度组成。对于其他二分数据或名义数据的案例,研究者必须确保可用 Cronbach KR-20 检验方法。该检验用于测量各项之间的协方差程度,生成的值(协方差)介于 0 和 1 之间。研究者通常会寻求约 0.7 或以上的值以便采用以上检验方法进一步检验。

SPSS 中,通过"分析"菜单中的子命令"信度分析"能生成 α 系数。

因此,如前所示,要计算 α 系数,首先在任务栏中选择"分析"命令,然后从随之打开的下拉式菜单中选择"量表",再从两个选项中点击"信度分析"(见图 12-2),α 系数将作为默认选项出现。接下来选择所需的项目,将它们从变量列表移至右手边弹出的对话框中。然后只要单击"OK"就可以了。生成的结果如图 12-3 所示。

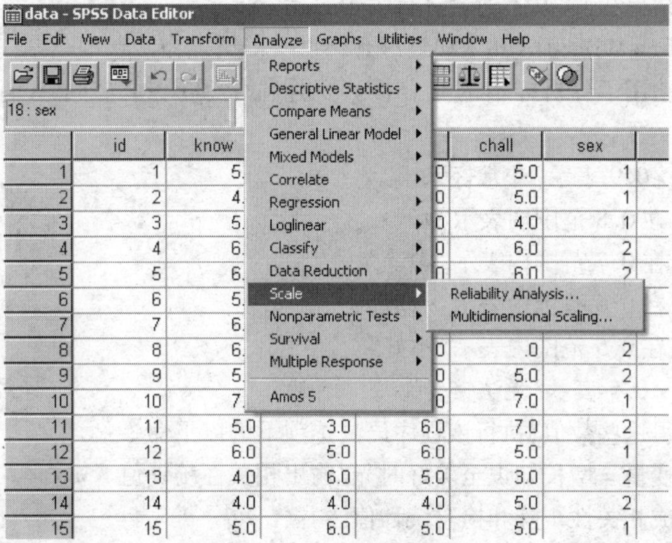

第十二章　因子分析和聚类分析

图 12-2　打开信度分析指令

```
                            信度分析  -  量表(α)
信度系数
问卷份数 =157.0                        问卷问题数量 =14
α =   .7382
```

图 12-3　信度分析结果

采用 Cronbach α 系数的问题之一在于，如果问卷中项目多，即使项目间的平均相关性很低，生成的值也会很高。因此，即使 α 系数令人满意，检验项目之间的相关性仍然非常重要。另外，这样做还有其他好处——研究者能更加注意数据的质量与性质，而不仅仅像过去那样对数据一知半解。

相关性检验

相关系数命令操作已在第十一章中进行了介绍，此外，SPSS 还可以进行许多相关系数矩阵检验，这将有助于确定是否适合进行更复杂的分析，通过子命令如 KMO 指令能进行这些检验，如图 12-4 所示。这些检验方法如下：

1. Bartlett 球形检验

该检验用于分析相关性矩阵形成单位阵（所有对角线值均为1，非对角线值均为零）的可能性。在实际中并不存在非对角线值均为零的相关性矩阵，但该检验将检测距离 0 的差异程度。SPSS 提供了显著性数值。研究者希望球形检验统计值大，且显著性水平低，从而能拒绝相关性矩阵是单位阵这一假设。如果结果相反,就不适合进行因子分析。

2. Kaiser-Meyer-Olkin(KMO)统计

该检验用于分析样本的充分性。统计值位于0~1之间,Kaiser(1974)认为:

KMO > 0.9 表示"非常好";

KMO 在 0.8 范围内表示"好";

KMO 在 0.7 范围内表示"中等";

KMO 在 0.6 范围内表示"一般";

KMO 在 0.5 范围内表示"不好"。

KMO < 0.5 表示"无法接受"。

要获得这些数值,执行该程序语法选项下的以下命令:

因素变量 = 增长知识至美好时光/输出相关性统计值 KMO

将生成相关性矩阵和检验统计值。

图12-4展示了KMO统计的另一种操作方法,依次选择"分析"、"数据简化"及"因素",将弹出一系列如"选项……"等按键。如图12-4所示,其中一个选项名称为"KMO和Bartlett球形检验"。显而易见,研究者之前已经将待检验项拖进了右边标有"变量"的窗口。建议选择"系数"选项检验相关性矩阵,如图12-4所示。

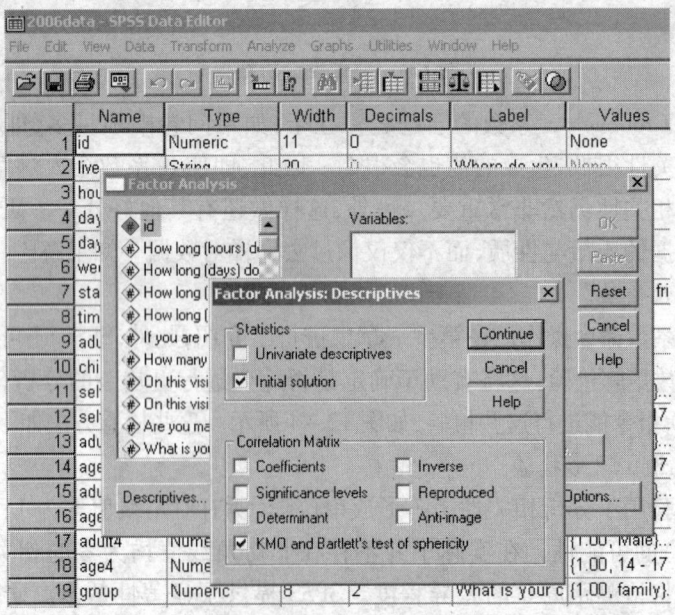

图 12-4 KMO 统计

因素变量=增长知识至美好时光/输出相关性统计值 KMO
因素分析
相关性矩阵:

	增长知识	逃避	结交	挑战	想象力	宁静	亲密
增长知识	1.00000						
逃避	-.11656	1.00000					
结交	.34371	-.01201	1.00000				
挑战	.29914	-.02788	.38112	1.00000			
想象力	.48414	-.00202	.36236	.50222	1.00000		
宁静	.07510	.55517	.08745	-.10401	.08277	1.00000	
亲密	.18973	.14663	.58649	.36233	.28327	.10093	1.00000
运动	.09161	.16490	.24207	.51416	.17935	.00162	.38761
放松身体	-.14168	.37713	-.01496	-.15131	-.04079	.40444	.03553
归属感	.06953	.03996	.30919	.28989	.14158	.15326	.39042
新发现	.41456	.03533	.14397	.20040	.28991	.09392	.09864
放松精神	-.16953	.41410	-.09026	.03647	-.10466	.33165	.07415
他人	.04562	-.05217	.42962	.14665	.11478	-.06398	.35963
美好时光	.00541	.16244	.32518	.09044	.15629	.04234	.38442

	运动	放松身体	归属感	新发现	放松精神	他人	美好时光
运动	1.00000						
放松身体	-.14667	1.00000					
归属感	.20139	.08304	1.00000				
新发现	-.04739	.00414	.05851	00000			
放松精神	.05763	.51780	.09967	-.00114	1.00000		
他人	.24468	.04394	.23507	.13329	-.00090	.00000	
美好时光	.30810	.04906	.00242	.15464	.07408	.64417	1.00000

样本充分性检验值 KMO=.66969

Bartlett 球形检验值=679.93279,显著性=.00000

图 12-5 样本相关性和充分性检验结果

数据显示相关性统计可以形成不同分组,同时这两种检验表明适合进一步检验。例如,与友谊有关的"亲密"和"结交"这两项相关性为 0.58。Bartlett 球形检验显示结果显著,KMO 数值尽管偏高,但仍"一般"。需指出的是,研究者在看相关性矩阵图时不仅应查找强烈正相关的项,也应研究相关性低的数据,以再次确定这些结果不出所料。

一旦研究者确定数据有充分的信度和效度,可以继续研究,下一步就要确定需要进行什么检验。韦斯特(West,1991)认为要遵守如下规则:

如果目的只是为了将数据"简化"到易管理的程度,应该使用主成分分析……生成的因素是否具有理论效度并不重要。

反之,如果你想试图分析潜在的心理因素,你应该采用最大概似因素分析法(1991:140)。

数据要求

在进行以下任何一种检验之前,需遵守以下经验规则,包括:

(1)如果各变量互不相关,任何检验都毫无意义。采用主成分分析只能得到与最初的变量基本相同的成分。因素分析无须说明,而采用聚类分析就算多次反复分析也只能得到大量关系松散的聚类。

图 12-5 显示了如何运用统计软件展示相关性矩阵。(该例结果通过点击 SPSS"因子"命令下的"相关"子命令得出)。研究者可以通过该矩阵图寻找有意义的相关组。例如,逃避拥挤的人群(标为"逃避")和寻求宁静的环境(标为"宁静")的相关性为 0.55,而另一方面,"逃避"与"他人"(陪伴他人)基本不相关(-0.05)。相关性聚类模式表明问卷回复中可能存在潜在因素,因此研究者需继续研究。

(2)因子分析要求变量正态分布。否则可以使用主成分分析(PCA)。实际上,PCA 可用于二分数据案例,即要求回答"是/否"或"二者选其一"的数据。

(3)样本规模必须很大。这好像说一根绳子有多长,多大。通常来说,如果样本数小于几百,程序会将大的和模糊的误差幅度合并到一起。如果样本小于 200,结果就不可能像检验十多个变量一样有很高的效度。

图 12-5 显示可以进行样本充分性检验,即点击 SPSS"因子"命令中的"KMO"子命令进行的 KMO 检验。

(4)相应地变量数目也必须大。再次提到这个问题——要多大?与假设有关的变量数量越大,具有理论和统计效度的相关性机会就越大。

由于模型的建构朝着精简型方向发展,那么需储存一定的"脂肪"以备发生任何脱落现象。在有些情况下可以预选变量。这并不表示在特定条件下这种预选不是没有任何好处,而是说通常要避免预先判断。在许多重大研究中,例如服务质量模型或拉吉卜(Ragheb)和比尔德(Beard)休闲动机量表的建构,研究者从最初的120多个变量中筛选出了大约35个变量。

(5)通常来说,变量的数量不应少于10个。并且按照经验,对于绝对极小值150份回复,每个变量必须有十个或以上的回答。如果回复超过了500份,每个受访者回答问卷项目的数量可以相对放松,但每个变量不得少于5个回答。这里说的变量、项目和问卷上的问题指的是同一个对象,可以互换使用。

群组检验——检验性质

群体频率和群体认同的检验方法有很多。作为判别分析的变体,其中有些检验方法适用于对群体认同有先验了解的情况。其他方法涉及具体的类型或数据,或只能在非常严格的条件下操作。其中一个例子就是对应分析,该分析仅限于列联表中的类别数据或名义数据。通常来说,该方法适用于二维表格,能从独立模型生成残差图。但正如其他检验方法,很多学者为使其适应于其他多变量的情况进行了探索(参见 Greenacre 1983,市场营销应用参见 Fox 1993)。SPSS 等软件包为研究者提供了以下三种常见方法:主成分分析、因子分析或聚类分析。这三种技术尽管看起来有些相似,但还是存在差异。它们与第十一章提到的回归分析也有相似之处。

主成分分析

前面提到现在的建模趋势,研究者试图建立一个精简模型,用尽可能少的变量解释尽可能多的差异。主成分分析就是这样一种方法。它试图在尽可能不遗漏信息的情况下,寻求用原始变量的少数几个线性组合概括整个数据集。通常的做法是将一组相关变量转化为一组更小的不相关的新变量。新变量组中第一组变量是解释最大差异的组合,第二组变量解释第二个最大差异,以此类推。各成分的潜在总数与变量数相同,当然能解释所有的差异。这就产生了一个问题:研究者应在什么时候停止寻找新成分呢?因子分析也遇到类似问题。

因子分析

除了将观察变量回归成不可观察因子这点之外,因子分析本质上与多元回归相同。例如,假设研究者想要测量度假满意度。这可看做一个不可观察测量,但也许存在衡量满意度水平的指标。有些也许能直接观察到,研究者可以基于微笑次数、玩笑次数、举行活动次数、再访次数等设立一个指标——简言之,通过一系列行为间接揭示满意度这一术语内容。同样,研究者可以设计一份包含一系列项目的测量满意度的问卷,并评估哪些问题在测量满意度上更重要。

因子分析首先计算主要成分以界定所需的因子数量。这一初始计算将生成一系列因子载荷,可看做是多元回归方程式中的标准回归系数——它们指因子与变量之间的相关性。但在这一阶段,绝大多数因子与许多变量相关,因此需进行旋转。旋转坐标轴将改变变量值,但保留了各变量之间的间距及相对位置。如果坐标轴旋转90度,该旋转被称为正交旋转,否则称为斜交旋转。其含义将在下面介绍。旋转的结果是可观察变量分成互斥类别,单因子载荷重,剩余因子载荷轻。参考图12-7的例子可以更容易理解。

那么,这两种方法有什么不同呢？主成分分析对变量相关性结构不作任何假设。它只进行数据转换。数据转换可能会生成一条平行线从而可以通过对数获得线性关系。而因子分析假设存在相关关系,潜在变量集足以说明变量间的相关性。以往文献揭示了有关因素分析的争论。艾维特(Everitt)和邓恩(Dunn)认为:

> 由于因子负荷不仅仅由基本因子模型决定,许多统计学家曾抱怨调查者有选择性地旋转因子以便得到他们想要的结果。布莱基斯(Blackith)和雷蒙特(Reyment,1971)甚至认为该方法得以延续正是因为它允许实验者将预先的想法强加到原始数据上(1991:254)。

他们还指出:

> 因子分析应被视作仅仅是研究多元观察结构的一个辅助工具。使用该方法的主要风险在于太看重该模型,因为该模型很可能是普遍应用中唯一一个近似事实的非常理想的模型。但是这种近似可能为进一步研究提供了有价值的起点(1991:255)。

最后一点在旅游者态度和行为研究领域非常重要。如前所述,许多学者已经根据从问卷回复中总结出的动机特征归纳出了旅游者类型。因此大众旅游者、经济旅游者、豪华旅游者及体验旅游者等类型在杂志及书籍中随处可见。但日常体验告诉我们,一定程度上,根据我们想要或必须扮演的角色,人的行为是不断变化的。从某种意义上来说,旅游者在度假时一直像一条社会变色龙,研究者所发现的分类并不能代表固定的分类,而只是一系列潜在的角色。在这些角色中,度假者(holiday-maker)或休假者(holiday-taker)(这两个词是否更能体现我们语言的启迪性？)在整个度假过程中可能按照这种或那种顺序扮演了几个或许多角色。因此旅游者分类只是接近事实,而不是整个事实。

聚类分析

聚类分析法与以上两种方法相关,但又有区别。该方法将关系密切的个体聚合到一个小的分类单位,关系疏远的聚合到一个大的分类单位,直到所有的样本都聚合完毕,把不同的类型一一划分出来,从而形成一个以相似性为基础的由小到大的分类系统。该分组过程可以通过树状图体现,这将在下文讨论计算机指令时展示。聚类分析也可以采用不同的测量方法。一方面,可以使用相似性测量——反之也可以使用相异性侧量。这一过程描述也突出了聚类分析的另一个潜在问题——链锁现象。该术语指聚类分析倾向于将中间点合并到现有的聚类而不是生成一个新的类别。因此,高级的计算机软件包提供了一系列其他方法,如许多情况一样,研究者在使用这些方法前需对它们有个清晰的了解。

聚类分析不仅用于不清楚各组构成成分的情况,还用于不清楚各组实际数量的情况。因此在这三种方法中,研究者使用该方法时或许最易将结论强加到数据上,因为在某一阶段,一个组或形成一个聚类,抑或分解为一个聚类,这可能支持了研究者希望证实的假设。另一个难点是由于各组将分解为更小的组,不可避免会出现各组大小不等的情况。将大组细分以便更好地区分往往会导致另一个极端,即分组生成的更小的聚类无法聚合到更大的分类。因此,研究者必须注意数据中的这些细微差别——主张自己录入数据而不让别人代劳的原因在于这是形成直觉的方法之一。必须结合一些检验方法以决定最佳聚类数。艾维特和邓恩(Everitt & Dunn,1991)强烈建议此过程应使用散点图。其他人如 Cohen 等(1977)建议绘出聚类中心(cluster centroids)至中心附近各组的距离平方作为检验分组内聚力的方法。许多计算机软件包带有图表生成功能。概述了这些检验方法的部分特征后,下面将依次介绍各种方法得出的统计结果及其结果解释。

主成分分析

在 SPSS 中,主成分分析可通过因素分析组合指令操作。如前所述,首先选择在 SPSS 屏幕顶端工具栏的"分析"命令,在弹出的下拉式菜单中选择"数据简化"选项,点击随后出现的"因素"选项,屏幕将出现如图 12-6 所示的新窗口。选择将要进行主成分分析的项,并将之拖入右边的对话框中。点击窗口底部的"提取"选项,将出现如图 12-6 所示的"因素分析:提取"新窗口。点击该窗口,默认选项为"主成分"。选择"继续"按钮,该窗口将会消失,并返回到原来的"因素分析"窗口。点击"OK"就可以进行计算。

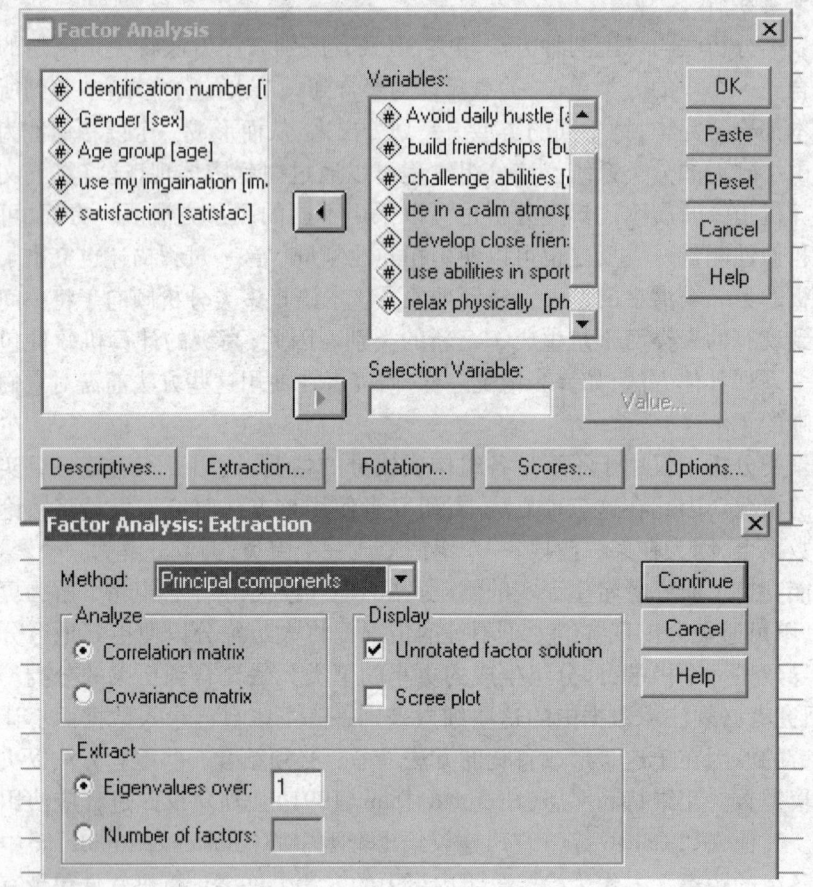

图 12-6 进入主成分分析

图 12-7 中标为"获取因素分析特征值"的窗口展示了附录中数据的主成分分析结果。该图表显示主成分分析生成了与变量数相同的成分数量,但已将成分分组,结果表明 5 个成分"解释"70.2%的变异。下文将讨论如何选择分析的因子数量。解释成分的一种方法是将第一个因子看做一条与所有数据点最佳适配的回归线。该因子占了 24.7%的差异。画出第一条线之后,对该变量分值与该回归线的差异(残差)进行第二次回归计算,这将形成第二个因子,它"解释"了 17.3%的差异;以此类推。该表还显示了"特征值"。这可以看做在原始数据组中一个因子或主成分解释的差异程度指标。

```
因子变量=增长知识至美好时光
              因子分析
提取因子分析,主成分分析
初始统计分析                         因子特征 因子方差
变量      公因子方差 *  因子  特征值  值百分比 累积百分比
增长知识   1.00000   *   1   3.46388   24.7    24.7
远离尘嚣   1.00000   *   2   2.42423   17.3    42.1
建立友谊   1.00000   *   3   1.58926   11.4    53.4
挑战自我   1.00000   *   4   1.33578    9.5    63.0
发挥想象   1.00000   *   5   1.01335    7.2    70.2
享受宁静   1.00000   *   6    .73995    5.3    75.5
加深友谊   1.00000   *   7    .72335    5.2    80.6
锻炼身体   1.00000   *   8    .66781    4.0    84.6
放松身体   1.00000   *   9    .51578    3.7    88.3
获得归属感 1.00000   *  10    .44881    3.2    91.5
发现新事物 1.00000   *  11    .34635    2.5    94.0
放松精神   1.00000   *  12    .34457    2.5    96.4
参与社交   1.00000   *  13    .25615    1.8    96.3
美好时光   1.00000   *  14    .24272    1.7   100.0

主成分分析提取5个因子
```

图 12-7 获取因子分析特征值

由于研究者力图寻找能够比原始变量解释更多变异的成分,那么按照惯例,重要的是要选择特征值大于1的因子数。

SPSS生成的下一个统计表是变量与因子相关性的表格(示例见图12-5)。该表表明尽管数据显示存在一系列相关性,解释仍存在一定困难。例如,因子1看起来与一些社会因子如"结交朋友"相关度极高(0.76),但与一些智力成分如"开发想象力"也高度相关(0.61)。然而,由于该因子是唯一一个对总变异来说最重要的因子,出现这种相关模式也在预料之中。

因子分析

因子分析通过旋转数据将研究推进了一步。旋转数据保留了数据的原始空间关系,甚至数值的改变也与它们在坐标轴上的一致。在 Windows 中使用 SPSS,操作过程与上述的主成分分析相同,除了在因子分析情况下研究者不但要选择旋转形式,还要点击如图12-6中所示的"旋转"按钮选择旋转模式。选择菜单中的"最大变异",按"继续",然后再次点击"OK"。这引发了一个问题——决定主成分或因子数量的标准是什么?通常来说标准如下:

(1)选取数量刚好的成分或因子解释总变化的大部分即可。根据变量数量,4到8个主因素至少应解释三分之二的变化,最好超过70%。

(2)排除特征值小于1的因子或主成分。这一标准还有不同说法。乔利夫(Joliffe,1972,1973)建议在主成分分析中应使用特征值大于0.7的因子。

(3)卡特尔(Cattell,1965)建议采用碎石检验方法,该方法已被广泛采用。该检验包括绘制特征值图,选择特征值走势趋平直至呈一条水平线时的因子数量——即选择曲线上的转折点。SPSS 可以通过如下命令绘制碎石检验图:

因子变量=增长知识至美好时光/绘制特征值

如上图12-6所示,在语法窗口或在"因素分析:提取"窗口点击"碎石检验"选项。

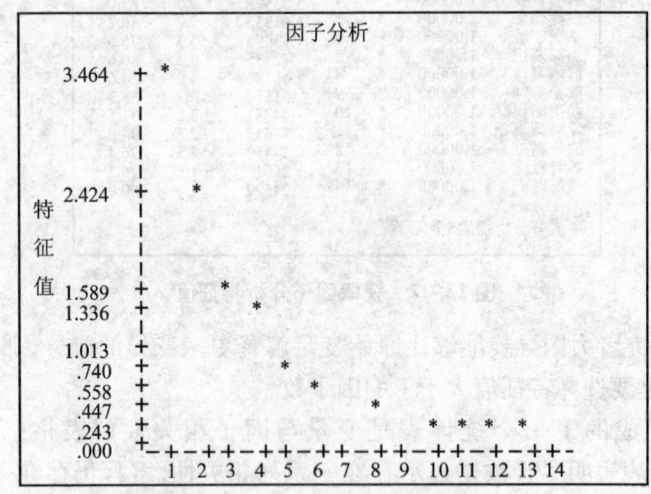

图12-8 碎石检验

该碎石绘图非常有趣(见图12-8),曲线在第四个因子处开始弯曲,但在第五个因子附近重新进行了自我调整。

这就引出了第四条规则:

(4)仔细检查数据,观察因子负载内容以及采用更多因素或更少因素的结果。当然,这种做法也会产生一个很严重的问题,即存在研究者选择最适合预设解释的结果的风险。

关于这个问题,Babbie 的评价非常中肯:

如果你无法明确假设拒绝的具体条件,你的假设实际上就是绕圈子或没有任何意义。在某种意义上,因子分析有这个缺陷。无论输入什么数据,因子分析都会生成因子。因此如果你问,"这些变量中有什么模式吗?"答案将总是"有"……因子的产生并没有保证意义(1979:508)。

因子分析是研究数据的一种技术。不研究数据以更好地理解数据所涵盖的信息是研究者的失败。同样,了解该检验方法的目的、进一步检验信息的方法并以尽可能全面的方式报告研究发现也是研究者的责任。报告有必要表明所给出的解释是最佳方案,同时必须陈述评判的标准。

下一步是通过以上命令旋转并检验结果的性质。然后评估并解释统计结果(见图12-9)。最终统计表格的第一栏再次显示了特征值,并列出了每个变量的公因子方差。公因子方差指公共因子解释的方差比例,即这五个因子综合起来解释该问卷项目的程度。这也符合理论发展的简约性。根据样本大小,研究者将寻找等于或大于0.6的值。该图表接着显示了数据旋转后的实际因子载荷。这一步表示什么呢?理想结果是,每项由一个因子主要负载(值等于或大于0.6),而其他剩余因子负载较轻(值等于或小于0.2)。

在本例中,因子1包括与休闲有关的项,如"逃避繁忙的日常生活"(0.81)、"寻求宁静的气氛"(0.77)、寻求"身体上"和"精神上"的放松(各为0.71)。因子2包含智力成分,其中"增长知识"(0.81)、"开发想象力"(0.70)和"发现新地方"(0.73)三项密切相关。因子3包括"与他人相处"(0.83)和"美好时光"(0.91)两项……

因子分析

最终统计分析

变量	公因子方差	*	因子	特征值	因子特征值百分比	因子方差累积百分比
增长知识	.69018	*	1	3.46388	24.7	24.7
远离尘嚣	.73448	*	2	2.42423	17.3	42.1
建立友谊	.66312	*	3	1.58926	11.4	53.4
挑战自我	.73359	*	4	1.33578	9.5	63.0
发挥想象	.61942	*	5	1.01335	7.2	70.2
享受宁静	.65472	*				
加深友谊	.64877	*				
锻炼身体	.81441	*				
放松身体	.63341	*				
获得归属感	.73691	*				
发现新事物	.60765	*				
放松精神	.63591	*				
参与社交	.79177	*				
美好时光	.86218	*				

旋转因子矩阵

	因子1	因子2	因子3	因子4	因子5
增长知识	-.08808	.80899	-.05972	.08568	.13058
远离尘嚣	.81136	-.01032	.08769	.19805	-.17074
建立友谊	-.04227	.36449	.43287	.15415	.56333
挑战自我	-.10822	.38105	-.00922	.68987	.31728
发挥想象	.01366	.70061	.04702	.30130	.18809
享受宁静	.77646	.19503	-.03617	-.09725	.05495
加深友谊	.13937	.15476	.41115	.35599	.55643
锻炼身体	.06381	-.05475	.20393	.87208	.07226
放松身体	.70825	-.07412	.07561	-.30897	.15848
获得归属感	.11805	.00707	-.00766	.07749	.84667
发现新事物	.04345	.73445	.18046	-.15176	-.10362
放松精神	.72636	-.20880	-.06932	.17176	.17438
参与社交	-.08375	.03384	.83826	.01834	.28388
美好时光	.09995	.05536	.90575	.14321	-.09076

图12-9 休闲动机量表因子分析

表明也许是社会因子。因子 4 包含与运动(0.87)和"挑战身体极限"(0.69)有关的身体成分。最后一个因子 5 主要负载归属感(0.84)。同时也需要指出的是,"建立友谊"和"发展友谊"两项分别归在因子 3 和因子 5 中。研究者可能认为这证实了在第二章讨论的拉吉卜(Ragheb)和比尔德(Beard)的休闲动机量表,但仍需仔细考虑如何处理这两个问题。例如,如果舍弃"归属感"项,或许更适合?另两个因素可以归入"社会"因素中吗?但这又意味着什么呢?计算机的优势之一就是允许研究者开发一系列易于建构并可供思考的备用方案。

因子分析

因子相关性矩阵

	因子1	因子2	因子3	因子4	因子5
因子1	1.00000				
因子2	.05465	1.00000			
因子3	.14818	−.05279	1.00000		
因子4	−.14568	.00480	−.12198	1.00000	
因子5	−.17103	−.07711	−.16530	.21771	1.00000

图 12 – 10   因子相关性——斜交旋转

前面提到旋转的形式——正交和斜交。正交旋转旨在最大化结果因子的非相关性——生成不相关因子。该过程可以使用不同的运算法,其中最普遍的是最大方差法。

通过这些技术获得的结果差异通常都很小。在这种情况下,研究者有必要进行斜交旋转。尽管这将在一定程度上改变因子载荷,但并不会改变因子的构成。目前,至少 SPSS 可以进行因子相关性矩阵计算。依次选择"分析"、"数据简化"、"旋转"并点击"直接斜交"就可以执行直接斜交旋转命令了。因子相关性矩阵如图 12 – 10 所示。该检验的原因现在已经非常明显。正交旋转在相关性矩阵中形成"一致性",而斜交旋转可以检验因子之间的相关度。如果相关性较小,可以证明因子的独立性。

结果展示提示

正如已经发现的,当变量保持原始问卷中的顺序时要核查图表并不是一件容易的事。如果问卷包括 100 多个问题,就更加困难了。最好的办法就是将项目按图 12 – 8 所示的顺序排列。这样查找起来就清楚多了。幸运的是 SPSS 下该操作方法简便。如图 12 – 11 所示,在"因素分析"中选择"选项"按钮,界面将弹出标为"因子分析:选项"的新窗口。选择"按样本大小分类"框,表示构成单因子的项将自动分类,在生成的表格中这类项目将排列在一起。要注意 SPSS 中起始数字不是"0",为清晰起见,书写结果时最好输入项目标签,并标出形成单因子的各项目分值。

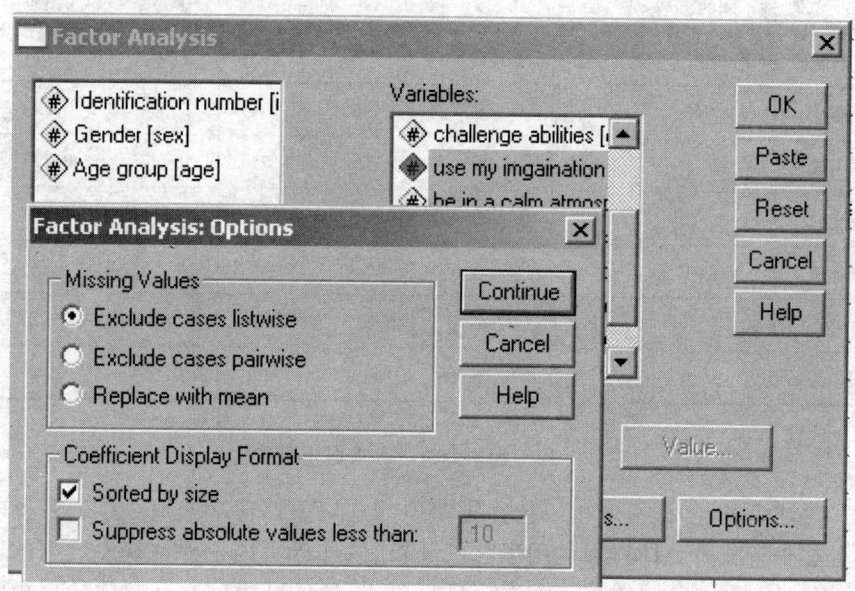

图 12-11　因子分析中的"分类"命令选择

	1	2	3	4	5
参观从书上看到的地方	0.780	-0.136	0.034	0.279	0.343
体验关于毛利人的事情	0.770	0.083	0.321	0.263	-0.075
察看可能居住的地方	0.704	0.281	0.306	0.159	-0.141
探索新地方	0.633	0.261	-0.178	0.449	0.502
参加旅游探险活动	0.454	0.733	-0.088	0.327	0.169
寻找创业机会	-0.113	0.724	0.168	0.234	-0.262
寻找其他大学和课程	0.266	0.624	0.567	-0.120	-0.052
探亲	0.209	-0.055	0.867	0.033	-0.024
访友	0.189	0.159	0.695	0.158	0.025

续表

	1	2	3	4	5
为向家人和朋友讲述而进行旅游	0.233	0.164	0.112	0.791	-0.068
为改变/尝试不同的事情	0.116	0.039	-0.061	0.745	0.357
了解新西兰	0.408	0.112	0.065	0.652	0.177
拍照片	0.309	-0.436	0.204	0.504	0.329
休闲放松	0.106	-0.155	-0.214	0.137	0.775
观光	0.020	-0.066	0.320	0.168	0.733
特征值	4.11	2.49	1.42	1.22	1.00
方差百分比	27.4	16.6	9.4	8.2	6.7
阿尔法系数	0.78	0.63	0.58	0.46	0.42

图 12-12 因子分析——数据排版实例

需注意的是，研究者可以选择将该项的总均值取代缺失值。这一选择的好处在于意味着总体样本可用于因子分析，该分析可用于评估缺失数据的影响。但是，如前所述，需仔细查看项目频率表，评估缺失回复在整体数据集中是否数量很少，且分布是否随机零散。如果其中一个或两个条件都不满足，就可以某原因而舍弃该问题项——尽管该项不作答的频率很高本身就是一种发现。研究者需参考研究设计和研究理念来评估这些问题。

图12-12举例说明了因子分析展示的一种方法。好的做法是：

(1)列出完整的权重表使读者能够评估每个问题项负载一个或多个因子的程度。

(2)将问题项归类成因子并重点标出，使读者能够很容易看出因子由哪些问题项构成。

(3)提供数据特征值、每个因子所占的方差百分比和衡量因子信度的阿尔法系数。

聚类分析

正如前面所述，聚类分析是鉴定数量和构成都不清楚的隐性群体的技术。聚类分析可进一步了解数据，因为与仅仅形成若干组的因子分析不同，聚类分析实际上可以将受访者回复分成具体类别。假设聚类分析确定了动机可以分为五类。研究者可以按此将所有回复进行归类,然后通过问卷中每项问题的得分或社会经济变量信息分析每组内部的差异。因此,聚类分析是研究者的得力工具。但美中不足的是,聚类分析也是最复杂的一种检验方法,需要花大量精力检查结果。与迄今为止讨论的许多统计技术不同,聚类分析要求研究者作一系列定性判断。演示该方法的最好办法是利用附录中的数据通过实例进行阐述。

通过聚类分析得到的因子数量必然与通过因子分析得到的因子数量不同。原因很明显。假设将放松因子作为度假动机。很显然,将按照高、中、低三种不同放松程度对度假者进行分类。因此,一个因子被分为三个聚类。假设有5个因子,每个因子分为高、中、低三种程度,将形成一个由15个不同的潜在度假者聚类构成的矩阵。但实际中不会有那么多类,问题是究竟有多少类呢?的确,根据主轴上的数据,研究者会选择更少的聚类。更困难的是,没有明确的方法可以得知到底有多少类别。通常的做法是一开始就使用冰柱图或树状图。如前所述,科恩等(Cohen et al. 1977)建议绘制聚类中心距离平方图。艾维特和邓恩(Everitt & Dunn,1991)建议绘制标准曲线图。自己操作统计软件的优势在于:能够使用多种不同的聚类反复分析,并比较每次的运行结果,以确定最佳聚类。因此,从获得最佳聚类结果的角度来说,该过程就是不断重复。需要强调的是,聚类结果只有依据最初拟定的理论和检验该理论的方法论才具有一定的效度。在许多旅游研究的实例中,问卷设计对结果的效度十分重要。这种分类技术的不足在于,无论问卷措辞多么差,或内容多不可靠,计算机都会生成结果。

尽管SPSS能绘制冰柱图或树状图,但根据作者的经验,如果样本多至几百或几千,该功能将比较受限。第一个问题是笔记本电脑的计算能力有限。尽管与2000份的样本规模相比,这不算什么大问题。第二个更实际的问题是,打印输出的研究结果有好几页纸,研究者将它们一一铺开,却无法看出数据体现出来的有意义的模式。样本小时,问题并不明显,这可用附录中数据所绘制出的树状图说明。从该树状图(图12-13)可以看出第2、36、47、58、、111和151的问卷回复形成一个关系密切的组,且它们又与第32、133、132、144、35、118、124、81、107、86、153和94构成的另一个紧密联系的组相关。但同时也可以看出其他组与这个单元相近。从视觉上看该树状图很难将数据分类,只能看出样本各组的聚类;而另一个极端就是,接近树状图底部,可以看到如第128和3这样的离群值。对此有必要回过头去重新检查原始数据以查看是否是大量未回复问卷导致这些离群值。

Rescaled Distance Cluster Combine 聚类重新标定距离
案例
问卷标号

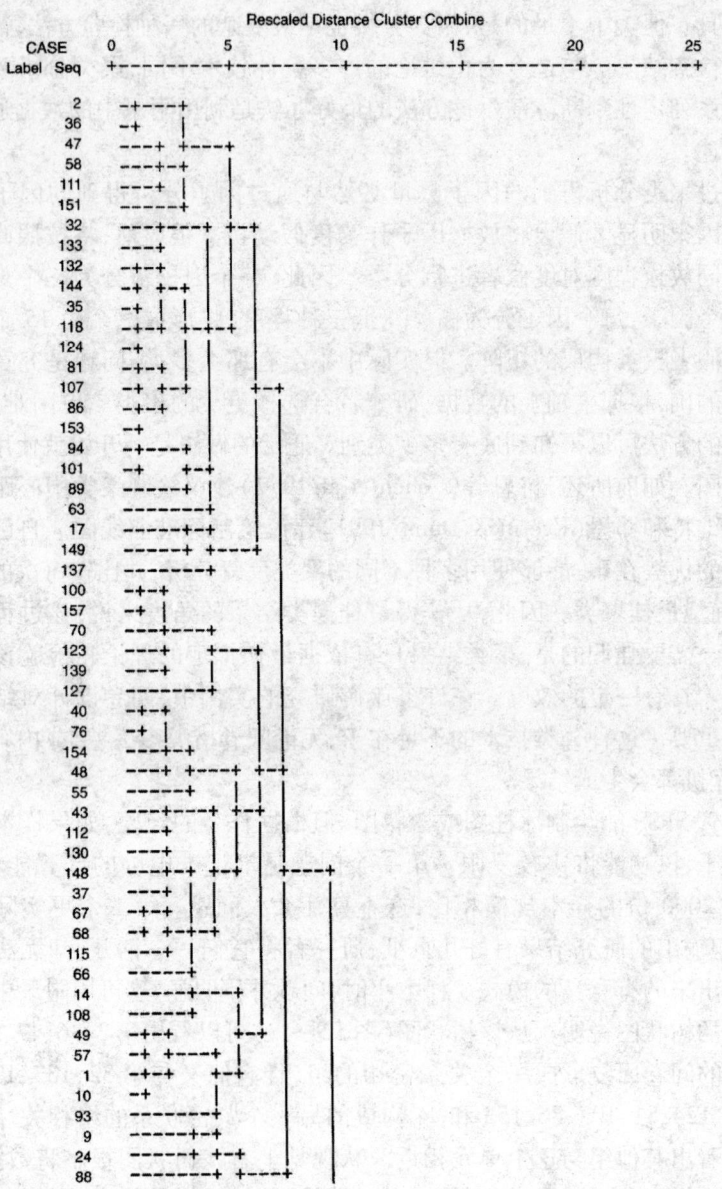

第十二章 因子分析和聚类分析

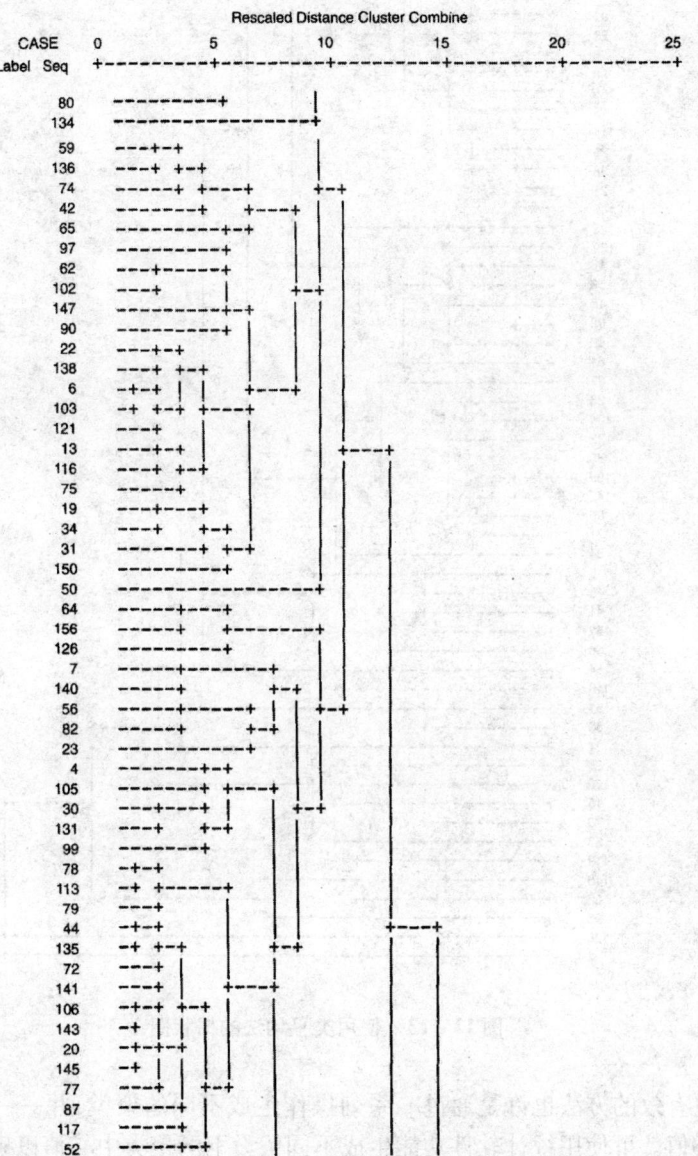

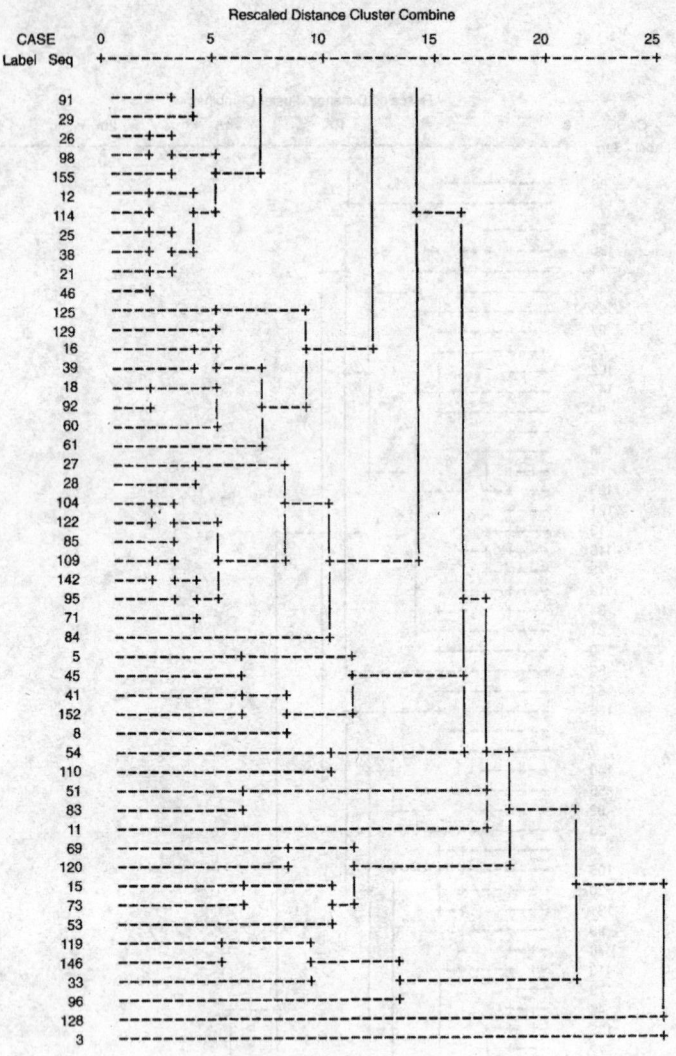

图 12 – 13　使用类平均法的树状图

更有效的方法也许是通过一系列操作生成不同的聚类,并一一确定各聚类中心值。可使用统计软件功能生成不同假设下的聚类中心值以确定相距较远的聚类的数量,由此表明存在独立类别。通常来说,通过方差分析软件能帮助研究者确定聚类的数量。

因此,对数据进行初步检验之后,研究者可在 SPSS 的语法系统程序下,通过一系列命令缩小聚类的最佳数量。本书到此为止使用的是基于 SPSS 菜单的窗口,研究者应意识到可以通过选择 SPSS 中的语法编辑窗口跳过这些菜单,即依次选择"文件"、"新的"、"语法"命令将打开一个空白窗口,输入如下命令就能进入 SPSS 中的语法编辑窗口:

快速聚类增长知识至美好时光/标准 = 聚类(4)
/输出距离方差

语法编辑窗口允许研究者详细定义统计参数,并可以执行 2006 年时 SPSS 基于菜单的系统中无法执行的命令与程序。这之前大多数情况下几乎不需使用语法选项,但对于聚类分析和更先进的方法,如回归分析,研究者可能得益于这个选项。通过 SPSS 的"帮助"命令可以获得该选项的详细信息。本章接下来的图表将显示语法命令。但是仍然可能在 SPSS 下使用菜单系统进行聚类分析,这可依次选择"分析"、"归类"和"K 均值"命令操作,如图 12-14 所示。然后将待检验项从左边的对话框移至右边的对话框,如图 12-15 所示。需引起注意的是,在标为"聚类数量"的方框中系统默认的聚类数量是 2,研究者需键入所需的数字改变系统默认值。为了检验各聚类之间确实存在统计差异,可以使用方差分析,操作如下:点击"选项"框,然后选择方差分析的要求,如图 12-16 所示。

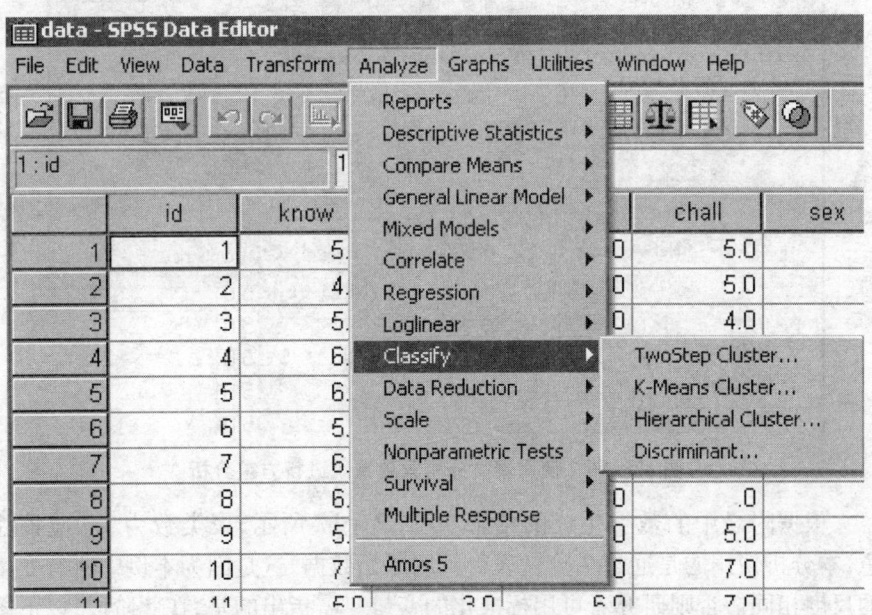

图 12-14 聚类分析中的 K 均值模式命令选择

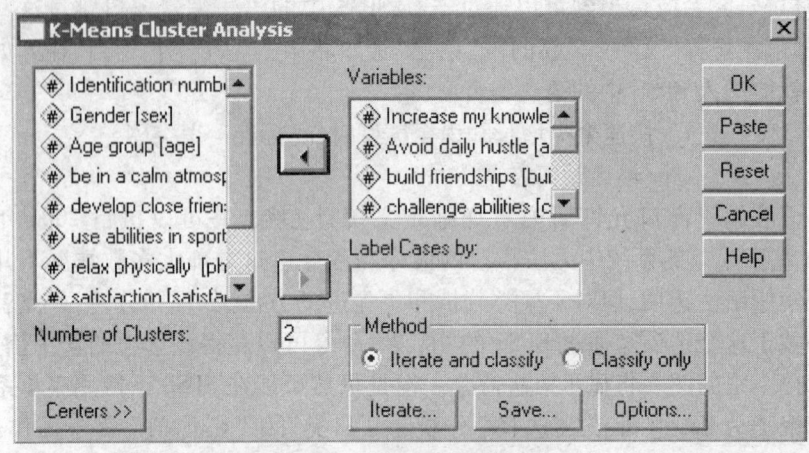

图12-15 选择待检验的聚类数量

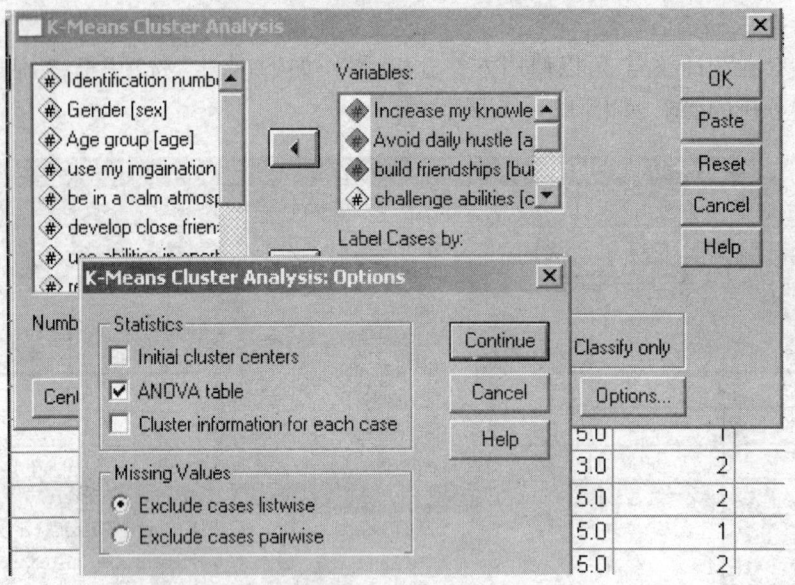

图12-16 使用聚类分析菜单系统进行方差分析

根据附录中的数据生成的结果如图12-17所示,聚类数为4。应该注意,本分析使用的是通过7分量表得到的原始数据,这是因为本例中所有变量的尺度相同。否则研究者可用标准化的变量。需指出的是,在此阶段,以下图表并不是最佳结果,这只是为了显示该过程中的各阶段。

第一组结果源自最终聚类中心值统计。可以看出,聚类1与其他组不同,其在"放松"项上的得分更高。而聚类2在"社会性"成分上的得分更高。聚类4居中,而聚类3似乎有些"奇怪"。各聚类之间的距离看起来"很合理",这点通过方差分析得以证实,如图12-17所示。

快速聚类增长知识至美好时光/标准……聚类(4)/结果—距离方差				
最终聚类中心值				
聚类	增长知识	逃避	建立	挑战
1	3.6346	5.5385	2.5192	1.5000
2	5.0366	5.6829	4.5244	3.8293
3	6.0000	7.0000	6.0000	4.0000
4	4.8571	3.5238	2.7143	2.4286
聚类	想象力	宁静	亲密	运动
1	1.9808	5.5192	1.5385	1.5385
2	4.4634	5.5244	3.4634	3.4878
3	6.0000	7.0000	5.0000	4.0000
4	4.0746	3.6667	1.2381	1.4286
聚类	身体	归属感	发现	精神
1	5.9615	2.0769	5.5962	6.4231
2	5.4268	3.2561	3.3293	5.8171
3	5.0000	6.0000	3.0000	5.0000
4	3.3333	1.6190	6.0952	3.4762
聚类	其他	美好时光		
1	2.7308	2.4615		
2	4.5488	4.7561		
3	3.5000	1.0000		
4	3.4762	3.0000		
各最终聚类中心值之间的距离				
聚类	1	2	3	4
1	.0000			
2	6.0210	.0000		
3	10.0530	7.9707	.0000	
4	5.5817	6.2913	11.8513	.0000

图12-17 聚类分析结果

该结果还显示了每组的数目,从图中可以看出聚类3仅包括2个(见图12-18)。同时需注意的是该图包含了所有回复,因此聚类3的2个很可能是由于数据缺失造成的离群值。这很容易检查出来,因为通过如下语法命令,从SPSS命令的子集可以看出不同聚类的构成:

快速聚类增长知识至美好时光/标准=
聚类(4)/输出ID(数量)

从图12-13和图12-19可以看出,受访者3距离值很低,实际上,这是从树状图中也能识别出的其中一个离群值。可以舍弃形成聚类3的这些离群值,不需对它们进一步检验。

方差分析

变量	聚类均方	自由度	误差均方	自由度	F值	概率
增长知识	23.0519	3	2.4282	153.0	9.4933	.000
远离尘嚣	28.7962	3	2.7838	153.0	10.3443	.000
建立友谊	52.8627	3	2.2073	153.0	23.9490	.000
挑战自我	59.8999	3	3.0441	153.0	19.6771	.000
发挥想象	71.0642	3	2.7211	153.0	26.1163	.000
享受宁静	22.8079	3	2.4320	153.0	9.3782	.000
加深友谊	56.5896	3	2.1773	153.0	25.9911	.000
锻炼身体	51.9513	3	3.1017	153.0	16.7495	.000
放松身体	35.1419	3	2.3703	153.0	14.8261	.000
获得归属感	30.6033	3	3.9233	153.0	7.8004	.000
发现新事物	11.8453	3	1.3623	153.0	8.6948	.000
放松精神	56.2053	3	2.0927	153.0	26.8575	.000
参与社交	35.9300	3	2.4462	153.0	14.6879	.000
美好时光	65.3523	3	3.7258	153.0	17.5405	.000

每个聚类的案例数目

聚类	未加权案例	加权案例
1	52.0	52.0
2	82.0	82.0
3	2.0	2.0
4	21.0	21.0
缺失数目	0	
总计	157.0	157.0

图12-18 方差分析结果

下一步将更仔细检查各不同的聚类以发现它们之间的差异。已经统计出各变量得分,包括方差及其概率,研究者现在可以抛开"科学的"统计,为这三个聚类起上动听的名字。如聚类1可称为"休闲型"、聚类2为"社交型"、聚类3为"中立型"。如何获得有关各聚类更多的信息呢?

第十二章 因子分析和聚类分析

```
各变量快速聚类/标准=聚类（4）/输出=确认（数量）
快速聚类要求1336字节的工作空间
 数量        聚类        距离值
 1.00         1          7.016
 2.00         1          6.877
 3.00         3           .455
 4.00         2          7.710
 5.00         2         10.478
 6.00         2          7.409
 7.00         2          8.053
 8.00         2         10.245
 9.00         1          7.361
10.00         1          7.902
11.00         1         11.212
12.00         2          7.137
13.00         4          8.793
14.00         1          9.158
15.00         2          6.431
16.00         1         10.401
17.00         1          8.796
  ⋮
161.00        2          8.123
162.00        2          8.432
163.00        2          7.944
164.00        1          9.525
```

图 12-19　聚类中心距离分析

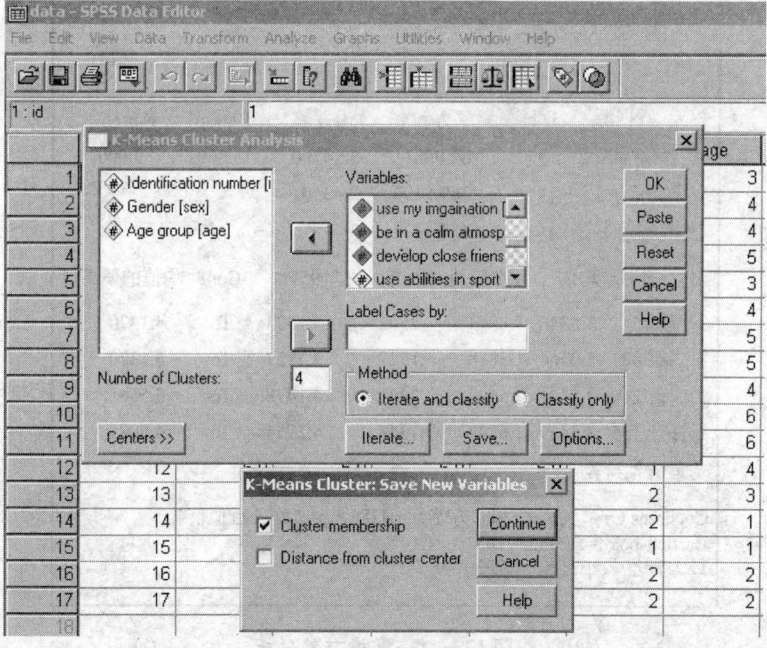

图 12-20　进一步聚类分析

— 243 —

通常来说,软件允许用户生成新的变量或列,其中的数据来自最后一组结果,每份回复都配以一个"标识符"以表明其所属的聚类。在 SPSS 中,点击子命令"保存聚类(成员)"将为新变量保留一个新的列。在 MINITAB 和 NCSS 软件的早期版本中,研究者可能必须通过键盘将数据输入到新的列中以完成该操作。现在通过选择之前提到的命令就可以查看分组情况。例如,研究者可能希望查看变量"增长知识"分值的详细情况,以便确定这些聚类是否在性别构成方面有显著差异。

图 12-20 说明了该操作方法,简而言之,点击选项"保存",界面将打开一个窗口用于保存聚类成分或距离。需指出的是,可利用重新编码功能给聚类 3 的缺失值编码,表示聚类 3 不能用于进一步分析。所使用的命令为之前已描述的单因素和交叉制表。

统计结果(见图 12-21)证实了上面提到的聚类中心值和方差检验结果。可以看出聚类 1 的均值为 3.63,标准离差为 1.8,聚类 2 的均值和标准离差分别为 5.03 和 1.3,聚类 4 的均值和标准离差分别为 4.85 和 1.5。

```
——单因素分析——

变量      增长知识

根据变量成员
                        方差分析

数据源     D.F.    平方和       均方差      F-ratio    F-prob
组间        2      64.9581      32.4790    13.3601    .0000
组内       152    369.5194       2.4310
总计       154    434.4774

组   数量   均值   标准偏差   标准误差   95Pct   Conf   均值的偏离值
第一组 52  3.6346  1.8044    .2502     3.1323   To    4.1370
第二组 82  5.0366  1.3828    .1527     4.7327   To    5.1370
第四组 21  4.8571  1.5584    .3401     4.1478   To    5.5665
总计  155  4.5419  1.6797    .1349     4.2754   To    4.8085

方差齐性检验

Cochrans C=最大方差/和(方差)=.4286,p=.126(近似值)
Bartlett-box f=2.254,p=.105
最大方差/最小方差  1.703
```

图 12-21 聚类方差分析

从图 12-21 还可以发现,与四种聚类的方案相比,通过重新编码排除聚类 3,F 比率从 4.94 上升到了 13.36,考虑到聚类 3 中的回复数量,这也不足为奇。还需注意在图 12-21 中自由度从 3 降至 2,反映了各组数量的变化。该图其他分值还显示了之前提到的方差齐性。

最后一组命令可以进行聚类的社会经济结构检验——也就是性别构成。这再次用到先前讨论的检验,即带卡方检验的交叉制表。结果如图 12-22 所示。参考之前的"交叉制表"命令将了解如何测量统计显著性。

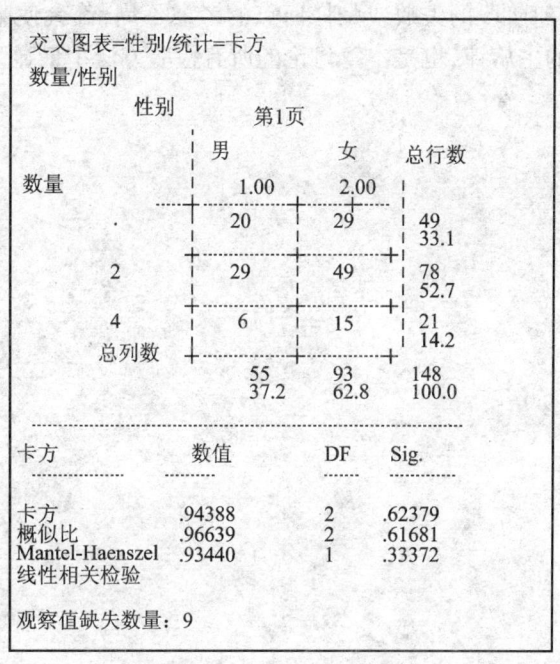

图 12-22 性别类交叉图表

小结

本章回顾了三种功能强大的统计方法。在使用这些方法之前需先进行一系列检验以保证所使用的数据适合采用这些统计方法。最后的一系列命令表明为了充分了解这些分类方法的统计结果,这三种技术需配合前几章描述的更简单的技术使用。

同时应该注意到,使用这三种技术时,研究者不应依赖于计算机或该技术生成答案。更准确地说，统计讲究艺术，统计生成的最终聚类尽管有数据支撑，但还只是一种评价。只有参考研究者预先提出的基本模型，并深入了解所收集的数据的质量与特性，研究者才能作出判断。或许这才是真正被认为更复杂的统计技术的原因，因此确保熟悉所收集的原始数据是研究者的职责所在。

以上各章讨论的假设提出、研究计划、问卷设计，所采用的评估技术和结果阐释等各阶段之间不是一个过程中的先后顺序关系，它们都是该整体过程中的一部分，任何阶段的失败或是任何点的考虑不周，都会使整个过程无效。这是各章编排的主旋律，也是本章讨论的所有检验方法中最显而易见的。

第十三章 结语

根据前面各章描述的检验方法,可以进行一些自然延伸。一旦确定了聚类的数量,研究者可能就想使用判别[①]分析检验各聚类之间的差异。但是本书前几章介绍的检验方法可以使旅游态度研究者对统计数据进行全面的检验。同时还需明确的是:相对简单的检验方法也非常重要,研究者在没有正确评估数据性质之前不应立即使用较复杂的检验方法。简言之,在选择复杂的检验方法之前,需仔细检查数据的频率与分布,并检验相关性和交叉表。

回顾本书,可以发现问卷中问题的性质、问题措辞、问题含义、提问的环境等都非常重要。问题考虑不当——无论是问卷设计、焦点小组还是访谈,只能导致结果的价值远远小于考虑周全时的价值。需花时间思考如下一些简单的问题,如:

我为什么需要这些信息?

此信息为什么重要?

如果此信息很重要,我该怎样问?

如果此信息很重要,我该何时问?

这些问题与"我该问什么"问题一样重要。不管讨论了多少有关研究的问题,也不管研究设计和计算机分析多么先进,任何研究者要问的四个基本问题仍然是:什么、为什么、何时及怎样。应该注意到,它们涉及的不仅是研究总体规划、研究假设和论点,还涉及实际研究过程的细节。

如果情况确实如此,假设研究的主要问题为游客满意度,研究者必须一直关注假定的客观性和实际体验者之间的交互作用——理性和主观性(个人对事件的阐释)之间的关系。如前所述,这引出了研究将采用的方法论问题,即本书第三章和第四章介绍的态度测量方法。态度测量方法不仅是确定态度的性质与内容,还包括确保研究者从受访者身上获得最丰富的数据。研究者难以再次找到受访者,询问其关于某个观点的详细信息。因此,在一次性的调查

---

① 这是统计学中的术语,指在已知的分类下,一旦遇到有新的样本,可以利用此法选定一判别标准,以判定如何将该新样本放置于那个族群中。

中(学生研究的主要特征),采用前面几章中提到的做法非常重要。对期望值和实际观测值进行差别分析胜过简单的活动频率数统计。使用等级排列或刻度的量表可以采用多种统计方法,这远远优于简单的"是/否"型回答。

也许在许多方面,游客满意度研究者非常单纯乐观,认为能够将人类复杂的感情精简为一连串确定的术语,而且认为这些术语可用于理解不同地方其他游客的未来体验。这项任务的确非常艰巨,令人却步。看看迈肯尼尔(Mac Cannell)是如何描述他参观华盛顿越南纪念馆的感受吧:

在字面意义与比喻意义相聚合的潜意识中,黑色也是能引人沉思联想的颜色。当你走近越南纪念馆时,看到自己清晰地映射在纪念馆光亮的墙面上。墙面映射出全部的你……一开始也许你只能看到自己的脚。这并不是真正的你,只是你的脚。然后你走下斜坡,纪念碑高高地耸立在你面前,包括逝者的名字……突然,此刻你不再注意你的脚,你在刻有死去战士名字的纪念碑上看到自己的脸、额头、眼睛、脸颊、嘴巴。常常在这一刻,许多参观越南纪念馆的游客忍不住放声大哭(Mac Cannell 1992:281)。

迈肯尼尔(Mac Cannell)在这段煽情的篇章中生动地描述了他一次参观的心灵感受,这种感受无法通过问卷获得。可以明确的是他表达了很多人的心声。这种根据研究经验和换位思考能力,在充分了解情况并发挥想象力的基础上得出的见解更加有力。

必须时刻记住旅游满意度研究中的主观性。旅游至少暂时能让旅游者在寻求放松中平复繁杂的思绪。它具有宣泄的作用。威利拉塞尔(Willy Russell)在其剧作《雪莉·瓦伦丁》(Shirley Valentine)中诠释了两周的旅游如何改变女主人公雪莉·瓦伦丁(Shirley Valentine)和她丈夫的生活。在一个全新的环境中,雪莉·瓦伦丁(Shirley Valentine)发现了潜藏在自我责任感约束下的本我。这种现象不是虚构的,而是剧作家真实再现一些人的现实生活。1993年在西班牙东部马略卡岛的研究中,笔者在安德莱奇港的一个酒吧与一位女士交谈。她称自己是"《雪莉·瓦伦丁》(Shirley Valentine)的原型",她十多年前到马略卡岛度假,找到了与丈夫离婚的勇气,离婚后回到马略卡岛重新开始生活,从未后悔。

类似的经历给旅游满意度研究者带来很多启示。研究者必须捕捉游客体验中的乏味与兴奋,毫无遗漏地指出这些情绪代表什么,并同时真实再现更广泛的人类活动以及这些活动对东道主、环境和经济带来的影响。研究者必须既相信又要质疑自己的情感:相信自己的情感是因为他们自己也是旅游者,能对游客的行为与情感感同身受;质疑自己的情感是因为他们的社会背景、学识和以往的研究经历在游客中并不典型。研究者或许面临一种诱惑,将自己的

第十三章 结语

情感、动机和解释投射在游客身上,而游客对自我或情境的挑剔可能远远比不上或甚至高于研究者。

因此,最后几章介绍的复杂检验方法完成了研究的自身循环。进行研究时,研究者不仅揭示受访者的事件、感受和评价,也揭示受访者本身。哪个更重要,采用哪种检验方法,怎样解释数据,这些选择不仅是陈述实施某种研究方法,也体现了研究者如何接近研究对象,即受访者。研究者面临着许多选择——使用定性分析还是定量分析;忽略还是讨论少数人的观点;甚至出版还是不出版研究结果;遵守还是违背数据的保密性——归根结底是实事求是,或有所掩盖,不完全展示不支持研究假设的研究结果。简言之,正如第一章中论述的研究道德问题,有必要在结尾时旧话重提。

对于旅游行为研究,为了探究休闲背景下(这种休闲旅游类型可能是现代人类社会的特征,而过去大多数人都没有体验过)人类与环境以及其他人相互作用产生的影响,研究者需考虑周全、详尽无遗、方法系统、富于想象、重点突出、全面了解、果断坚定、善于交际。但如果忽略诚信,以上所有优点都等于零。使用"诚信"这个词本身具有指示性。为什么不用"真相"这个词?或许现代研究者的诅咒是如果否认维多利亚时代先人确定的事实,那么就没有什么真相可言了。研究者可报告的是他们认为的事实真相——这需要明确阐述研究假设、所选择的方法、样本性质——所有这些问题在前几章都已讨论过。

因此任务十分艰巨,要求也相当复杂。这种研究有价值吗?答案是肯定的。从某种角度来看,对任何旅游运营商或旅游景点管理者来说,他们都需要知道为游客提供满意体验的最有效方式。他们需要知道为了吸引回头客,为了通过口碑效应吸引新的游客该做些什么。这不是一件简单的事,也不仅仅是赢利问题。景区员工及其家庭都指望在景点工作获得收入。从更广阔的视角来看,需要回到第一章提到的问题,如果说西方社会正在跨入日益重视个人体验的后工业化时代,那么旅游研究结果将意义重大。旅游是教育性娱乐的一部分,已经开始在越来越多人的生活中发挥更大的作用。旅游体验中真实的重要性对以计算机、大众传媒、家庭娱乐及旅游的相互影响和以网络为基础的新兴生活方式意义深远。面对能虚拟现实的科学技术,旅游景点塑造的假现实和游客对此的反应方式也许就暗示了未来的社会模式。我们需要对旅游者进行更好的管理以保护环境、保持就业,可能的话,更好地理解未来社会,因为现代技术已经使我们在家中和家外都成了旅游者,这就是有必要进行旅游满意研究的最好证明。旅游者指到另一个不同的地方参观的游客——也许将来我们的家也会成为另一个不同的地方。如果是这样,理解我们的动机和需求就显得更加重要了。

参考文献

Adorno, T., Frenkel-Brunswick, E., Levinson, D. J. and Sanford, R. N. 1950, *The Authoritarian Personality*, Harper, New York.

Ajzen, I., 1988, Attitudes, Personality and Behaviour, Open University, Milton Keynes.

Alexander, M. and Valentine, V., 1989, *Cultural class — researching the parts that social class cannot reach*; Market Research Society Annual Conference, London.

Alhadeff, D. A., 1982, *Microeconomics and Human Behaviour: toward a new synthesis of economics and psychology*, University of California Press, Berkeley, California.

Allport, G. W., 1953, The trend in motivational theory, *American journal of Orthopsychiatry*, vol. 23, pp. 107-119.

Allport, G. W., 1961, *Pattern and Growth in Personality*, Holt, Rinehart and Winston, New York.

Argyle, M., Furnham, A. and Graham, J. A., 1981, *Social Situation*, Cambridge University Press, Cambridge.

Babakus, E. and Boiler, G. W., 1992, An empirical assessment of the SERVQUAL scale, *Journal of Business Research*, vol. 24, pp. 253-268.

Babbie, E. R., 1979, *The Practice of Social Research*, 2nd edition, Wadsworth Publishing, Belmont, California.

Bacon, A. W., 1975, Leisure and the alienated worker: a critical reassessment of three radical theories of work and leisure, *Journal of Leisure Research*, vol. 7, pp. 179-190.

Bagozzi, R. P., 1988, The rebirth of attitude research in marketing, *Journal of the Market Research Society*, vol. 30, no. 2, April, pp. 163-196.

Bagozzi, R. P. and Warshaw, P. R., 1988, *Broadening the Theory of Reasoned Action to Encompass Goals and Outcomes: an empirical comparison of two models and extensions*, unpublished working paper, The University of Michigan.

Baker, K., 1989, Using demographics in market research surveys, *Journal of the Market Research Society*, vol. 31, no. 1, January, pp. 37 – 44.

Baker, K. and Fletcher, P., 1987, Outlook – TGI's new lifestyle system, *Admap*, March, no. 261, pp. 218 – 222.

Baker, K., Harris, P. and O'Brien, J., 1989, Data fusion: an appraisal and experimental evaluation, *Journal of the Market Research Society*, vol. 31, no. 2, April, pp. 153 – 212.

Baldwin, K. S. and Tinsley, H. E. A., 1988, An investigation of the theory of Tinsley and Tinsley's (1986) theory of leisure experience, *Journal of Counselling Psychology*, vol. 35, no. 3, pp. 263 – 267.

BARB Bulletin, 1987a, March.

BARB Bulletin 1987b, August.

Barker, E., 1967, *Greek Political Theory*, London, Methuen.

Bateson, J. E. G., 1989, *Managing Services Marketing*, Dryden Press, Orlando.

Beard, J. G. and Ragheb, M. G., 1980, Measuring leisure satisfaction, *Journal of Leisure Research*, vol. 12, no. 1, pp. 20 – 33.

Beard, J. G. and Ragheb, M. G., 1983, Measuring leisure motivation. *Journal of Leisure Research*, vol. 15, no. 3, pp. 219 – 228.

Belson, W. A., 1964, Readership in Britain, *Business Review*, vol. 6, pp. 416 – 420.

Berenson, M. L. and Levine, D. M., 1992, *Basic Business Statistics, Concepts and Applications*, Prentice Hall Inc., Englewood Cliffs, NY.

Berg, J. A., 1967, *Acquiescence and Context in Response Set in Personality Assessment*, Aldine Publishing Co.

Bitner, M. J., Booms, B. H. and Tetreault, M. S., 1990, The service encounter: diagnosing favorable and unfavorable incidents, *Journal of Marketing*, vol. 54, January, pp. 71 – 84.

Boden, A., 1990, *Requirements of Quality Service*, seminar paper, Centre for Urban and Rural Studies, University of Birmingham, 26 November.

Bojanic, D., 1992, A look at a modernised family life cycle and overseas travel, *Journal of Travel and Tourism Marketing*, vol. 1, no. 1, pp. 61 – 80.

Bojanic, D. and Calatone, R., 1990, Price bundling in public recreation. *Leisure Sciences*, vol. 12, no. 1, pp. 67 – 78.

Booms, B. H. and Nyquist, J., 1981, Analysing the customer/firm communication component of the service marketing mix, in *Marketing of Services*, Donnelly, J. H. and George, W. R. (eds), Chicago, American Marketing, pp. 172 – 177.

Bowler, I. and Warburton, P., 1986, *An Experiment in the Analysis of Cognitive Images of the Environment: the case of water resources in Leicestershire*, Leicester University, Department of Geography, Occasional Paper no. 14.

Brown, T. J., Churchill, G. A. and Peter, J. P., 1993, Research note: improving the measure – mem of service quality, *Journal of Retailing*, vol. 69, no. 1, Spring, pp. 127 – 139.

Bryant, B. E. and Morrison, A. J., 1980, Travel market segmentation and the implementation of market strategies, *Journal of Travel Research*, vol. 18, no. 3, pp. 2 – 6.

Buckley, PJ. and Klemm, M., 1993, The decline of tourism in Northern Ireland: the causes, *Tourism Management*, vol. 14, no. 3, pp. 184 – 194.

Burckhart, A. and Medlik, R., 1990, *Tourism, past and present*, Heinemann, Oxford.

Burgess, R. G., 1984, *In the Field — an introduction to field research*, George Allen and Unwin, London.

Butler, R., 1980, The concept of a tourism area cycle of evolutioa, *Canadian Geographer*, vol. 24, no. 1, pp. 5 – 12.

Cadotte, E. R. and Tuigeon, N., 1988, Key factors in guest satisfaction. *The Cornell Hotel and Restaurant Administration Quarterly*, vol. 28, no. 4, February, pp. 44 – 51.

Calantone, R. J. and Mazanec, J. A., 1991, Marketing management and tourism, *Annals of Tourism Research*, vol. 18, no. 1, pp. 101 – 119.

Carman, J. M., 1990, Consumer perceptions of service quality: an assessment of Servqual. dimensions, *Journal of Retailing*, vol. 66, no. 1, Spring, pp. 33 – 55.

Carmichael, B., 1992, Using conjoint modelling to measure tourist image and analyse ski resort choice, in *Choice and Demand in Tourism*, Johnson, P. and Thomas, B. (eds), Mansell, London, pp. 93 – 106.

Cattell, R. B., 1965, Factor analysis: an introduction to essentials, *Biometrics*, vol. 21, pp. 190 – 215.

Chatfield, C. and Collins, A. J., 1980, *Introduction to Multivariate Analysis*, Chapman and Hall, London.

Chick, C. and Roberts, J. M., 1990, *Harmful and Benign Conflict in the Monday Night Pool League*, Proceedings of the 6th Canadian Congress on Leisure Research, University of Waterloo, pp. 363 – 366.

Christie, R., Havel, J. and Seidenberg, B., 1956, Is the F Scale irreversible? *Journal of Abnormal Social Psychology*, vol. 56, pp. 143 – 159.

Cliff, A., 1994, *The Application of Servqual to New Zealand Travel Agencies*, unpublished paper. Department of Management Systems, Massey University, New Zealand.

Cohen, A., Gnanadesikan, R., Kettenring, J. R. and Landwehr, J. M., 1977, Methodology ical developments in some applications of clustering, in *Proceedings of Symposium on Applications of Statistics*, Krishnaiah, P. R. (ed.), North Holland, Amsterdam.

Cohen, E., 1974, Who is a tourist? A conceptual clarification, *The Sociological Reviews*, vol. 22, pp. 527 – 555.

Cohen, E., 1979, Rethinking the sociology of tourism, *Annals of Tourism Research*, vol. 6, pp. 18 – 35.

Cohen, E., 1982, Thai girls and *Farang* men: the edge of ambiguity, *Annals of Tourism Research*, vol. 9, pp. 403 – 428.

Cohen, E., 1983, Hill tribe tourism, in *Highlanders of Thailand*, McKinnon, J. and Bhruksasri, W. (eds), Oxford University Press, Kuala Lumpur.

Cohen, E., 1986, Lovelorn Farangs: the correspondence between foreign men and Thai girls, *Anthropological Quarterly*, vol. 59, no. 3, pp. 115 – 127.

Cohen E., 1992, Who are the *chao khao*? 'Hill tribe' postcards from Northern Thailand, *International Journal of Soc. Lang.*, vol. 98, pp. 101 – 125.

Cohen, E., 1993, Mitigating the stereotype of a stereotype, in *Tourism Research: critiques and challenges*, Pearce, D. G. and Buder, R. W. (eds), Routledge, London and New York.

Cohen, K., 1968, Multiple regression as a general data-analytic system, *Psychological Bulletin*, vol. 70, no. 6, pp. 426 – 443.

Converse, J. M. and Presser, S., 1986, *Survey Questions: handcrafting the standardised questionnaire*, Sage Publications, New Delhi.

Cornish, P., 1989, Geodemograhic sampling in readership surveys, *Journal of the Market Research Society*, vol. 31, no. 1, January, pp. 45 – 52.

Cornish, P. and Denny, M., 1989, Demographics are dead – long live demo-

graphics, *Journal of Market Research Society*, vol. 31, no. 3, pp. 363 – 374.
Costa, P. T. and MacCrae, R. R. , 1988, Personality in adulthood: a six year longtitudinal study of self reports and spouse ratings on the NEO personality inventory, *Journal of Personality and Social Psychology*, vol. 54, pp. 853 – 863.
Couch, A. and Heniston, C, 1960, Yeasayers and naysayers; agreeing response set as a personality variable, *Journal of Abnormal Social Psychology*, vol. 60, pp. 151 – 174.
Crask, M. R. , 1981, Segmenting the vacationer market: identifying the vacation prefer-ences, demographics and magazine readership of each group, *Journal of Travel Research*, vol. 20, no. 2, pp. 29 – 33.
Crompton, J. L. , 1979, Motivations for pleasure vacations, *Annals of Tourism Research*, vol. 6, no. 1, October/December, pp. 408 – 424.
Cronbach, I. J. , 1951, Coefficient alpha and the internal structure of tests, *Psychometrika*, vol. 16, September, pp. 297 – 334.
Csikszentimihalyi, M. , 1975, *Beyond Boredom and Anxiety*, Jossey-Bass, San Francisco.
Csikszentimihalyi, M. and Csikszentimihalyi, I. , 1988, Introduction to Part IV, in *Optimal Experience: psychological studies in flow consciousness*, Csikszentimihalyi, M. and Csikszentimihalyi, I. (eds), Cambridge University Press, Cambridge, pp. 251 – 265.
Davis, D. and Cosenza, R. M. , 1988, *Business Research for Decision Making*, PWS-Kent Publishing, Boston.
Denis, D. H. , 1989, *Attitudes towards Holiday Destinations*, unpublished paper, College of Commerce, University of Saskatchewan.
di Benedetto, C. A. and Bojanic, D. C. , 1993, Tourism area life cycle extensions, *Annals of Tourism Research*, vol. 20, no. 3, pp. 557 – 570.
Diener, E. , 1992, *Assessing Subjective Well – being: progress and opportunities*, unpublished paper, University of Illinois.
Diener, E. and Larsen, R. J. , 1984, Temporal stability and cross – situational consistency of affect, behavioral and cognitive responses, *Journal of Personality and Social Psychology*, vol. 47, pp. 871 – 883.
Diener, E. , Colvin, C. R. , Pavoc, W. and Ailman, A. , 1991, The psychic costs of intense positive emotions, *Journal of Personality and Social Psychology*, vol. 61, pp. 492 – 503.

Diraanche, F. , Havitz, M. E. and Howard, D. R. , 1991, Testing the involvement profile (IP) scale in the context of selected recreational and touristic activities, *Journal of Leisure Research*, vol. 23, no. 1, pp. 51 – 66.

Dommeyer, C. J. , 1985, Does response to an offer of mail survey results interact with questionnaire interest? *Journal of the Market Research Society*, vol. 27, no. 1, pp. 27 – 38.

Dommeyer, C. J. , 1988, How form of the monetary incentive affects mail survey response, *Journal of the Market Research Society*, vol. 30, no. 3, July, pp. 379 – 386.

Dommeyer, C. J. , 1989, Offering mail survey results in a lift letter, *Journal of the Market Research Society*, vol. 31, no. 3, July, pp. 399 – 408.

Doxey, G. V. , 1975, *A Causation Theory of Visitor-Resident Irritants: Methodology and Research Inference*, Paper given at San Diego, California, The Travel Research Association Conference, no. 6, TTRA, pp. 195 – 198.

Elliott, L. and Ryan, C, 1993, The impact of terrorism on Corsica – a descriptive assessment, *World Travel and Tourism Review*, Wallingford, CAB International Publications, vol. 3, pp. 287 – 293.

Everitt, B. S. and Dunn, G. , 1991, *Applied Multivariate Data Analysis*, Edward Arnold, London, Melbourne and Auckland.

Fenton, M. and Pearce, P. , 1988, Multidimensional scaling and tourism research, *Annals of Tourism Research*, vol. 15, no. 2, pp. 236 – 254.

Fern, E. , Monroe, K. B. and Avila, R. A. , 1986, Effectiveness of multiple request strategies: a synthesis of research results, *Journal of Marketing Research*, vol. 23, May, pp. 144 – 152.

Fishbein, M. , 1967, *Readings in Attitude Theory and Measurement*, John Wiley and Sons, New York.

Fox, J. and Crotts, J. , 1990, A longitudinal investigation into script development and the evaluation of a service, *Proceedings of the 21st Annual Decision Science Institute*, San Diego, California, 15 June.

Fox, M. F. , 1983, A multi – dimensional exploration of the decision process using correspondence analysis, *Marketing Bulletin*, vol. 4, May, pp. 30 – 42.

Foxall, G. , 1990, *Consumer Psychology in Behavioural Perspective*, Routledge, London and New York.

Friedman, H. H. , Friedman, L. W. and Gluck, B. , 1988, The effects of scale checking styles on responses to a semantic differential scale, *Journal of the Market Research Society*, vol. 30, no. 4, October, pp. 477 – 481.

Funkhouser, A., 1983, A note on the reliability of certain clustering algorithms, *Journal of Marketing Research*, vol. 20, February, pp. 99 – 102.

Gallup, G., 1947, The quinamensional plan of question design, *Public Opinion Quarterly*, vol. 3, pp. 385 – 393.

Garland, R., 1990, A comparison of three forms of the semantic differential, *Marketing Bulletin*, vol. 1, May, pp. 19 – 24.

Gendall, P. and Hoek, J., 1990, A question of wording, *Marketing Bulletin*, vol. 1, May, pp. 25 – 36.

Glaser, B. and Strauss, A. L., 1967, *The Discovery of Grounded Theory: strategies for qualitative research*, Aldine Publishing Co., New York.

Gold, R. L., 1969, Roles in sociological field observation, in *Issues in Participant Observation*, McCal, G J. and Simmons, J. L. (eds), Addison-Wesley, Reading, Massachusetts, pp. 30 – 39.

Gowers, E. A., 1954, *The Complete Plain Words*, HMSO, London, Penguin (Pelican Books), Harmondsworth.

Grafton, C. and Taylor, P., 1990, *Sport and Recreation – an economic analysis*, E and F N Spon, London.

Gray, J. A., 1987, *The Psychology of Fear*, Cambridge University Press, New York.

Green, P. E., 1984, Hybrid models for conjoint analysis: an expository review, *Journal of Marketing Research*, vol. 21, May, pp. 155 – 169.

Green, P. E. and Rao, V. R., 1971, Conjoint measurement for quantifying judgemental data, *Journal of Marketing Research*, vol. 8, August, pp. 355 – 363.

Greenacre, M., 1983, *Theory and Applications of Correspondence Analysis*, Academic Press, New York.

Grey, A., 1983, *Saigon*, Pan Books, London.

Gronroos, C, 1978, A service – oriented approach to the marketing of services, *European Journal of Marketing*, vol. 12, no. 8, pp. 588 – 601.

Groves, J., Moore, B. and Ryan, C, 1987, *Staunton Harold Hall – a study of traffic flows and visitor activities*, report for the Ryder Cheshire Foundation and North West Leicestershire District Council, Tourism and Recreation Studies Unit, The Nottingham Trent University.

Gunn, C., 1988, *Tourism Planning*, Taylor and Francis, New York, Philadelphia and London.

Gyte, D., 1988, Repertory *Grid Analysis of Images of Destinations: British tourists in Mallorca*, Trent Working Papers in Geography, Department of Geography, The Nottingham Trent University.

Gyte, D., 1989, Patterns of destination repeat business; British tourists in Mallorca, *Journal of Travel Research*, vol. 28, no. 1, Summer, pp. 24 – 28.

Hagerty, M. R., 1985, Improving the predictive power of conjoint analysis: the use of factor and cluster analysis, *Journal of Marketing Research*, vol. 22, May, pp. 168 – 184.

Hahlo, G., 1992, Examining the validity of re – interviewing respondents for quantitative surveys, *Journal of the Market Research Society*, vol. 34, no. 2, April, pp. 99 – 118.

Hair, J. F., Anderson, R. E. and Tatham, R. L., 1987, *Multivariate Data Analysis – with readings*, Collier Publishing Co., London, American Publishing Co., New York.

Hall, E. T., 1984, *The Dance of Life: the other dimensions of time*, Doubleday and Co. Inc., New York.

Hampden, T. C., 1971, *Radical Man*, Duckworth, London.

Harrison, j. and Saare, P., 1975, Personal construct theory in the measurement of environmental images, *Environment and Behaviour*, vol. 7, no. 1, pp. 3 – 58.

Headey, B. and Wearing, A., 1989, Personality, life events, and subjective well being: toward a dynamic equilibrium model, *Journal of Personality and Social Psychology*, vol. 57, pp. 731 – 739.

Hebditch, N., 1994, The effect of TV programmes on tourism and tourists, work in progress, unpublished MA thesis, Nottingham Business School, Nottingham Trent University.

Henderson, K. A., Stalnaker, D. and Taylor, G., 1988, The relationship between barriers to recreation and gender – role personality traits for women, *Journal of Leisure Research*, vol. 20, pp. 69 – 80.

Heron, R. P., 1991a, The institutionalization of leisure: cultural conflict and hegemony, *Loisiret Société*, vol. 14, no. 1, pp. 171 – 190.

Heron, R. P., 1991b, Tourism as institutionalized leisure and interpreration, *Proceedings of the Heritage Interpretation International Third Global Congress*, 3 – 8

November, Honolulu, University of Hawaii, Sea Grant College, pp. 182-184.

Hill, A. B. and Perkins, R. E., 1985, Towards a model of boredom, *British Journal of Psychology*, vol. 76, pp. 235-240.

Hintze, J. L., 1990, *Number Cruncher Statistical System*, Kaysville, USA.

Hirschman, E. C., 1984, Leisure motives and sex roles, *Journal of Leisure Research*, vol. 16, no. 3, pp. 209-223.

Holloway, J. C., 1990, *The Business of Tourism*, Pitman, London.

Holmes, C, 1974, A statistical evaluation of rating scales, *Journal of the Market Research Society*, vol. 9, no. 4, October, pp. 444-446.

Howard, J. A. and Sheth, J. N., 1969, *Theory of Buyer Behaviour*, John Wiley and Sons, New York.

Hughes, E. C., 1937, Institutional office and the person, *American Journal of Sociology*, vol. 43, pp. 404-413.

Humby, C. R., 1989, New developments in demographic targeting - the implications of 1991, *Journal of the Market Research Society*, vol. 31, no. 1, January, pp. 53-74.

Iso-Ahola, S. and Weissenger, E., 1990, Perceptions of boredom in leisure: conceptualisation, reliability and validity in the leisure boredom scale, *Journal of Leisure Research*, vol. 22, no. 1, pp. 1-17.

Iso-Ahola, S. E., 1982, Towards a social psychology of tourism motivation - a rejoinder, *Annals of Tourism Research*, vol. 9, pp. 256-261.

Jaccard, J., Brinberg, D. and Ackerman, L. J., 1986, Assessing attribute importance: a comparison of six methods, *Journal of Consumer Research*, vol. 12, March, pp. 463-468.

Jackson, E., 1983, Activity specific barriers to recreation participation, *Leisure Sciences*, vol. 6, pp. 47-60.

Jackson, E., 1988, Leisure constraints: a survey of past research, *Leisure Sciences*, vol. 10, pp. 203-215.

Jackson, E., 1990a, Variations in the desire to begin a leisure activity: evidence of antecedent constraints?, *Journal of Leisure Research*, vol. 22, pp. 55-70.

Jackson, E., 1990b, Trends in leisure preferences: alternative constraints - related explanations, *Journal of Applied Recreation Research*, vol. 15, no. 3, pp. 129-145.

Jackson, E. and Dunn, E., 1988, Integrating ceasing participation with other aspects of leisure behaviour, *Journal of Leisure Research*, vol. 20, pp. 310 – 45.

Jackson, E. and Searle, M. S., 1983, Recreation non – participation: variables related to the desire for new recreational activities, *Recreation Research Review*, vol. 10, no. 2, pp. 5 – 12.

Johnson, R., 1974, Trade off analysis of consumer values, *Journal of Marketing Research*, vol. 11, May, pp. 251 – 263.

Joliffe, I. T., 1972, Describing variables in principal components analysis (1) Artificial data, *Applied Statistics*, vol. 21, pp. 160 – 173.

Joliffe, I. T., 1973, Describing variables in principal components analysis (2) Real statistics, *Applied Statistics*, vol. 22, pp. 21 – 31.

Jordan, J. W., 1980, The summer people and the natives: some effects of tourism in a Vermont Vacation Village, *Annals of Tourism Research*, vol. 7, no. 1, pp. 34 – 55.

June, L. P. and Smith, S. L. J., 1987, Service attributes and situational effects on customer preferences for restaurant dining, *Journal of Travel Research*, vol. 26, no. 2, pp. 20 – 27.

Kamins, M. A., 1989, The enhancement of response rates to a mail survey through a labelled probe foot – in – the – door approach, *Journal of the Market Research Society*, vol. 31, no. 2, April, pp. 273 – 284.

Kay, T. and Jackson, G., 1990, *The Operation of Leisure Constraints*, Proceedings of the Sixth Canadian Congress on Lesiure Research, pp. 352 – 355.

Kelly, G. A., 1955, *The Psychology of Personal Constructs*, Norton, New York.

Kerlinger, F. N., 1986, *Foundations of Behavior Research*, 3rd edition, Holt, Rinehart and Winston, New York.

Kermath, B. M. and Thomas, R. N., 1992, Spatial dynamics of resorts: Sousa, Dominican Republic, *Annals of Tourism Research*, vol. 19, no. 2, pp. 173 – 190.

Kim, J. O. and Mueller, C. W., 1978, *Introduction to Factor Analysis: what it is and how to do it*, Sage University Paper Series on Quantitative Applications in the Social Sciences, series no. 07 – 013, Sage Publications, Beverley Hills.

Kish, L., 1965, *Survey sampling*, Wiley, New York.

Kohli, R., 1988, Assessing attribute significance in conjoint analysis: nonparametric tests and empirical validation, *Journal of Marketing Research*, vol. 25, May 1988, pp. 123 – 133.

Labaw, P. J., 1980, *Advanced Questionnaire Design*, Art Books, Cambridge,

Massachusetts.

Laing, A., 1987, *The Package Holiday Participant, Choice and Behaviour*, unpublished Ph. D. thesis, Hull University.

Langer, E. J. and Newman, H., 1979, The role of mindlessness in a typical social *psychology experiment*, *Personality and Social Psychology Bulletin*, vol. 5, pp. 295–299.

Langer, E. J. and Piper, A. T., 1987, The prevention of mindlessness, *Journal of Personality and Social Psychology*, vol. 52, pp. 269–278.

Laurent, G. and Kapferer, J. N., 1985, Measuring consumer involvement profiles, *Journal of Marketing Research*, vol. 22, February, pp. 41–53.

Lawler, E. E., 1973, *Motivation in Work Organisations*, Brooks/Cole, Monterey, California.

Laws, E., 1986, Identifying and managing the consumerist gap, *Service Industries Journal*, pp. 131–143.

Laws, E., 1990, Effectiveness of airline responses to passengers during service interruptions – a consumerist gap analysis, in *Proceedings of Tourism Research into the* 1990s, Johnson, P. and Thomas, B. (eds), Durham University.

Laws, E. and Ryan, C, 1992, Service on flights – issues and analysis by the use of diaries, *Journal of Travel and Tourism Marketing*, vol. 1, no. 3, pp. 61–72.

Lawson, R., 1991, Patterns of tourist expenditure and types of vacation across the family life cycle, *Journal of Travel Research*, Spring, pp. 12–18.

Lazarsfeld, P., 1955, Foreword in *Survey Design and Analysis*, Hyman, Herbert, Free Press, New York.

Lego, R. and Shaw, R. N., 1992, Convergent validity in tourism research: an empirical analysis, *Tourism Management*, vol. 13, no. 4, December, pp. 387–393.

Lehtinen, U. and Lehtinen, J. R., 1982a, Service quality: a study of quality dimensions, unpublished working paper, Service Management Institute, Helsinki, quoted by Swartz, T. A. and Brown, S. W., 1989, Consumer and provider expectations and experiences in evaluating professional service quality, *Journal of the Academy of Marketing Science*, vol. 17, no. 2, pp. 189–195.

Lehtinen, U. and Lehtinen, J. R., 1982b, *Service quality: a study of quality dimensions*, unpublished paper, Service Management Institute, Helsinki.

Lever, A., 1987, Spanish tourist migrants – the case of Lloret de Mar, *Annals of Tourism Research*, vol. 14, no. 4, pp. 449 – 470.

Levine, L. L. and Hunter, J. E., 1983, Regression methodology: correlation, meta analysis, confidence intervals and reliability, *Journal of Leisure Research*, vol. 4, pp. 323 – 343.

Lewis, R. C., 1983a, When guests complain, *The Cornell Hotel and Restaurant Administration Quarterly*, vol. 24, no. 2, August, pp. 23 – 32.

Lewis, R. C., 1983b, Getting the most from marketing research, *The Cornell Hotel and Restaurant Administration Quarterly*, vol. 24, no. 3, November, pp. 81 – 85.

Lewis, R. C. and Klein, D. M., 1987, The measurement of gaps in service quality in *The Services Challenge*, *Integrating For Competitive Advantage*, Czepiel, J. A., Congram, C. A. and Shanahan, J. (eds), American Marketing Association, Chicago, pp. 33 – 38.

Lewis, R. C. and Pizam, A., 1981, Guest surveys – a missing opportunity, *The Cornell Hotel and Restaurant Administration Quarterly*, vol. 22, no. 3, November, pp. 37 – 44.

Lodge, D., 1992, *Paradise News*, Penguin Books, London.

Lofland, J., 1966, *Doomsday Cult*; *A Study of Conversion*, *Proselytization and Maintenance of Faith*, Prentice Hall, Englewood Cliffs, N. J..

Lofland, J., 1971, *Analyzing Social Settings*, Wadsworth Publishing, Belmont, California.

Loundsbury, J. W. and Franz, CP., 1990, Vacation discrepancy – a leisure motivation approach, *Psychological Reports*, vol. 66, no. 2, pp. 699 – 702.

Loundsbury, J. W. and Hoopes, L., 1988, Five year stability of leisure activity and motivation factors, *Journal of Leisure Research*, vol. 20, no. 2, pp. 118 – 134.

Lutz, J. and Ryan, C, 1993, Hotels and the businesswoman: an analysis of businesswomen's perceptions of hotel services, *Tourism Management*, vol. 14, no. 5, October, pp. 349 – 356.

Lyon, A., 1982, *Timeshare – the decline*, unpublished thesis, Nottingham Business School, The Nottingham Trent University, England.

MacCannell, D., 1976, *The Tourist: a new theory of the leisure class*, Macmillan, London.

MacCannell, D, 1992, *Empty Meeting Grounds*, Routledge, London.

McDaniel, Jr, CD. and Gates, R., 1993, *Contemporary Marketing Research*, 2nd edition, West Publishing Co., Minneapolis St Paul.

Mcintosh, R. W. and Goeldner, C. R., 1986, *Tourism, Principles, Practices and Philosophies*, Wiley, New York.

McNeil, J. K., Stones, M. J. and Kozma, A. A., 1986, Subjective well being in later life, issues concerning measurement and prediction, *Social Indicators Research*, vol. 18, pp. 35–70.

Mandelbrot, B., 1989, 'Fractals in geophysics' in *Fractals in Geophysics*, Scholtz, C. H. and Mandelbrot, B. B., Birkhauser Verleg, Basel.

Mannell, R., Zuzanek, J. and Larson, R., 1988, Leisure states and 'flow' experiences: testing perceived freedom and intrinsic motivation hypotheses, *Journal of Leisure Studies*, vol. 20, no. 4, pp. 289–304.

Mantel, N., 1974, Comment and a suggestion on the Yates Continuity Correction, *Journal of the American Statistical Association*, vol. 69, pp. 378–380.

Marquandt, D. W., 1980, You should standardize the predictor variable in your regression models, discussion of 'A Critique of Some Ridge Regression Methods', by Smith, G. and Campbell, F., *Journal of the American Statistical Association*, vol. 75, pp. 87–91.

Marsh, C. and Scarborough, E., 1990, Testing nine hypotheses about quota sampling, *Journal of the Market Research Society*, vol. 32, no. 4, October, pp. 485–506.

Maslow, A. H., 1943, A theory of human motivation, *Psychological Review*, vol. 50, no. 4, pp. 370–396.

Maslow, A. H., 1970, *Personality and Motivation*, Harper and Row, New York.

Matthieson, A. and Wall, G., 1982, *Tourism, its economic, social, and environmental impacts*, Longman, Harlow.

Mayhew, M., 1851, *London, Labour and the London Poor*, Griffin Bohn, London.

Mayo, E. J. and Jarvis, L. P., 1981, *The Psychology of Leisure Travel*, CBI Publishing Co., Boston, Massachusetts.

Mazanec, J., 1981, *The Tourism/Leisure Ratio: anticipating the limits to growth*, paper presented to AIEST Conference, Cardiff, Wales.

Middleton, V. T. C, 1992, *Effective Management of European Tourism Demands*

Upon Adequate Measurement, Proceedings of the Tourism in Europe Conference, 8 – 10 July, The Centre for Travel and Tourism, University of Northumbria and New College, Durham.

Milligan, J., 1989, *Migrant Workers in the Guernsey Hotel Industry*, unpublished thesis, Nottingham Business School, The Nottingham Trent University.

Mills, A. S., 1985, Participation motivations for outdoor recreation: a test of Maslow's theory, *Journal of Leisure Research*, vol. 17, pp. 184 – 199.

Minitab Inc., 1988, *Minitab Reference Manual*, Perm. State, Pennsylvania.

Montgomery, D. and Ryan, C, 1994, The attitudes of Bakewell Residents to Tourism and issues in community responsive tourism, vol. 15, no. 4, in press.

Moser, C. A. and Kalton, G., 1989, *Survey Methods in Social Investigation*, Gower Publishing, Aldershot.

Mosher, D. L., 1968, Measurement of guilt in females by self – report inventories, *Journal of Consulting and Clinical Psychology*, vol. 32, no. 6, pp. 690 – 695.

Mosher, D. L., 1979, The meaning and measurement of guilt, in *Emotions in Personality and Psychopathology*, Izard, C. E (ed.), Plenum, New York.

Moutinho, L., 1987, Consumer behaviour in tourism, *European Journal of Marketing*, vol. 21, no. 10, pp. 1 – 44.

Moutinho, L., 1989, Tourism marketing research, in *Tourism Marketing and Management Handbook*, Witt, S. F. and Mountinho, L. (eds), Prentice Hall, London.

Murphy, P., 1985, *Tourism – a community approach*, Methuen, London.

Murphy, P. R., Daley, J. M. and Dalenberg, D. R., 1991, Exploring the effects of postcard prenotification on industrial firms' response to mail surveys, *Journal of the Market Research Society*, vol. 33, no. 4, October, pp. 335 – 342.

Murray, H. A., 1943, *Manual of Thematic Apperception Test*, Harvard University Press, Cambridge, Massachusetts.

Murray, H. A., Barrett, W. and Homburger, E., 1938, *Explorations in Personality*, New York, Oxford University Press.

Myers, J. H. and Alpert, M. I., 1977, Semantic confusion in attitude research: salience vs importance,' in *Advances in Consumer Research*, Perrault, W. D. (ed.), vol. 4, Association for Consumer Research, Atlanta, Georgia, pp. 106 – 110.

Myrdal, G., 1970, *Objectivity in Social Research*, Duckworth, London.

Nachimias, D. and Nachimias, C, 1981, *Research Methods in the Social Sciences*, 2nd edition, St. Martin' Press, New York.

Norton, G., 1987, Tourism and international terrorism, *The World Today*, February, pp. 29 – 33.

Norusis, M. J. and SPSS Inc., 1990a, *SPSS/PC +™ 4. 0 Statistics for the IMB/XT/AT and PS/2*, SPSS Inc., Chicago.

Norusis, M. J. and SPSS Inc., 1990b, *SPSS/PC +™ 4. 0 Advanced Statistics for the IMB/XT/AT and PS/2*, SPSS Inc., Chicago.

Norusis, M. J. and SPSS Inc., 1990c, *SPSS/PC +™ 4. 0 Base Manual for the IMB/XT/AT and PS/2*, SPSS Inc., Chicago.

Nunnally, J. C., 1967, *Psychometric Theory*, McGraw-Hill, New York.

O'Brien, S. and Ford, R., 1988, Can we at last say goodbye to social class?, *Journal of the Market Research Society*, vol. 30, no. 3, July, pp. 289 – 332.

Oppenheim, A. N., 1966, *Questionnaire Design and Attitude Measurement*, Heinemann, London.

Osgood, C. E., Suci, G. J. and Tannenbaum, P. H., 1957, *The Measurement of Meaning*, The University of Illinois Press, Urbana.

Parasuraman, A., Zeithaml, V. A. and Berry, L., 1985, A conceptual model of service quality and its implications for future research, *Journal of Marketing*, vol. 49, no. 4, Autumn, pp. 41 – 50.

Parasuraman, A., Zeithaml, V. A. and Berry, L., 1988, SERVQUAL: a multiple – item scale for measuring consumer perceptions of service quality, *Journal of Retailing*, vol. 64, no. 1, Spring, pp. 12 – 37.

Parasuraman, A., Zeithaml, V. A. and Berry, L., 1991, Refinement and reassessment of the SERVQUAL scale, *Journal of Retailing*, vol. 67, no. 4, Winter, pp. 421 – 450.

Parasuraman, A., Zeithaml, V. A. and Berry, L., 1993, Research note: more on improving service quality measurement, *Journal of Retailing*, vol. 69, no. 1, Autumn, pp. 140 – 147.

Parrinello, G. L., 1993, Motivation and anticipation in post – industrial tourism, *Annals of Tourism Research*, vol. 20, no. 2, pp. 233 – 249.

Parsons, T., 1951, *The Social System*, New Press, New York.

Parsons, T., 1952, *Towards a General Theory of Action*, Harvard University Press, Cambridge, Massachusetts.

参考文献

Patrick, A., 1982, Clinical treatment of boredom, *Therapeutic Recreation Journal*, vol. 16, pp. 7 – 12.

Pearce, D. G., 1993, Comparative studies in tourism research, in *Tourism Research, Critiques and Challenges*, Pearce, D. G. and Butler, R. W. (eds), Routledge, London and New York, pp. 20 – 35.

Pearce, P. L., 1982, *The Social Psychology of Tourist Behaviour*, Pergamon Press, Oxford.

Pearce, P. L., 1988, *The Ulysses Factor: evaluating visitors in tourist settings*, Springer Verlag, New York.

Peterson, R. A., Albaum, G. and Kerin, R. A., 1989, A note on alternative contact strategies in mail surveys, *Journal of Market Research Society*, vol. 31, no. 3, July, pp. 409 – 418.

Pizam, A. and Catalone, R. J., 1987, Beyond psychographics – values as determinants of tourist behaviour, *International Journal of Hospitality Management*, vol. 6, no. 3, pp. 177 – 181.

Plog, S. C., 1977, Why destinations rise and fall in popularity, in *Domestic and International Tourism*, Kelly, E. M. (ed.), Institute of Certified Travel Agents, Wellesley, Massachusetts, pp. 26 – 28.

Plog, S. C., 1990, A carpenter's tools: an answer to Stephen L. J. Smith's review of psychocentricism/allocentrism, *Journal of Travel Research*, vol. 28, no. 4, Spring, pp. 43 – 44.

Podilchak, W., 1991, Distinctions of fun, enjoyment and leisure, *Leisure Studies*, vol. 10, no. 2, May, pp. 133 – 148.

Prentice, R., 1993, Community – driven tourism planning and residents' perceptions, *Tourism Management*, vol. 14, no. 3, June, pp. 218 – 227.

Przeclawski, K., 1993, Tourism as the subject of interdisciplinary research, in *Tourism Research, Critiques and Challenges*, Pearce, Douglas G. and Butler, Richard W. (eds), Routledge, London and New York, pp. 9 – 19.

Quelch, J. A. and Ash, S. B., 1981, Consumer satisfaction with professional services in *Marketing of Services*, Donnelly, J. H. and George, W. R. (eds), American Marketing Association, Chicago.

Ragheb, M. G. and Beard, J. G., 1982, Measuring leisure attitudes, *Journal of Leisure Research*, vol. 14, pp. 155 – 162.

Reid, L. J. and Andereck, K. L., 1989, Statistical uses in tourism research,

Journal of Travel Research, vol. 28, no. 4, pp. 45 – 49.

Riley, S. and Palmer, J., 1975, Of attitudes and latitudes: a repertory grid study of perceptions of seaside resorts, *Journal of the Market Research Society*, vol. 17, no. 2, pp. 74 – 89.

Rinschede, G., 1992, Forms of religious tourism, *Annals of Tourism Research*, vol. 19, no. 1, pp. 51 – 67.

Robinson, D. and Stephens, D., 1989 – 1990, Stress in adventure recreation: types of stressors and their influences during an extended adventure – based expedition, *Journal of Applied Recreation Research*, vol. 15, no. 4, pp. 218 – 238.

Robson, S. and Wardle, J., 1988, Who's watching whom? A study of the effects of observers on group discussions, *Journal of the Market Research Society*, vol. 30, no. 3, July, pp. 333 – 360.

Rojek, C, 1993, *Leisure Studies, Post – modernism, and Social Theory*, Proceedings of 3rd Leisure Studies Conference, Loughborough University, ed. S. Glyplis.

Russell, C, 1993, *Academic Freedom*, Routledge, London.

Ryan, C, 1976, *A Personality for Business*, unpublished M. Ed, dissertation, University of Nottingham.

Ryan, C, 1989 – 90, New directions for cruise line holidays: an assessment of British attitudes, *Journal of Applied Recreation Research*, vol. 15, no. 4, pp. 201 – 217.

Ryan, C, 1991a, The effect of a conservation program on schoolchildren's attitudes toward the environment, *The Journal of Environmental Education*, vol. 22, no. 4, pp. 30 – 35.

Ryan, C, 1991b, *Recreational Tourism, A social science perspective*, Routledge, London.

Ryan, C, 1991c, Tourism research into the 1990s, *Tourism Management*, vol. 12, no. 2, July, pp. 157 – 158.

Ryan, C, 1991d, *Tourism, Terrorism and Violence*, Research Institute for Studies into Conflict and Terrorism, London.

Ryan, C, 1991e, Geo – demographics and psychographics in tourism marketing, Conference on local authority tourism marketing, Centre for Urban and Regional Studies, University of Birmingham, June.

Ryan, C, 1993, Crime, violence, terrorism and tourism: an accidental or intrinsic relationship? *Tourism Management*, vol. 14, no. 3, June, pp. 173 – 183.

Ryan, C, 1994a, Islands and life stage marketing, in *Issues in Island Tourism*, Conlin, M. and Hawkins, D. (eds) John Wiley, London, in press.

Ryan, C, 1994b, The tourist experience and motivation – a review, a theory and some findings, in *Tourism, the State of the Art*, Seaton, A. (ed.), John Wiley, London.

Ryan, C. and Groves, J., 1987, High income holiday takers – some attitudes, *Working Papers, New Series*, no. 2, Trent Business School, Trent Polytechnic.

Saaty, T. L., 1980, *The Analytical Hierarchy Process: Planning, Priority Setting*, McGraw – Hill, International Book Co. New York.

Saleh, F. and Ryan, C, 1991a, Analysing service quality in the hospitality industry using the Servqual model, *Service Industries Journal*, vol. 11, no. 3, July, pp. 324 – 345.

Saleh, F. and Ryan, C, 1991b, *Client Choice of Hotels – a multi – attribute model*, Proceedings of New Horizons in Tourism and Hospitality Education, Training and Research Conference, Calgary, July, pp. 2 – 5.

Saleh, F. and Ryan, C, 1992, Client perception of hotels – a multi – attribute approach, *Tourism Management*, vol. 13, no. 2, pp. 163 – 168.

Schlegelmich, B. B. and Diamantopoulos, A., 1991, Prenotification and mail survey response rates: a quantitative integration of the literature, *Journal of the Market Research Society*, vol. 33, no. 3, July, pp. 243 – 254.

Scholz, C. and Mandelbrot, B. B. (eds), 1989, *Fractals in GeoPhysics*, Birkhauser Verlag, Basel, Boston.

Scott, D. R., Schewe, CD. and Frederick, D. G., 1978, a multi – brand attribute model of tourist state choice, *Journal of Travel Research*, vol. 17, no. 1, Summer, pp. 23 – 29.

Sefton, J. M., 1989, *Examining the Factor Invariance of Ragheb and Beard's Leisure Satisfaction and Leisure Attitude Scales*, unpublished paper, Office of Research Services, University of Saskatchewan, June.

Sefton, J. M. and Burton, T. L., 1990, The measurement of leisure motivations and satisfactions: a replication and extension, *Leisure Studies Division — The 5th Canadian Congress on Leisure Research*, p. 29, Dalhousie University, Halifax.

Selin, S. W. and Howard, D. R., 1988, Ego involvement and leisure behaviour:

a conceptual specification, *Journal of Leisure Research*, vol. 20, no. 3, pp. 237 – 244.

Shaw, S. M., 1990, *Where has all the leisure gone? The Distribution and Redistribution of Leisure*, Keynote paper, Sixth Canadian Congress on Leisure Research, University of Waterloo, May, pp. 9 – 12.

Sincich, T., 1992, *Business Statistics By Example*, 4th edition, Macmillan, New York.

Skinner, B. F., 1972, A lecture on 'having' a poem, *Cumulative Record*, 3rd edition, Appleton – Century – Crofts, New York.

Skinner, B. F., 1977, Why I am not a cognitive psychologist, *Behaviorism*, vol. 5, no. 1, pp. 1 – 10.

Sleight, P. and Leventhal, B., 1989, Applications of geodemographics to research and marketing, *Journal of the Market Research Society*, vol. 31, no. 1, January, pp. 75 – 102.

Smith, R. B. (ed.), 1982, *A Handbook of Social Science Methods – Quantitative Methods: Focused Survey Research and Causal Modelling*, vol. 3, Praeger, New York.

Smith, S. L. J., 1990, A test of Plog's allocentric/psychocentric model: evidence from seven nations, *Journal of Travel Research*, vol. 28, no. 4, Spring, pp. 40 – 42.

Smith, S. L. J, and Godbey, G. C., 1991, Leisure, recreation and tourism, *Annals of Tourism Research*, vol. 18, no. 1, pp. 85 – 100.

Snee, R. D., 1973, Some aspects of non – orthogonal data analysis, part one, Developing prediction equations, *Journal of Quality Technology*, vol. 5, pp. 67 – 79.

Stephenson, J. B. and Greer, L. S., 1981, Ethnographers in their own cultures: two Appalachian cases, *Human Organization*, vol. 40, no. 2, pp. 123 – 130.

Stewart, D. W., 1981, The application and misapplication of factor analysis in Marketing Research, *Journal of Marketing Research*, vol. 18, February, pp. 51 – 62.

Swartz, T. A. and Brown, S. W., 1989, Consumer and provider expectations and experiences in evaluating professional service quality, *Journal of the Academy of Marketing Science*, vol. 17, no. 2, 189 – 195.

Swires – Hennessy, E. and Drake, M., 1992, The optimum time at which to conduct survey interviews, *Journal of the Market Research Society*, vol. 34, no. 1, January, pp. 61–72.

Thompson, E. P., 1967, Time, work – disciple and industrial capitalism, past and present, *A Journal of Historical Studies*, vol. 38, pp. 56–77.

Tiechk, G. and Ryan, C. A., 1990, *The Attitude of Japanese Tourists to Canada*, unpublished paper, College of Commerce, University of Saskatchewan.

Timmermans, H., 1984, Decompositional multi – attribute preference models in spatial choice analysis: a review of some recent developments, *Progress in Human Geography*, vol. 8, no. 2, pp. 189–221.

Tinsley, H. E. A., 1986, Motivations to participate in recreation: their identification and measurement, in *President's Commission on America's Outdoors: a literature review*, US Goverment Printing Office, Washington DC.

Tinsley, H. E. A. and Tinsley, D. J., 1986, A theory of the attributes, benefits, and causes of leisure experience, *Leisure Sciences*, vol. 8, no. 1, 1–45.

Tourism Canada, 1988, *Pleasure Travel Markets to North America: Switzerland, Hong Kong, Singapore – Highlights Report*, Tourism Canada.

Toy, D., Rager, R. and Guadagnolo, F., 1989, Strategic marketing for recreational facilities: a hybrid conjoint analysis approach, *Journal of Leisure Research*, vol. 21, no. 4, pp. 276–296.

Uhl, K. P. and Upah, G. D., 1983, The marketing of services: why and how is it different, *Research in Marketing*, vol. 6, pp. 231–257.

Urry, J., 1991, *The Tourist Gaze*, Sage Publications, Beverley Hills.

Ursic, M. L. and Helgeson, J. G., 1989, Variability in survey questionnaire completion strategies: a protocol analysis, *Journal of the Market Research Society*, vol. 31, no. 2, April, pp. 225–240.

Utrecht, K. M. and Aldag, R., 1989, Vacation discrepancy: correlates of individual differences and outcomes, *Psychological Reports*, vol. 65, pp. 867–882.

Veal, A. J., 1989, Leisure, lifestyle and status: a pluralist framework for analysis, *Leisure Studies*, vol. 8, no. 2, May, pp. 141–153.

Voelkl, J. E. and Ellis, G. D., 1990, *Use of Criterion Scaling in the Analysis of Experience Sampling Data*, Proceedings of the 6th Canadian Congress of Leisure Research, pp. 216–220.

Wells, S., 1991, Wet towels and whetted appetites or a wet blanket. The role of analysis in qualitative research, *Journal of the Market Research Society*, vol.

33, no. 1, January, pp. 39 – 44.

West, R., 1991, *Computing for Psychologists – statistical analysis using SPSS and Minitab*, Harwood Academic Publishers, Chur.

Wheeller, B., 1990, *Is Responsible Tourism Appropriate*, Proceedings of Tourism Research into the 1990s, University College, University of Durham, pp. 297 – 298.

White, R., 1951, *Value – analysis: the nature and use of the method*, Society for the Psychological Study of Social Issues, New York.

Witt, C. and Wright, P., 1990, Tourist motivation: life after Maslow, in *Proceedings of Tourism Research into the 1990s*, Johnson, P. and Thomas, B. (eds), Conference proceedings, 10 – 12 December, Durham University, pp. 1 – 16.

Witt, S., 1980, An econometric comparison of UK and German foreign holiday behaviour, *Managerial and Decision Economics*, vol. 1, no. 3, pp. 123 – 131.

Witt, S. and Martin, C, 1987, Deriving a relative price index for inclusion in international demand estimation models, *Journal of Travel Research*, vol. 25, no. 3, pp. 38 – 40.

Woodside and Carr, 1988, Consumer decision taking and competitive marketing strategies: applications for tourism planning, *Journal of Travel Research*, vol. 26, no. 3, pp. 2 – 7.

WTO, 1991, *Resolutions of the 1991 Ottawa Conference on International Travel and Tourism Statistics*, WTO, Madrid.

Yerkes, R. N. and Dodson, J. D., 1908, The relation of strength of stimulus to rapidity of habit formation, *Journal of Comparative Neurological Psychology*, vol. 18, pp. 459 – 482.

Yiannakis, A. and Gibson, H., 1992, Roles tourists play, *Annals of Tourism Research*, vol. 19, no. 2, pp. 287 – 303.

Young, B., 1983, Touristization of traditional Maltese fishing – farming villages, *Tourism Management*, vol. 4, no. 1, March, pp. 35 – 41.

Young, M. and Willmott, P., 1960, *Family and Class in a London Suburb*, Routledge and Kegan Paul, London.

Young, S., Ott, L. and Feigen B., 1978, Some practical considerations in market segmentation, *Journal of Marketing Research*, vol. 15, August, p. 408.

Zeithaml, V. A., Berry, L. L. and Parasuraman, A., 1993, The nature and determinants of customer expectations of service, *Journal of the Academy of Mar-*

keting Science, vol. 21, no. 1, Winter, pp. 1 – 12.

Zeithaml, V. A. , Parasuraman, A. and Berry, L. , 1985, Problems and strategies in services marketing, *Journal of Marketing*, vol. 49, no. 1, Spring, pp. 33 – 46.

Zuzanek, J. and Mannell, R. , 1983, Work leisure relationships from a sociological and social psychological perspective, *Leisure Studies*, vol. 2, September, pp. 327 – 337.

Zweig, F. , 1948, *Labour, Life and Poverty*, Gollancz, London.

The following references might also be of interest as an introduction to the discussion relating to scientific concepts of 'chaos theory' being applied to social structures.

Bloor, D. , 1976, *Knowledge and Social Imagery*, Routledge and Kegan Paul, London, Boston.

Latour, B. , 1987, *Science in Action*: *how to follow engineers and scientists through society*, Harvard University Press, Cambridge, Massachusetts.

Latour, B. and Woolgar, S. , 1979, *Laboratory Life, The Construction of Scientific Facts*, Sage Publications, Beverley Hills.

Law, J. , 1994, *Organizing Modernity*, Blackwell, Oxford, UK, Cambridge, Massachusetts.

Woolgar, S. , Science, *the Very Idea*, Ellis Homwood, Chichester.

Woolgar, S. (ed.), 1989, *Knowledge and Reflexity*: *New Frontiers in the Sociology of Knowledge*, Sage, London.

附录 1

以下是一份问卷样本,包含了文中举例计算所需的项目。

以下问卷简单易懂。如果您觉得有问题不适合您,请选"0"分

以下因素涉及人们度假的原因和收获。如果您能自由选择旅游目的地和旅游类型,请您选出认为重要的因素,并在适当的数字上画圈。

量表		
	非常重要	7
		6
	重要	5
		4
	有些重要	3
		2
	不重要	1
	不知道	0

动机——通过度假我想

拓展知识	1	2	3	4	5	6	7	0
远离尘嚣	1	2	3	4	5	6	7	0
建立友谊	1	2	3	4	5	6	7	0
挑战自我	1	2	3	4	5	6	7	0
发挥想象力	1	2	3	4	5	6	7	0
享受宁静	1	2	3	4	5	6	7	0
建立亲密好友关系	1	2	3	4	5	6	7	0
锻炼运动技能	1	2	3	4	5	6	7	0
放松身体	1	2	3	4	5	6	7	0
获得归属感	1	2	3	4	5	6	7	0
发现新事物	1	2	3	4	5	6	7	0
放松精神	1	2	3	4	5	6	7	0
社交参与	1	2	3	4	5	6	7	0
与朋友共度美好时光	1	2	3	4	5	6	7	0

您这次度假有多长(离开家的天数)……
您之前来过该旅游目的地的次数(请划√)
　　　从未来过……　　　以前来过3到5次……
　　　以前来过1或2次……6次以上……

请试着回忆这次度假。以下是人们认为重要的一些因素。请回答您在多大程度上能完成这些活动?

量表	很大程度上	7
		6
	一定程度上	5
		4
	小程度上	3
		2
	根本没有	1
	不知道	0

度假中我能

拓展知识	1 2 3 4 5 6 7 0
远离尘嚣	1 2 3 4 5 6 7 0
建立友谊	1 2 3 4 5 6 7 0
挑战自我	1 2 3 4 5 6 7 0
发挥想象力	1 2 3 4 5 6 7 0
享受宁静	1 2 3 4 5 6 7 0
建立亲密好友关系	1 2 3 4 5 6 7 0
锻炼运动技能	1 2 3 4 5 6 7 0
放松身体	1 2 3 4 5 6 7 0
获得归属感	1 2 3 4 5 6 7 0
发现新事物	1 2 3 4 5 6 7 0
放松精神	1 2 3 4 5 6 7 0
社交参与	1 2 3 4 5 6 7 0
与朋友共度美好时光	1 2 3 4 5 6 7 0

请回忆假期中您所参与的活动的模式。请按照以下量表回答:

量表　　　　很大程度上　　7
　　　　　　　　　　　　　6
　　　　　　一定程度上　　5
　　　　　　　　　　　　　4
　　　　　　小程度上　　　3
　　　　　　　　　　　　　2
　　　　　　根本没有　　　1
　　　　　　不知道　　　　0

度假结束时
　　您对食宿的满意程度如何　1　2　3　4　5　6　7　0
　　您此次度假的快乐程度如何　1　2　3　4　5　6　7　0
　　您将在多大程度上会想与您兴趣相同的好朋友推荐此次旅游　1　2　3　4　5　6　7　0

最后,为了便于分类,请您完成以下个人信息。非常感谢您的合作!
　　您　　已婚……
　　　　　单身……
　　您是　男性……
　　　　　女性……
　　您所属的年龄范围　　0—15 岁……
　　　　　　　　　　　　16—24 岁
　　　　　　　　　　　　25—35 岁
　　　　　　　　　　　　36—65 岁
　　　　　　　　　　　　66—75 岁
　　　　　　　　　　　　75 岁以上

附录 2

文中用于计算的虚拟数据

1	3	5	3	0	1	5	1	0	6	1	4	6	4	6	14	1	0	1	3	1	1	4	1	5	6	5	5	6	1	2	2	4	6	0	1	1
2	5	4	1	1	3	3	1	2	6	1	6	6	2	1	10	3	5	5	2	3	5	6	3	2	6	1	1	1	6	6	6	4	1	1	2
3	7	7	5	3	7	7	7	7	5	7	3	13	3	1	15	1	1	7	5	5	6	1	7	7	1	1	6	7	0	2	2	3	2	1	6
4	7	7	2	6	7	7	2	5	7	2	7	7	3	3	5	2	3	7	7	0	2	7	3	7	7	6	1	0	1	1	7	7	0	2	2	1
5	3	1	4	4	3	3	4	0	7	6	6	6	6	7	14	1	2	2	6	4	0	5	6	5	7	6	0	0	6	6	1	1	2	2
6	5	7	4	4	4	5	4	3	5	3	5	6	3	3	17	1	3	4	2	2	5	1	6	5	3	5	3	1	1	5	5	0	1	2	2
7	6	5	3	6	7	5	2	6	2	4	6	5	2	2	10	1	1	3	5	2	1	4	3	3	5	2	6	2	1	1	3	3	2	0	2	1
8	3	5	5	7	2	1	5	5	1	7	7	5	7	7	3	1	7	7	7	0	4	4	7	2	3	0	9	8	0	5	5	5	0	1	1	2
9	5	4	1	1	1	7	1	1	4	1	6	6	1	4	10	1	1	7	1	1	4	1	6	6	1	5	4	4	4	5	6	6	1	1	2
10	2	4	4	1	2	5	1	1	6	3	4	6	5	5	14	4	1	2	4	1	1	7	3	4	6	3	6	3	5	5	5	4	0	2	1	2
11	7	7	3	5	0	7	0	0	7	7	7	7	0	0	7	2	7	7	7	0	7	7	3	7	7	0	5	0	0	0	7	7	0	1	1	1
12	3	7	2	5	3	5	2	5	4	3	7	4	4	6	21	1	6	4	6	2	6	3	3	6	4	2	6	2	4	4	6	6	5	2	2	2
13	6	5	2	5	6	5	0	1	5	2	7	4	2	2	14	2	2	6	6	1	1	5	4	7	5	2	5	2	3	3	6	6	3	1	2	2
14	2	6	1	1	1	4	3	2	7	0	6	7	6	6	15	3	1	1	5	6	2	7	2	3	7	6	7	5	5	6	6	6	1	2	2
15	7	2	6	6	7	3	5	3	5	3	4	7	5	6	5	19	1	6	7	3	4	1	5	5	7	5	5	5	2	2	1	7	7	7	2	2	4
16	4	4	4	3	0	6	1	1	5	7	6	5	5	1	7	1	3	3	3	1	1	5	3	3	5	4	5	1	4	0	5	6	0	0	2	1
17	3	7	3	5	0	5	1	5	5	1	6	6	2	3	7	1	0	2	2	1	2	4	0	5	5	0	5	3	0	0	6	5	5	2	2	2
18	6	5	3	1	3	6	1	0	6	5	7	5	4	0	14	2	2	4	7	2	1	7	5	7	7	7	7	6	1	1	7	7	1	1	2	2
19	5	3	3	4	4	3	2	4	4	4	6	3	3	3	14	1	4	4	4	4	4	4	4	6	4	4	6	2	4	1	6	5	6	2	2	2
20	3	7	5	5	5	7	4	4	7	5	7	7	5	7	8	2	4	6	5	7	7	4	6	7	6	5	6	3	7	6	0	1	1	4
21	4	6	5	3	4	6	3	1	6	5	10	1	7	4	4	4	6	7	5	3	6	6	6	6	6	7	6	5	0	1	2	4
22	7	5	5	3	5	5	3	1	7	5	3	3	15	2	1	6	3	5	0	4	3	7	5	7	7	6	5	4	7	7	0	2	2	6
23	5	7	7	5	7	3	1	5	5	3	3	7	4	1	7	4	5	7	3	1	5	7	3	7	4	4	1	3	3	7	7	0	4	2	2
24	5	3	1	1	1	5	1	1	6	1	5	7	5	5	8	2	3	3	5	1	1	5	6	5	5	5	5	0	5	5	0	5	0	6
25	7	4	4	4	5	2	4	3	5	2	1	7	6	5	5	14	1	4	5	7	4	7	7	1	7	6	7	7	7	7	7	7	7	1	2	2	6
26	5	7	6	4	4	6	5	5	2	4	6	5	3	5	14	2	3	3	4	0	6	4	4	5	6	6	6	0	1	1	1	1	5	2	1	7
27	4	5	2	0	0	1	1	1	3	1	7	7	2	2	7	1	1	4	1	2	5	5	2	2	1	1	1	6	4	4	0	0	0
30	4	7	3	1	1	1	4	1	5	1	7	3	3	3	7	3	1	1	1	7	1	5	5	1	1	1	7	7	1	1	6	0	0	1	2	4
31	7	3	4	3	6	5	3	6	7	7	7	4	7	7	2	3	3	7	4	0	6	6	7	7	6	5	7	0	0	7	0	2	1	1	4
32	5	7	3	5	5	7	3	5	7	0	7	7	4	6	16	4	6	4	4	7	3	4	7	5	7	7	3	5	2	1	1	7	3	6	1	2	5

```
33 3 3 4 3 3 3 3 2 3 2 4  3 4 4  14 3  5 5 6 4 6 6 6 6 5 5 1 3 9 7 7 3 1 2 4
34 4 5 3 2 2 2 5 1 1 5 4 7  4 2 1  7 2 1  1 4 1 1 4 2 6 4 1 6 1 2 1 4 6 0 2 1 2
35 6 1 0 0 4 1 0 0 0 1 6  0 3 3  5 2 3 2 1 1 1 3 1 6 3 1 2 7 1 2 7 4 7 2 2 1
36 5 4 3 6 5 3 2 6 3 3  5 4 4  14 2 6 6 3 2 7 3 3 3 4 3 5 5 4 4 7 6 5 2 0 5
37 4 6 3 3 3 7 3 3 7 4 6  7 4 3  11 1 3 4 4 2 1 6 4 7 6 2 6 1 5 6 6 6 6 2 2 4
38 4 5 1 1 3 3 1 1 7 7 1  1 4 1  1 3 5 2 1 7 1 7 7 3 1 2 2 0 5 0 2 1 1
39 4 7 5 3 3 7 3 3 5 1 7  7 5 7  14 2 3 3 7 6 5 3 3 6 7 5 7 5 5 4 6 7 3 2 2 2
41 5 4 3 3 3 5 3 5 2 6  6 5 7  7 1 4 2 5 1 4 3 6 5 5 4 7 5 6 3 5 4 2 2 2 5
42 5 5 3 1 4 7 1 1 7 7 7  3 5 2  14 3 3 3 7 1 1 7 7 7 0 0 7 1 1 1 7 7 7 2 2 3
43 5 7 5 2 4 4 4 6 2 5  7 5 5  14 3 3 3 7 2 5 7 3 6 7 5 7 6 6 6 5 7 6 2 1 5
44 0 5 6 5 5 5 3 5 5 5 6 7  5 3 0 0 7 7 3 7 6 6 6 7 7 5 2 3 6 6 2 1 5
45 5 5 3 6 5 2 2 0 3 1 7  6 3 1  16 1 5 5 1 1 1 2 1 6 5 1 4 1 7 7 7 7 7 2 2 6
46 4 7 4 1 1 6 3 3 7 0 7  7 5 3  15 1 1 1 2 7 3 1 7 1 3 7 4 7 3 3 3 7 5 7 2 2 5
47 4 5 3 3 4 4 3 5 4 7  6 6 5  14 1 3 3 5 3 1 4 4 6 5 4 7 3 2 7 4 6 2 2 6
48 6 2 5 5 4 3 1 3 7 2 7  7 7 7  10 4 1 3 1 6 0 6 2 4 7 7 2 7 0 0 3 6 2 1 2 2
49 6 6 5 3 3 3 6 4 4 6  6 6 5  15 1 5 3 5 1 6 2 3 6 6 6 7 4 5 4 4 4 4 2 2 4
50 4 6 3 2 2 5 1 4 6 1 4  6 2 1  7 1 3 2 6 2 3 6 4 2 6 2 7 2 5 3 4 3 6 1 2 2
51 5 5 3 3 3 5 4 7 3 3  7 6 3  8 4 3 6 4 5 7 5 6 7 5 6 4 1 1 4 4 6 2 2 5
52 2 7 2 1 3 5 1 1 7 1 4  6 3 5  14 1 1 1 4 1 1 5 1 3 5 5 6 4 5 5 4 1 5 2 2 3
53 6 4 0 5 5 2 1 1 5 6 7  5 5 1  21 1 5 6 3 1 1 5 6 7 5 5 5 1 4 2 7 7 5 2 1 7
54 6 7 7 1 3 6 6 1 7 4 7  4 7 7  14 1 3 6 5 3 1 5 4 6 5 6 7 7 1 1 4 7 0 1 2 5
55 5 7 3 3 3 7 3 7 7 7  7 3 5  21 4 7 3 7 3 7 7 7 3 7 3 5 3 5 4 7 2 1 6
56 7 5 7 7 7 7 5 5 7 7 3 7  15 7  7 1 7 7 1 1 3 5 1 7 1 7 7 1 7 7 7 5 2 1 7
57 0 7 0 0 0 7 0 0 7 0 7  7 7 7  8 2 0 0 7 7 0 5 7 7 7 7 7 3 3 5 7 7 2 2 7
58 3 6 5 2 2 6 3 6 5 2 5  7 4 5  14 2 1 3 6 2 6 6 5 6 6 5 7 6 3 1 6 3 6 2 2 3
59 3 6 4 5 5 6 4 3 7 7 6  7 3 3  14 2 5 3 7 3 7 7 7 6 7 3 2 0 7 7 0 6 7 2 2 0
60 3 7 3 1 2 5 3 1 7 2 4  7 2 6  7 1 1 4 6 3 1 7 3 4 7 6 6 7 4 4 0 3 4 2 1 0
61 3 7 4 0 3 5 2 2 7 1 5  6 3 2  7 1 4 3 7 3 3 7 4 7 7 7 7 4 0 5 6 5 7 2 2 6
62 5 5 2 2 3 4 1 3 3 1 6  4 2 1  7 1 3 3 5 1 2 5 5 5 2 3 3 5 7 4 2 2 5
63 5 5 5 0 5 5 3 0 5 5 7  5 5 5  21 3 0 5 3 0 0 5 5 5 5 5 5 5 5 5 3 7 2 1 0
64 5 0 3 1 3 7 3 1 7 5 5  7 3 0  5 1 3 0 5 3 0 7 5 5 7 5 3 3 0 0 0 7 0 2 1 0
65 5 7 3 1 5 4 1 1 4 1 5  4 3 5  14 1 1 4 5 2 1 5 1 6 5 3 7 5 5 2 6 7 1 1 2 5
```

附录2

66	0	7	3	2	2	7	3	3	6	3	5	7	4	3	10	2	2	2	7	3	3	5	3	5	7	4	5	3	1	0	6	6	1	2	2	4
67	5	6	6	7	7	7	6	0	6	1	7	7	3	3	14	2	2	5	7	1	1	7	5	7	7	3	7	5	3	1	7	7	2	2	2	4
68	7	3	1	5	7	6	1	1	7	1	7	7	1	1	15	1	7	7	5	1	1	1	1	7	1	1	7	1	6	6	0	1	2	2	3
69	5	5	6	1	3	7	3	1	5	0	7	5	5	5	8	1	1	1	5	1	1	5	1	7	5	3	7	5	5	2	7	7	1	1	2	5
70	5	3	3	3	6	3	1	6	1	7	5	5	6	11	2	2	5	6	2	0	7	2	6	6	3	7	5	6	7	7	7	2	2	0	2
71	5	5	3	3	5	6	3	3	7	1	6	6	5	5	14	3	3	3	6	3	5	3	4	6	4	7	5	6	6	6	6	0	0	0	0
72	7	3	6	7	7	5	5	5	3	0	7	2	0	0	18	2	6	6	3	6	0	2	0	7	3	0	4	0	0	0	7	7	1	2	1	2
73	5	6	4	0	4	5	2	0	6	3	7	6	4	7	8	2	0	4	6	0	0	4	4	6	6	6	5	7	0	0	5	5	7	1	2	3
74	3	5	0	0	0	5	0	4	4	0	6	6	0	0	7	1	1	1	5	1	4	4	3	6	6	1	1	1	1	1	6	1	5	1	2	4
75	5	7	5	4	4	5	6	3	6	4	7	7	6	7	17	2	5	6	3	7	4	6	5	7	6	7	7	7	3	3	6	5	4	1	1	3
76	7	3	7	7	7	3	7	1	3	7	7	3	3	3	22	7	7	1	7	1	1	7	7	5	7	7	7	6	6	7	7	1	2	2	4
77	5	3	2	5	4	4	0	0	5	0	7	5	0	0	15	1	5	5	5	1	1	5	2	7	5	0	6	2	3	3	4	4	1	2	2	4
78	7	5	5	5	7	5	3	2	5	3	7	3	5	2	8	2	5	7	5	3	2	4	4	7	5	3	6	2	5	6	7	6	0	1	1	4
79	5	7	4	2	5	5	3	7	3	4	7	4	4	14	3	4	4	6	5	7	4	5	7	5	6	6	5	3	6	1	4	1	1	4
80	5	7	5	3	7	7	6	4	7	5	7	7	6	6	9	1	1	7	7	1	1	7	7	7	7	7	7	1	1	1	7	3	0	1	1	4
81	6	7	7	6	6	7	6	5	4	6	6	7	6	7	14	4	3	6	7	7	7	6	7	3	5	5	6	6	7	6	3	7	7	2	2	2	1
82	5	5	7	6	6	6	5	6	5	7	5	5	7	1	5	3	3	6	6	7	5	6	5	7	7	6	3	3	4	7	0	1	2	4
85	2	3	0	4	6	2	2	5	1	4	4	3	3	5	3	1	0	4	2	1	4	2	5	5	3	5	3	6	5	5	7	7	1	2	5
86	5	5	3	1	1	6	1	1	7	3	7	7	4	3	7	4	1	1	7	1	1	7	7	5	7	1	2	1	1	1	7	3	0	1	2	3
87	4	7	3	5	4	6	1	5	7	5	5	7	2	2	15	1	4	4	6	1	0	7	6	6	7	3	7	3	5	3	7	7	3	1	2	3
88	7	7	7	0	0	7	7	4	7	7	4	7	7	7	14	1	0	7	7	5	7	5	0	7	7	5	2	2	4	4	3	5	1	1	2	2
89	0	7	0	0	0	5	0	0	7	0	0	7	0	0	2	14	0	0	7	0	0	7	7	1	7	0	7	0	5	5	7	7	1	0	1	2
90	2	6	2	2	2	2	1	4	0	4	5	2	1	14	1	1	1	4	2	1	6	0	4	6	3	4	4	1	1	7	5	3	1	1	4
91	5	6	4	2	4	6	2	1	7	4	6	7	4	4	10	1	1	2	6	1	1	6	3	5	6	2	5	2	6	6	5	2	2	2	1
92	5	7	5	3	7	7	3	1	7	6	7	5	6	16	3	2	6	6	3	1	7	2	5	7	1	1	1	6	7	3	1	1	4
93	7	3	4	1	1	6	1	0	7	1	7	7	2	3	22	1	1	1	3	2	1	7	3	7	7	3	7	3	7	1	1	1	4	2	2	6
94	3	7	2	1	3	7	6	1	7	5	7	7	2	1	21	1	1	1	7	2	1	7	5	7	7	3	7	2	1	1	7	6	1	2	2	1
95	5	5	2	3	4	4	0	6	4	0	5	2	3	3	14	1	1	4	4	0	1	4	1	6	3	3	0	0	1	2	7	5	1	2	1	2
96	4	6	3	5	4	6	3	6	7	5	5	7	6	7	14	3	6	4	6	5	7	7	5	4	7	5	6	5	5	5	6	7	2	1	2	4
97	7	4	7	1	4	7	3	1	4	4	7	4	4	1	14	3	0	6	6	4	0	6	4	6	6	4	6	0	0	0	6	6	3	0	0	0
98	3	5	5	0	2	5	5	0	7	2	5	7	3	3	10	3	0	3	6	6	3	6	3	7	4	7	5	0	0	6	7	6	2	2	3
99	2	7	1	1	1	7	1	1	7	6	6	7	2	2	17	3	2	2	7	2	4	6	6	3	6	5	6	2	1	1	6	6	6	1	1	4

```
100 0 5 0 0 6 0 0 6 0 6 6 0 0 1 1 4 0 0 6 5 0 6 6 6 0 6 0 0 0 6 2 1 1 2 4
101 7 3 5 0 0 7 0 0 0 0 7 0 7 7 5 4 0 0 7 0 0 7 5 7 0 7 4 7 7 0 7 7 1 2 2 4
102 5 7 3 5 7 6 0 0 4 0 6 7 0 0 1 4 3 5 7 6 0 0 7 0 6 7 3 7 0 0 0 5 7 1 1 2 2
103 5 6 4 3 5 7 3 5 3 4 5 7 3 5 1 4 2 7 5 7 5 5 5 3 7 7 4 7 6 4 3 7 5 4 1 1 3
104 6 7 3 3 4 4 0 4 6 1 7 7 5 5 2 4 1 3 4 3 1 3 6 0 7 3 7 7 5 3 6 7 4 2 1 3
105 5 7 3 1 4 5 1 1 7 1 7 6 5 6 1 2 3 1 2 3 0 0 5 1 6 5 3 3 6 1 1 6 4 6 1 1 4
108 2 7 3 1 2 7 2 1 7 6 7 7 3 1 7 1 1 1 6 1 1 6 5 6 1 7 1 7 7 4 7 1 1 1 2
109 5 6 3 3 4 4 2 2 2 0 6 6 3 4 7 4 3 4 6 1 2 2 4 6 6 3 6 3 1 1 5 6 6 1 1 1
110 5 5 5 4 4 4 3 5 4 6 4 3 3 7 1 4 4 5 2 3 4 2 6 3 6 3 2 1 3 6 3 1 2 2
111 3 3 0 0 0 5 2 1 2 1 3 4 2 2 7 4 0 0 2 1 1 5 2 2 3 1 3 1 5 4 5 5 5 1 1 1
112 5 7 4 4 4 7 1 5 7 1 7 7 5 1 5 2 4 9 2 2 6 1 6 6 7 7 1 7 1 5 6 2 0 1 1 4
113 5 7 5 4 6 7 4 7 3 7 7 3 6 1 5 1 2 7 3 4 5 3 7 7 3 6 4 2 2 7 7 7 0 2 0
114 5 3 2 2 5 1 1 6 3 6 7 4 3 1 4 1 1 2 7 1 7 4 7 7 5 7 3 6 7 7 7 7 1 2 4
115 3 5 1 2 2 5 1 5 7 1 7 7 4 4 6 1 3 7 7 1 1 7 1 7 7 1 1 1 1 1 3 5 1 1 2 3
116 4 6 1 1 1 5 1 1 6 3 5 6 1 1 1 5 3 1 1 5 1 1 6 3 4 6 1 6 1 3 3 6 6 6 2 2 5
117 3 7 0 0 7 7 0 1 3 1 7 5 5 7 10 1 0 7 7 0 0 0 0 5 3 3 7 3 1 2 7 7 2 2 1 2
118 5 6 3 3 4 3 3 7 1 7 7 3 2 1 4 1 3 2 6 1 2 7 3 5 7 3 7 2 2 1 3 6 1 2 1 2
119 5 6 4 0 0 7 4 3 6 0 6 7 3 5 7 1 0 0 6 3 3 6 4 7 7 4 7 4 6 4 5 7 1 1 2 3
120 7 7 6 7 7 7 6 6 6 6 7 7 6 7 8 1 7 7 7 6 6 6 6 7 7 6 7 7 7 3 7 6 7 1 1 4
121 4 6 2 4 2 6 3 7 3 2 7 6 4 5 37 1 7 2 4 6 6 2 2 7 5 7 6 7 1 2 7 5 1 2 2 6
122 7 7 3 3 5 5 3 1 7 1 5 5 3 5 7 1 1 2 1 1 1 5 1 7 5 7 2 1 3 1 1 1 2 2 4
123 6 6 3 4 5 7 1 2 6 3 6 3 4 1 7 1 4 5 7 1 1 5 0 6 5 1 1 1 1 5 7 7 1 2 4
124 5 7 7 6 6 7 3 3 7 6 7 7 6 6 8 1 6 6 7 3 3 5 7 7 5 7 5 5 5 7 7 7 2 2 3
125 5 7 3 3 3 7 2 2 7 6 7 7 4 2 7 2 2 2 7 2 2 4 7 7 2 7 2 2 2 5 1 2 2 3
126 1 1 5 1 3 1 0 1 3 0 5 0 7 7 7 4 1 1 1 5 1 3 1 1 1 3 3 6 7 5 5 4 6 2 2 2
127 5 4 7 7 4 4 2 5 2 0 5 2 4 4 1 6 3 7 5 7 3 5 7 7 5 7 7 7 3 3 0 5 2 2 2 2
128 5 5 3 4 3 3 1 6 3 7 4 5 3 1 8 1 3 4 1 3 1 3 5 6 4 5 5 1 1 1 6 6 6 1 1 4
129 2 3 1 1 2 4 1 1 3 1 5 4 1 1 7 2 3 5 1 1 3 1 5 7 1 1 1 1 6 5 6 1 1 5
130 4 7 4 0 7 7 0 0 7 0 7 7 4 7 21 4 0 7 7 0 0 7 0 7 7 7 0 7 4 7 7 7 1 1 5
131 5 7 3 3 4 7 4 3 5 5 6 6 5 2 8 1 2 4 6 6 1 6 6 4 5 7 1 4 1 1 6 1 5 1 2 3
132 7 0 7 4 7 4 0 0 4 6 7 5 5 0 7 2 2 4 4 2 0 2 6 6 2 3 7 3 3 2 7 7 7 2 1 5
133 7 7 4 4 7 7 4 1 7 0 7 5 7 3 16 2 4 4 7 4 4 7 0 4 7 7 7 0 1 1 6 7 7 1 2 4
```

```
134 7 7 6 0 5 5 1 1 7 1 7  7 3 3 30 1 1 1 6 5 1 5 1 7 7 7 7 7 3 1 7 7 7 2 2 4
135 0 1 3 4 0 0 0 5 4 6 2  7 7 0 7 2 6 4 7 0 0 7 3 0 4 7 0 1 4 0 0 3 1 1 1
136 7 0 5 3 5 5 3 2 3 3 7  3 4 2 10 2 4 5 6 2 0 5 5 6 4 4 6 0 0 6 7 7 2 2 4
137 4 7 4 3 3 6 3 1 5 1 6  6 4 4 10 1 1 4 6 4 0 5 3 7 5 7 5 6 3 3 5 6 7 1 2 5
138 7 7 5 5 5 7 3 3 7 0 7  7 7 7 7 2 5 7 7 5 0 7 0 7 7 7 7 7 3 7 3 7 2 1 4
139 5 7 2 1 3 7 2 1 5 3 7  7 2 2 14 1 1 3 7 2 1 5 3 7 7 3 7 5 3 5 7 7 7 1 2 4
140 3 7 3 1 3 7 1 1 7 3 5  3 3 1 9 1 3 2 6 1 1 5 2 4 5 3 6 1 1 1 6 6 6 1 2 3
141 3 6 6 1 1 6 2 3 6 1 7  1 3 3 9 4 1 1 6 1 1 6 6 5 1 1 4 1 1 1 7 3 7 1 1 5
142 4 5 6 3 4 6 4 3 6 4 5  6 5 6 8 1 6 3 7 5 3 5 4 5 5 7 6 3 0 7 6 7 1 2 5
143 5 3 1 3 4 5 1 1 3 2 7  5 1 1 14 3 3 6 6 1 1 5 3 6 4 1 6 1 1 1 6 6 4 1 2 4
144 6 2 2 2 5 3 5 3 2 5  7 4 2 14 3 1 3 5 2 3 5 2 4 6 3 6 3 3 1 6 6 7 1 1 4
145 5 4 4 3 5 6 3 1 5 3 6  5 3 3 14 1 3 2 5 6 3 1 6 4 6 4 3 6 4 2 5 6 5 1 1 4
146 5 7 3 1 5 7 1 1 7 0 5  7 2 5 14 2 4 3 7 3 2 7 0 7 7 3 7 5 5 0 6 7 6 1 1 4
147 5 7 5 5 7 7 2 5 3 6 7  7 3 3 23 1 7 7 7 1 5 5 7 7 7 5 5 3 3 7 5 7 1 2 4
148 6 5 3 4 4 6 5 4 7 4 7  7 6 5 14 1 4 4 6 5 3 7 4 6 7 6 5 4 2 7 4 6 1 1 4
149 2 7 1 1 1 7 1 2 7 1 5  7 1 1 13 3 1 1 7 1 1 7 1 4 7 1 7 1 1 1 6 1 4 1 2 4
150 5 7 5 4 4 7 4 4 6 4 7  7 4 6 14 1 5 4 7 5 5 7 5 7 7 5 7 5 6 6 7 7 7 1 2 3
151 5 7 3 2 2 7 3 2 5 3 6  6 3 2 7 1 2 2 7 2 4 6 3 5 6 3 7 2 2 2 6 6 7 1 1 4
152 3 7 3 4 6 7 3 4 7 4 7  7 6 6 7 1 4 5 7 3 4 6 5 7 6 0 4 0 1 1 6 5 7 1 2 2
153 5 1 3 1 5 1 3 1 3 1 6  2 6 5 16 1 1 5 1 4 1 5 3 7 3 7 6 5 0 0 0 7 1 2 2 0
154 7 4 2 2 6 3 2 5 3 2 7  5 2 6 8 4 5 5 2 2 5 4 5 4 3 7 4 7 1 1 7 4 7 1 2 4
155 3 7 4 4 2 7 4 4 5 2 6  7 3 4 16 3 2 2 7 2 4 4 4 6 7 3 7 2 1 1 7 7 7 1 1 3
156 4 7 2 4 1 7 0 4 4 4 4  6 2 2 7 2 4 1 7 1 1 6 5 5 7 1 6 1 1 1 6 6 6 1 1 3
157 5 1 5 5 5 1 3 3 5 1 7  5 3 5 28 2 7 5 1 5 5 5 3 7 3 5 7 7 7 7 7 7 1 2 4
158 5 5 5 3 3 5 1 1 7 1 5  7 1 1 14 1 1 5 5 1 1 5 1 5 7 1 7 1 7 7 5 7 1 2 2 3
159 2 3 6 6 3 2 7 7 6 3 5  7 6 7 14 4 6 3 3 5 7 2 1 2 6 7 6 7 7 7 5 2 1 2 2
160 3 6 4 1 4 7 3 1 7 4 6  7 2 5 14 1 2 1 6 3 1 7 3 6 7 3 7 3 5 5 6 7 7 1 2 0
161 3 5 5 3 5 5 3 5 7 1 3  7 5 5 14 2 2 2 6 5 5 5 3 5 7 6 7 5 5 5 6 6 7 1 1 3
162 5 7 5 0 7 5 5 3 5 7  5 5 5 7 4 5 5 5 5 3 3 3 3 5 3 3 0 3 3 5 3 5 1 1 4
163 7 5 5 5 5 6 1 5 3 7  7 5 3 10 3 6 6 4 4 1 5 4 7 6 5 7 6 2 2 7 7 7 1 2 4
164 5 6 3 0 4 6 0 0 7 0 7  7 4 6 14 1 0 7 6 5 0 7 5 7 7 7 7 7 4 4 7 7 7 1 0 4
```

附录 3

Appendix III

SET UP FOR SPSS FILE USED FOR CALCULATIONS IN THE TEXT

DATA LIST FILE 'c:\wp51\research\book.dat' FREE/ number know avoid build chall imag calm close sport phys belong disc mental others time length times know2 avoid2 build2 chall2 imag2 calm2 close2 sport2 phys2 belong2 disc2 mental2 others2 climate accom enjoy recomm marital sex age.

Variable labels number 'respondent number'/
    know 'increase knowledge'/
    avoid 'avoid daily hustle'/
    build 'build friendships'/
    chall 'challenge abilities'/
    imag 'use my imagination'/
    calm 'be in calm atmosphere'/
    close 'develop close friendships'/
    sport 'use abilities in sport'/
    phys 'relax physically'/
    belong 'gain sense of belonging'/
    disc 'discover places'/
    mental 'relax mentally'/
    others 'to be with others'/
    time 'have a good time'/
    length 'length of holiday'/
    times 'no. of times to destination'/
    know2 'actual knowledge'/
    avoid2 'actual avoid'/
    build2 'actual build'/
    chall2 'actual challenge'/
    imag2 'actual imagination'/
    calm2 'actual calm'/
    close2 'actual close friends'/
    sport2 'actual phy abil'/
    phys2 'actual phys relax'/
    disc2 'actual discovery'/
    mental2 'actual mental relaxation'/
    others2 'actuall with others'/
    climate 'actual climate'/
    accom 'satis with accomm'/

enjoy 'enjoyed holiday'/
recomm 'recommend to friend'.

Value labels know 1 'no importance' 7 'very important'/
avoid 1 'no importance' 7 'very important'/
build 1 'no importance' 7 'very important'/
chall 1 'no importance' 7 'very important'/
imag 1 'no importance' 7 'very important'/
calm 1 'no importance' 7 'very important'/
close 1 'no importance' 7 'very important'/
sport 1 'no importance' 7 'very important'/
phys 1 'no importance' 7 'very important'/
belong 1 'no importance' 7 'very important'/
disc 1 'no importance' 7 'very important'/
mental 1 'no importance' 7 'very important'/
others 1 'no importance' 7 'very important'/
time 1 'no importance' 7 'very important'/
times 1 'never before' 2 'once or twice'
    3 '3 to 5 times' 4 'six or more'/
avoid2 1 'no importance' 7 'very important'/
build2 1 'no importance' 7 'very important'/
chall2 1 'no importance' 7 'very important'/
imag2 1 'no importance' 7 'very important'/
calm2 1 'no importance' 7 'very important'/
close2 1 'no importance' 7 'very important'/
sport2 1 'no importance' 7 'very important'/
phys2 1 'no importance' 7 'very important'/
belong2 1 'no importance' 7 'very important'/
disc2 1 'no importance' 7 'very important'/
mental2 1 'no importance' 7 'very important'/
others2 1 'no importance' 7 'very important'/
climate 1 'no importance' 7 'very important'/
accom 1 'no importance' 7 'very important'/
enjoy 1 'no importance' 7 'very important'/
recomm 1 'no importance' 7 'very important'/
marital 1 'married' 2 'single'/
sex 1 'male' 2 'female'/
age 1 '0-15' 2 '16-24' 3 '25-35' 4 '36-65'
    5 '66-75' 5 'over 76'.

责任编辑:刘立梅 郭珍宏

图书在版编目(CIP)数据

旅游科学研究方法:基于游客满意度的研究/(新西兰)瑞安(Ryan,C.)著;李枚珍,王琳译.—北京:旅游教育出版社,2012.8
ISBN 978-7-5637-2418-5

Ⅰ.①旅… Ⅱ.①瑞…②李…③王… Ⅲ.①旅游学—研究方法
Ⅳ.①F590-3

中国版本图书馆 CIP 数据核字(2012)第 119659 号

旅游科学研究方法——基于游客满意度的研究

克里斯·瑞安(Chris Ryan) 著

李枚珍 王琳 译

谷慧敏 审校

出版单位	旅游教育出版社
地　　址	北京市朝阳区定福庄南里1号
邮　　编	100024
发行电话	(010)65778403 65728372 65767462(传真)
本社网址	www.tepcb.com
E-mail	tepfx@163.com
印刷单位	北京科普瑞印刷有限公司
经销单位	新华书店
开　　本	787×960　1/16
印　　张	18.25
字　　数	262千字
版　　次	2012年8月第1版
印　　次	2012年8月第1次印刷
定　　价	36.00元

(图书如有装订差错请与发行部联系)